Manager und ihr Berufsrisiko

Werner Dahnz

Manager und ihr Berufsrisiko

Die zivil- und strafrechtliche Haftung
von Aufsichtsräten, Vorständen und
Geschäftsführern

Gerling Akademie Verlag

Die Deutsche Bibliothek – CIP-Einheitsaufnahme

Dahnz, Werner:
Manager und ihr Berufsrisiko : die zivil- und strafrechtliche Haftung von Aufsichtsräten, Vorständen und Geschäftsführern / Werner Dahnz. – München : Gerling-Akad.-Verl., 1997
ISBN 3-9803352-8-3

Umschlaggestaltung: Claus Seitz, München
Titelabbildung: Bartholomäus Spranger:
»Allegorie der Justiz«, um 1590
Satz: Fotosatz Amann, Aichstetten
Druck und Bindung: Ebner, Ulm
ISBN 3-9803352-8-3
Dieses Buch wurde auf chlorfreiem Papier gedruckt.

Vorwort
Leben Manager gefährlich?

Die Haftungssituation für Manager hat sich in den letzten Jahren dramatisch verschärft. Allein schon das Studium von Tageszeitungen und Wirtschaftsmagazinen zeigt es überdeutlich: Nicht nur Erfolge und Gewinne werden den Managern zugerechnet, sondern auch ihre Niederlagen, Verluste und Firmenzusammenbrüche. Unternehmensführer, die gestern noch als »Manager des Jahres« gefeiert wurden, stehen heute am publizistischen Pranger. Im Gegensatz zu früher existiert derzeit keine Scheu mehr, AG-Vorstände und GmbH-Geschäftsführer für vermeintliche oder tatsächliche Fehler bzw. Fehlentwicklungen persönlich zur Verantwortung zu ziehen bzw. haftbar zu machen.

Die Gründe hierfür sind vielfältig: Die zunehmende Verflechtung der internationalen Märkte nicht zuletzt durch das vereinigte Europa, der wachsende Wettbewerbsdruck und das breite Spektrum der Aufgabenstellung erzwingen eine kaum durchschaubare Zusammenarbeit von Institutionen und Personen. Es bleibt deshalb nicht aus, daß Vorstände und Geschäftsführer unter dem Gesichtspunkt des Organisationsverschuldens auch für Fehler Dritter persönlich auf Schadensersatz in Anspruch genommen oder strafrechtlich belangt werden.

In jüngster Vergangenheit hat sich die Haftungssituation vor allem im strafrechtlichen Bereich erheblich verändert. Die spektakulären Urteile im »Lederspray-Verfahren« und »Holzschutzmittel-Prozeß« zeigen dies deutlich. Die Verfolgungsintensität wurde gesteigert und die Chefetagen werden immer häufiger Ausgangspunkt staatsanwaltschaftlicher Untersuchungen. Man fragt nach der organisatorischen Verantwortung der Geschäftsleitung und ermittelt dabei »top-down«, also von oben nach unten.

Auch im zivilrechtlichen Bereich hat sich die Haftung durch zahlreiche Gerichtsurteile erheblich verschärft. Erinnert sei nur an die BGH-Rechtsprechung zum Konkursausfallschaden.

Die Versicherungswirtschaft hat in jüngerer Zeit auf diese Situation mit einer Vielzahl von Versicherungskonzepten reagiert. Die spezifischen Risiken der Manager werden z. B. über Straf-Rechtsschutz, Vermögensschaden-Rechtsschutz und die Vermögensschaden-Haftpflichtversicherung abgemildert.

Manager leben also tatsächlich gefährlich. Ihr Risiko darf weder von der Rechtslage noch vom allgemeinen Anspruchsverhalten her unterschätzt werden.

Aufgabe des vorliegenden Buches ist es, die zivil- und strafrechtlichen Haftungsrisiken der AG-Vorstände und GmbH-Geschäftsführer darzustellen und auf die latente Gefahr einer Inanspruchnahme hinzuweisen. Außerdem zeigt dieses Buch, wie diese Risiken organisatorisch, personell und versicherungstechnisch bewältigt werden können.

Die zitierten Beispiele sind überwiegend Gerichtsurteilen und – in wenigen Fällen – der Presse entnommen. Sie beschränken sich bewußt auf die objektive Darstellung des Sachverhalts. Es ist ebensowenig Aufgabe des Buches, diese Tatbestände und Sachverhalte ethisch zu beurteilen wie Fragen der gesamtwirtschaftlichen und gesellschaftspolitischen Verantwortung von Managern zu diskutieren.

Köln, Oktober 1996 Karl-Peter Thevessen
Vorstandsmitglied der Gerling-Konzern
Rechtsschutz Versicherungs-Aktiengesellschaft

Inhalt

Erster Teil

Die zivilrechtliche Haftung des GmbH-Geschäftsführers

Dritter Teil
Die zivilrechtliche Haftung des Aufsichtsrates

Vierter Teil
Strafrechtliche Verantwortung im Unternehmen

Fünfter Teil

Ein Blick über die Grenzen

Sechster Teil
Versicherungslösungen

Einleitung

Gegenstand dieses Buches ist die Haftung von Managern.

Managerhaftung bedeutet das Einstehenmüssen von Vorständen, Geschäftsführern, Aufsichtsräten und Beiräten für pflichtwidrig von ihnen verursachte Schäden. Dabei besteht die Haftung des Managers nach innen, d. h. gegenüber »seiner« Gesellschaft, wie nach außen, d. h. gegenüber Dritten. Soweit seine Gesellschaft betroffen ist, liegen die Schäden meist darin, daß dort finanzielle Verluste eingetreten sind. Bei Dritten können diese Schäden entstehen, wenn sie ihre Forderungen gegen das Unternehmen wegen dessen Insolvenz nicht mehr realisieren können oder in ihren absolut geschützten Rechtsgütern verletzt sind (Thümmel, Rdnr. 6). Ist der Manager schadensersatzpflichtig, haftet er mit seinem gesamten Privatvermögen und der Höhe nach unbegrenzt.

Ein geschlossenes Haftungssystem der Manager besteht nicht. Während die Haftung im Innenverhältnis, also gegenüber seiner Gesellschaft, spezialgesetzlich im GmbH-Gesetz, Aktien-Gesetz und Genossenschaftsgesetz geregelt und damit einigermaßen stringent und überschaubar ist, gelten bei der Haftung gegenüber Dritten die allgemeinen Haftungsnormen – im wesentlichen die des Bürgerlichen Gesetzbuches (BGB) –, was die Haftungssituation sehr unübersichtlich macht.

Zwar keine Haftungsrisiken, aber doch enorme Kostenrisiken können sich für Vorstände und Geschäftsführer bei Streitigkeiten aus ihrem Anstellungsvertrag ergeben.

Davon zu unterscheiden ist die persönliche strafrechtliche Verantwortung des Managers mit dem Risiko, zu Geldbußen, Geld- und Freiheitsstrafen verurteilt zu werden.

Im folgenden soll die Haftung exemplarisch und schwerpunktmäßig am GmbH-Geschäftsführer dargestellt werden. Nicht nur daß die Zahl der Geschäftsführer im Vergleich zu Vorstandsmitgliedern wesentlich höher ist, es existiert – als Folge hiervon – auch eine wesentlich umfangreichere Rechtsprechung. Soweit sich für AG-Vorstände Besonderheiten oder Abweichungen ergeben, werden diese separat behandelt.

Nicht Gegenstand dieses Buches ist die Haftung der Manager von Personengesellschaften (BGB-Gesellschaft, oHG, KG). Diese sind nicht als juristische Personen konzipiert. Ihre Geschäftsführung liegt daher nicht in der Hand von angestellten Managern, sondern der Gesellschafter selbst. Das Bild vom angestellten Manager ist der Personengesellschaft daher in der Theorie fremd. Üblicherweise werden aber die meisten Managementaufgaben von leitenden Angestellten (Prokuristen, Generalbevollmächtigten) wahrgenommen. Diese haften jedoch wie »normale« Arbeitnehmer, auf deren Haftungsrisiken kurz eingegangen wird.

Erster Teil

Die zivilrechtliche Haftung des GmbH-Geschäftsführers

Einleitung

Die Gesellschaft mit beschränkter Haftung (GmbH) nimmt im deutschen Wirtschaftsraum ständig an Bedeutung zu und drängt – zumindest quantitativ – die Aktiengesellschaft (AG) und die Personengesellschaften (OHG, KG) mehr und mehr zurück.

Derzeit gibt es in Deutschland ca. 530 000 GmbHs mit etwa 740 000 GmbH-Geschäftsführern. Die Zahl der GmbHs steigt ständig – insbesondere in den neuen Bundesländern. Die Gründe für die Beliebtheit der Gesellschaftsform »GmbH« liegen auf der Hand:

- Die GmbH ist eine äußerst **flexible Gesellschaftsform.** Man findet sie in allen Größenordnungen. Die Spannweite reicht von kleinen Handwerksbetrieben bis zu Weltfirmen wie der Robert Bosch GmbH oder der Haniel-Gruppe.
- Die **Eigentümerstrukturen** bei GmbHs sind ganz unterschiedlich. Viele GmbHs haben nur eine einzige Person als Gesellschafter (Einmann-GmbH). Auch hundertprozentige Tochtergesellschaften einer Obergesellschaft haben meist ebenfalls nur einen Gesellschafter. Es gibt aber auch GmbHs mit sehr vielen Gesellschaftern: häufig anzutreffen bei alten, traditionsreichen Familiengesellschaften.
- Diese vielfältigen Erscheinungsformen sind deshalb möglich, weil das **GmbH-Recht** außerordentlich **flexibel** ist. Hier liegt der wesentliche Unterschied zum Aktienrecht. Dieses ist vor allem auf Anlegerschutz ausgerichtet, also auf den Schutz des »anonymen« Aktionärs. Damit er sein Geld nicht verliert, wird die innergesellschaftliche Struktur und die Kompetenzverteilung detailliert und verbindlich geregelt. Demgegenüber besteht bei der GmbH weitestgehend Organisationsfreiheit. Nur vereinzelt sind in den letzten Jahren zwingende Normen in das GmbHG eingebaut worden (z. B. hinsichtlich Kapitalaufbringung und Kapitalerhaltung). Diese Dispositionsfrei-

heit der Gesellschafter (Satzungsautonomie) ermöglicht vielfältige Gestaltungsvariationen.

- Die GmbH hat eine **einfache Organisation:** In der Regel gibt es nur zwei Organe: den Geschäftsführer und die Gesellschafterversammlung. Das Verhältnis dieser Organe zueinander ist hierarchisch. Die Gesellschafter können mit Beschlüssen in nahezu beliebigem Umfang auf die Geschäftsführung – und damit den Geschäftsführer – Einfluß nehmen. Die Gesellschafterversammlung ist den Geschäftsführern übergeordnet, d.h., der **Geschäftsführer ist weisungsabhängig.** Auch das unterscheidet die GmbH nachdrücklich von der AG. Der Vorstand einer Aktiengesellschaft ist weisungsfrei.
- Das **GmbH-Recht** ist im Vergleich zum AG-Recht **transparenter.** Nur ein Vergleich: Während das GmbHG mit 85 Paragraphen auskommt, besteht das Aktiengesetz aus 410 Paragraphen. Von daher ist es nicht verwunderlich, daß es in Deutschland nur ca. 3200 Aktiengesellschaften gibt. Es bleibt abzuwarten, ob durch das am 10.08.1984 in Kraft getretene »Gesetz für kleine Aktiengesellschaften und zur Deregulierung des Aktienrechts« die Zahl der »kleinen« AGs zunimmt (vgl. S.133ff.).

Zum zivilrechtlichen Haftungsrisiko des GmbH-Geschäftsführers

Das besondere Haftungsrisiko des GmbH-Geschäftsführers erklärt sich aus seiner ambivalenten Position. Zum einen ist er nach § 35 Abs. 1 GmbHG der gesetzliche Vertreter der juristischen Person »GmbH« und hat damit die Pflicht, die Geschäftsinteressen der Gesellschaft optimal wahrzunehmen. Er ist quasi **Unternehmer.** Zum anderen verwaltet er auch fremdes Vermögen und ist gemäß § 37 Abs. 1 GmbHG an – nicht immer kompetente – Weisungen der Gesellschafter gebunden. Damit hat er faktisch auch eine **Arbeitnehmer-Funktion.**

Aus diesem Spannungsverhältnis zwischen Eigenverantwortlichkeit einerseits und Weisungsgebundenheit andererseits resultieren vielfältige Haftungsrisiken. Dies unabhängig davon, ob er

Fremdgeschäftsführer oder geschäftsführender Gesellschafter ist. Rechtlich bestehen hier nur marginale Unterschiede. Zudem können sich auch aus seinem Dienstvertrag (Anstellungsvertrag) mit der GmbH rechtliche Probleme ergeben.

Anspruchsteller

Wer kann den Geschäftsführer schadensersatzpflichtig machen?

Die GmbH wird nach außen hin durch ihren Geschäftsführer vertreten. Zwar bestimmen die Gesellschafter die Grundzüge der Unternehmenspolitik, für den organisatorischen Rahmen und die täglichen Geschäfte zeichnet jedoch der Geschäftsführer verantwortlich. Dazu gehören die Gliederung und Ausrichtung der inneren Organisation nach Gesetz, Satzung und betriebsorganisatorischen Gesichtspunkten. Um diese Aufgaben zu erfüllen, muß der Geschäftsführer unternehmerische Entscheidungen treffen.

Kommt es bei diesen Entscheidungen zu Pflichtverletzungen, entstehen zivilrechtliche Haftungsrisiken. Durch Pflichtverletzungen verursachte Vermögensschäden können von den Geschädigten gegenüber dem Geschäftsführer **persönlich** geltend gemacht werden. Dabei ist die Haftung des Geschäftsführers der Höhe nach **unbeschränkt.**

Mögliche Anspruchsteller können sein:
- die Gesellschaft (GmbH),
- sonstige Dritte, insbesondere Gläubiger, Geschädigte und Konkursverwalter,
- der Fiskus, die Sozialversicherungsträger.

Die folgenden Ausführungen gelten auch für den stellvertretenden Geschäftsführer, § 44 GmbHG.

Die Haftung des GmbH-Geschäftsführers gegenüber der Gesellschaft (Innenverhältnishaftung)

Zwar gibt es keine aussagekräftigen Statistiken, dennoch dürften trotz in jüngerer Zeit erheblicher Verschärfungen der Haftung im Außenverhältnis (vgl. S. 49) die meisten der Schadensersatzansprüche gegen Geschäftsführer von der Gesellschaft selbst geltend gemacht werden. Dies liegt insbesondere darin begründet, daß die Haftung des Geschäftsführers gegenüber der Gesellschaft gesetzlich normiert ist. **Anspruchsgrundlage** ist mit **§ 43 GmbHG** eine Norm, die fast unverändert seit 1892 besteht:

»(1) *Die Geschäftsführer haben in den Angelegenheiten der Gesellschaft die Sorgfalt eines ordentlichen Geschäftsmannes anzuwenden.*

(2) *Geschäftsführer, welche ihre Obliegenheiten verletzen, haften der Gesellschaft solidarisch für den entstandenen Schaden.*

(3) *Insbesondere sind sie zum Ersatze verpflichtet, wenn den Bestimmungen des § 30 zuwider Zahlungen aus dem zur Erhaltung des Stammkapitals erforderlichen Vermögen der Gesellschaft gemacht oder den Bestimmungen des § 33 zuwider eigene Geschäftsanteile der Gesellschaft erworben worden sind. Auf den Ersatzanspruch finden die Bestimmungen in § 9 b Abs. 2 entsprechende Anwendung. Soweit der Ersatz zur Befriedigung der Gläubiger der Gesellschaft erforderlich ist, wird die Verpflichtung der Geschäftsführer dadurch nicht aufgehoben, daß dieselben in Befolgung eines Beschlusses der Gesellschafter gehandelt haben.*

(4) *Die Ansprüche aufgrund der vorstehenden Bestimmungen verjähren in fünf Jahren.*«

§ 43 GmbH enthält die allgemeine Regelung über die Verantwortung und Pflichten, über den Sorgfaltsmaßstab und über die Haftung des GmbH-Geschäftsführers gegenüber seiner Gesellschaft.

Abs. 1 bestimmt den Sorgfaltsmaßstab, dem Geschäftsführer unterliegen. Er haftet mit der Sorgfalt eines ordentlichen, d.h.

verantwortungsbewußten Unternehmers. Zugleich legt Abs. 1 die Grenze der Haftungsverantwortlichkeit fest. Darüber hinaus ist § 43 Abs. 1 in Verbindung mit Abs. 2 GmbHG eine **selbständige Anspruchsgrundlage.**

Unter folgenden Voraussetzungen macht sich ein Geschäftsführer gegenüber seiner Gesellschaft schadensersatzpflichtig:

- Er hat eine **Sorgfaltspflicht verletzt,** die ihm persönlich gegenüber der Gesellschaft obliegt.
- Diese Pflichtverletzung hat zu einem **Vermögensschaden** bei der Gesellschaft geführt.
- Der Geschäftsführer hat bei der Pflichtverletzung **schuldhaft** gehandelt.

Voraussetzung der Haftung des GmbH-Geschäftsführers

1. Pflichtverletzung des Geschäftsführers

↓

führt zu

2. Vermögensschaden der GmbH

↓

3. Kausalität zwischen Pflichtverletzung und Schaden

↓

4. Verschulden des GmbH-Geschäftsführers
   - leichteste Fahrlässigkeit genügt
   - objektiver Verschuldensmaßstab
   - Verschuldensvermutung

Tabelle 1

Zu den Voraussetzungen im einzelnen:

Verletzung der Sorgfaltspflicht

Was hierunter zu verstehen ist, läßt sich nicht generell-abstrakt festlegen, sondern hängt von den Umständen des konkreten Einzelfalles ab. So sind an den Geschäftsführer eines multinationalen Unternehmens höhere Anforderungen zu stellen als an den Geschäftsführer einer kleinen Familien-GmbH.

Auch der Betriebscharakter des Unternehmens spielt bei der Beurteilung eine wesentliche Rolle. Geschäftsführer von Unternehmen mit umwelt- oder sicherheitsrelevanten Produkten unterliegen einem höheren Sorgfaltsmaßstab als Geschäftsführer einer reinen Dienstleistungs-GmbH. Noch heute gültig ist die Definition des Reichsgerichts zur Sorgfaltspflicht. Danach versteht man darunter »diejenige Sorgfalt, die ein ordentlicher Geschäftsmann in verantwortlich leitender Position bei selbständiger treuhänderischer Wahrnehmung fremder Vermögensinteressen einzuhalten hat« (RG Z 64, 254, 257). Mithin gelten für den Geschäftsführer einer GmbH schärfere Anforderungen als sie sonst an einen ordentlichen Geschäftsmann zu stellen sind.

Oberstes Gebot für eine ordentliche Geschäftsführung ist es, **den Vorteil der Gesellschaft zu wahren und Schaden von ihr abzuwenden.** Den Rahmen hierfür setzen das Gesetz, der Gesellschaftsvertrag (Satzung) sowie verbindliche Beschlüsse der Gesellschafterversammlung. Letztlich muß der Geschäftsführer auch öffentliche Interessen an dem von der Gesellschaft betriebenen Unternehmen berücksichtigen (vgl. Ebenroth / Lange, S. 70).

Zu unterscheiden ist zwischen den allgemeinen Sorgfaltspflichten aus § 43 Abs. 1 GmbHG und besonderen Sorgfaltspflichten, die zum Teil gesetzlich normiert sind.

Zu den allgemeinen Sorgfaltspflichten gehören:

- Pflicht zur rechtmäßigen und satzungsgemäßen Organisation der Gesellschaft,

- Wahrung des Gesellschaftszwecks,
- Sicherstellen einer effizienten Entscheidungsfindung,
- Umsetzung von Gesellschafterbeschlüssen (Unternehmenspolitik),
- fachlich einwandfreie Unternehmensleitung.

Jeder Geschäftsführer hat das Unternehmen innerhalb seines Ressorts und im Rahmen der Gesamtgeschäftsleitung unter Berücksichtigung gesicherter und bewährter betriebswirtschaftlicher Erkenntnisse und unter Beachtung aller maßgeblichen Rechtsvorschriften zu leiten. Sein Ermessensspielraum hinsichtlich geschäftspolitischer Entscheidungen hat sich am Gesellschaftszweck und an Wirtschaftlichkeitserwägungen zu orientieren. Dabei steht den Geschäftsführern ein weites unternehmerisches Ermessen zu (Lutter / Hommelhoff, § 43 Rdnr. 6). Jeder Geschäftsführer muß seine Entscheidungen und Maßnahmen mit der nach Gegenstand, näheren Umständen und Risiko angemessenen Sorgfalt vorbereiten. Dabei sind **risikoreiche Geschäfte** dem Geschäftsführer grundsätzlich nicht verwehrt. Unternehmerisches Handeln ist stets mit gewissen Risiken behaftet. Erst wenn die Grenzen des erlaubten Risikos überschritten werden, handelt der Geschäftsführer pflichtwidrig. Generalisierungsfähige Kriterien dafür, wie lange ein Risikogeschäft noch erlaubt ist, fehlen. Deshalb kommt es für die Beurteilung im Einzelfall wesentlich darauf an, wie die Entscheidung, das Risikogeschäft einzugehen, vorbereitet wurde; ob also sämtliche zugänglichen Erkenntnisquellen erschlossen, ob alle Möglichkeiten zur Risikosenkung wahrgenommen wurden, ob das Für und Wider intensiv genug abgewogen wurde (Lutter / Hommelhoff, § 42 Rdnr. 10).

Zur ordnungsgemäßen Geschäftsführung gehört auch die **Pflicht zur Verschwiegenheit und Loyalität.** Innerhalb der Gesellschaft hat jeder Geschäftsführer mit den anderen Geschäftsführern sowie mit den anderen Gesellschaftsorganen (Aufsichtsrat, Beirat etc.) und mit allen Gesellschaftern loyal zusammenzuarbeiten (Scholz / Schneider, § 43 Rdnr. 111). Insbesondere hat jeder Geschäftsführer die Mitgeschäftsführer über die wesentlichen Vorgänge in seinem Zuständigkeitsbereich, aber auch über sonstige Vorkommnisse zu informieren, soweit sie für die Gesellschaft, ihr Unternehmen und den Verantwortungsbereich der Mitgeschäftsführer von Bedeutung sind. Die Informationspflicht erstreckt sich auch auf Angelegenheiten, die dem Geschäftsführer außerhalb seiner eigenen Leitungstätigkeit bekannt geworden sind. Ein Geschäftsführer handelt demzufolge pflichtwidrig, wenn er Mitgeschäftsführern wichtige Informationen vorenthält. Unabhängig davon gehört es zu den Aufgaben des Geschäftsführers, sich entsprechende Informationen zu verschaffen. Er darf sich nicht blind darauf verlassen, immer und umfassend von seinen Mitgesellschaftern informiert zu werden.

Über **vertrauliche Angaben** und Betriebsgeheimnisse der Gesellschaft hat jeder Geschäftsführer gegenüber Dritten Stillschweigen zu bewahren.

Im einzelnen:

- **Durchführungen von Weisungen der Gesellschafter**

Im Gegensatz zu Vorstandsmitgliedern einer Aktiengesellschaft sind Geschäftsführer einer GmbH weisungsgebunden. Sie sind verpflichtet, allen Weisungen der Gesellschafter Folge zu leisten, die nicht im Widerspruch zu Gesetz und Satzung stehen (Scholz / Schneider, § 43 Rdnr. 95). Führt demzufolge ein Geschäftsführer Weisungen seiner Gesellschafter aus, so haftet er selbst dann nicht, wenn möglicherweise vorauszusehen war, daß die Ausführung dieser Weisung die Gesellschaft schädigt (BGH Z 31, 258, 278).

Dagegen kann sich der Geschäftsführer auf eine Weisung nicht berufen, wenn er auf die Willensbildung der Gesellschafter pflichtwidrig eingewirkt hat (z.B. durch mangelhafte Information, durch unterbliebene Vorbereitung der Entscheidung im erforderlichen Umfang, durch Unterdrücken möglicher Risiken oder durch Verschweigen der Tatsache, daß er selbst an der Maßnahme ein persönliches Interesse hatte (Klumpp, S. 20).

Beruhte die Weisung auf einem fehlerhaften Gesellschafterbeschluß, muß differenziert werden. War der **Beschluß nichtig,** darf der Geschäftsführer die Weisung nicht ausführen (BGH

WM 1980, S. 30). Nichtig ist eine Weisung dann, wenn sie entweder sittenwidrig ist oder gegen gesetzliche Bestimmungen verstößt. Hierzu gehören insbesondere die Grundsätze zur Kapitalaufbringung und zur Kapitalerhaltung, wie z. B. Auszahlungen an die Gesellschafter aus dem zur Erhaltung des Stammkapitals erforderlichen Vermögen und die Gewährung von Krediten an Geschäftsführer, andere gesetzliche Vertreter, Prokuristen etc. (vgl. § 43 a GmbHG).

Ist der der Weisung zugrundeliegende **Beschluß** lediglich **anfechtbar,** so ist er zu befolgen, wenn die Anfechtungsfrist abgelaufen ist. Die Anfechtungsfrist beträgt in der Regel einen Monat. Hat bis dahin kein Gesellschafter Anfechtungsklage erhoben, so ist auch diese Weisung verbindlich. Ist der Beschluß noch anfechtbar, so besteht keine Folgepflicht. Der Geschäftsführer muß allerdings nach eigenem pflichtgemäßen Ermessen entscheiden, ob er eine entsprechende, von ihm als fehlerhaft angesehene Weisung anficht. Bei Prüfung der Verbindlichkeit einer Weisung trifft den Geschäftsführer eine ganz erhebliche Kontroll- und Sorgfaltspflicht. Er muß prüfen:

- Wurde die Weisung von der **Gesellschafterversammlung** oder nur von einem Gesellschafter erteilt? Nur im ersten Falle kann sie verbindlich sein, es sei denn, es handelt sich um einen Alleingesellschafter.
- Verstößt die Weisung gegen die guten Sitten, Gläubigerschutz oder Gesetze im öffentlichen Interesse, dann ist sie **nichtig** oder
- verstößt sie gegen elementare materielle Satzungsvorschriften oder die gesellschaftsrechtliche Treuepflicht, dann ist sie **anfechtbar.**

Beispiel:

Der Geschäftsführer verletzt seine Sorgfaltspflicht, wenn er die vertraglich oder in Gesellschafterbeschlüssen festgelegte Kompetenzverteilung nicht beachtet, auch wenn er ansonsten sorgfältig gehandelt hat. Ist zum Beispiel sein Kreditrahmen auf 500 000,– DM limitiert und nimmt der Geschäftsführer einen darüber hinausgehenden Kredit auf, weil er glaubt, eine günstige Investition tätigen zu können, so haftet er, wenn dadurch der Gesellschaft ein Schaden entsteht (BGH NJW 1980, S. 1629).

- **Interne Zuständigkeit mehrerer Geschäftsführer**

In den meisten GmbHs gibt es mehrere Geschäftsführer. Die Frage der horizontalen Kompetenzverteilung innerhalb der Geschäftsführung ist im GmbHG nur lückenhaft geregelt. Die herrschende Meinung nimmt analog zu § 77 Abs. 1 AktG und § 115 HGB **Gesamtgeschäftsführung** an. Danach müssen die Geschäftsführer stets einstimmig entscheiden. Kommt es zu keiner Einigung zwischen den Geschäftsführern, so kann die geplante Geschäftsführungsmaßnahme entweder unterbleiben oder sie ist der Gesellschafterversammlung zur Entscheidung vorzulegen. Häufig wird die Kompetenzverteilung in der Satzung oder durch Geschäftsverteilungsplan zwischen den Geschäftsführern durch Bildung von Ressorts (**Ressortierung**) geregelt. Die klassische Ressortierung ist die zwischen einem kaufmännischen und einem technischen Geschäftsführer. Ressortierung bedeutet, daß jeder Geschäftsführer in seinem Ressort einzelgeschäftsführungsbefugt ist, also nicht die Zustimmung der übrigen Geschäftsführer einzuholen braucht. Diese Einzel-Geschäftsführungsbefugnis erstreckt sich allerdings nur auf das laufende Geschäft. Für grundlegende oder finanziell bedeutungsvolle Geschäfte muß stets das gesamte Geschäftsführungsgremium entscheiden.

Im Falle einer Ressortverteilung haftet der Geschäftsführer grundsätzlich nur für Pflichtverstöße im eigenen Ressort. Etwas anderes kann gelten, wenn Belange der Gesellschaft insgesamt betroffen sind, also bei besonders bedeutungsvollen Geschäften oder Krisen- und Ausnahmesituationen. Für den Geschäftsführer bedeutet dies eine gesteigerte Pflicht, sich ständig zu informieren (BGH NJW 1990, S. 2650; zur strafrechtlichen Seite). Um dieser Pflicht zu genügen, empfiehlt sich, ein Geschäftsführer-internes System gegenseitiger Ressortberichte einzurichten, nach dem regelmäßig der Gesamtgeschäftsführung aus den einzelnen Ressorts berichtet wird. Im Zweifel muß jeder Geschäftsführer das ihm zustehende umfassende Auskunftsrecht ausüben.

Zur Informationspflicht gehört auch die Pflicht, die GmbH so zu organisieren, daß die wirtschaftlichen, statistischen und finanziellen Daten jederzeit für alle Mitglieder der Geschäftsleitung verfügbar sind (BGH WM 1995, S. 709). Fehlen derartige Informationsmöglichkeiten, wirkt dies nur bedingt entlastend. Sind die Mitgeschäftsführer nicht willens oder in der Lage, die zur eigenverantwortlichen Beurteilung erforderlichen Informationen zu liefern, bleibt dem Geschäftsführer – will der sein Haftungsrisiko vermeiden – am Ende nur die Möglichkeit, sein Amt niederzulegen. Bei Resignation und Fortführung seines Amtes behält er sein Haftungsrisiko, allenfalls könnte sein Verschulden gemäß § 254 BGB gemildert sein (Thümmel, Rdnr. 144).

Delegation

Der Geschäftsführer kann naturgemäß nicht alle Aufgaben eigenhändig und persönlich erledigen. Grundsätzlich kann jeder Geschäftsführer Aufgaben auf nachgeordnete Stellen oder Mitarbeiter delegieren. Eine derartige Delegation führt zu einer Einschränkung seiner Haftung. Für ein Fehlverhalten Dritter hat der Geschäftsführer grundsätzlich nicht nach § 278 BGB einzustehen, da die Mitarbeiter nicht Erfüllungsgehilfen des Geschäftsführers gegenüber der Gesellschaft sind. Dennoch kann sich für den Geschäftsführer eine Haftung aus dem **Organisationsverschulden** (BGH NJW 1979, S. 1823) ergeben.

Dies ist dann der Fall, wenn

- Mitarbeiter nicht sorgfältig **ausgewählt,**
- nicht vollständig und ordnungsgemäß **instruiert,**
- nicht ausreichend **überwacht** oder **kontrolliert**

werden.

Beispiel:

Die Rechtsprechung hat die Haftung eines Geschäftsführers bei Delegation bejaht, wenn durch unzureichende Kontrollen Mitarbeitern die Unterschlagung von Waren ermöglicht oder erleichtert wurde oder wenn der Geschäftsführer trotz erkannter (oder erkennbarer) Fehlhandlungen einzelner Mitarbeiter nichts gegen diese unternommen hat (Lutter/Hommelhoff, § 43 Rdnr. 9).

Zu beachten ist allerdings, daß die **Delegation** selbst **zulässig** sein muß. Es gibt ureigene Pflichten des Geschäftsführers, die nicht delegiert werden dürfen. Dazu gehören neben den gesellschaftsrechtlichen Pflichten des Geschäftsführers solche Pflichten, die für die Gesellschaft von grundlegender Bedeutung sind. Hier sind zu nennen:

- Anmeldung beim Handelsregister,
- rechtzeitige Stellung des Konkursantrages,
- Aufteilung der Ressorts,
- Bestimmung der Ressortleiter,
- Ausführung bedeutsamer Gesellschafterbeschlüsse,
- Vorschläge für die Unternehmenspolitik,
- Änderung der Produktpalette oder auch
- Wechsel der Hausbank oder des Versicherers.

Kommt es bei der Ausführung von Angelegenheiten, die der Geschäftsführer unzulässigerweise delegiert hat, zu Schäden, so begründet allein schon die unzulässige Delegation seine Haftung. Dies gilt selbst dann, wenn dem Mitarbeiter selbst keine Pflichtverletzung zur Last fällt.

Spezielle Sorgfaltspflichten

Neben diesen allgemeinen Pflichten bestehen weitere gesetzlich normierte Pflichten:

- **Pflichten zur Erhaltung des Stammkapitals, § 43 Abs. 3 GmbHG (verdeckte Gewinnausschüttung)**

Der Erhaltung des Stammkapitals kommt für die GmbH große Bedeutung zu. Da die Gesellschafter der GmbH für deren Verbindlichkeiten nicht persönlich haften, ist es im Sinne des Gläubigerschutzes von großer Bedeutung, daß das Stammkapital eingezahlt und erhalten wird. Da der Geschäftsführer die GmbH nach außen hin vertritt und für die Führung ihrer Geschäfte zuständig ist, obliegt ihm die Verpflichtung, gegenüber den Gesellschaftern für die Erhaltung des Stammkapitals Sorge zu tragen.

Dem Geschäftsführer sind Zahlungen an die Gesellschafter aus dem zur Erhaltung des Stammkapitals erforderlichen Vermögens verboten, wenn die Zahlungen den Bestimmungen des § 30 GmbHG widersprechen (z.B. durch Zahlung von Bezügen an Gesellschafter-Geschäftsführer, die das Stammkapital mindern). Übersehen wird von Geschäftsführern in diesem Zusammenhang häufig, daß dabei auch die Gefahr der Strafbarkeit besteht, nämlich der Untreue nach § 266 StGB ggü. der Gesellschaft. Der BGH (BGH St 34, 379f.) sieht in existenzgefährdenden Auszahlungen an Gesellschafter nicht nur einen Verstoß gegen das Verbot der Auszahlung insolvenzbedrohender Entnahmen, sondern auch eine Untreue gegenüber der Gesellschaft (Uhlenbruck, WiB 1996, S. 411).

Dasselbe gilt für **eigenkapitalersetzende Darlehen.** Dabei handelt es sich um Darlehensgewährungen von Gesellschaftern, die anstelle der Zuführung von Eigenkapital im Krisenfall erfolgt sind, § 32 a GmbHG. Eigenkapitalersetzende Darlehen sind in dem Maße wie Stammkapital gebunden, in dem sie erforderlich sind, um das Gesellschaftsvermögen in Höhe des Stammkapitals zu erhalten (Lutter/Hommelhoff, § 32 a Rdnr. 8). Daraus folgt: Nur der über die Höhe des Stammkapitals hinausgehende Betrag darf zurückgezahlt werden.

Hat der Geschäftsführer derartige verbotene Zahlungen zugelassen oder selbst durchgeführt, so hat er nicht nur die von der Gesellschaft erbrachten Leistungen zurückzugewähren, sondern ihr auch den dadurch entstandenen Schaden zu ersetzen.

- **Pflichten zur Einberufung von Gesellschafterversammlungen, § 49 Abs. 1 GmbHG**

Die Verletzung der Einberufungspflicht kann neben der Abberufung von Geschäftsführern auch eine Schadensersatzpflicht gegenüber der Gesellschaft nach sich ziehen. Die Anspruchsvoraussetzungen richten sich nach § 43 Abs. 2 GmbHG, d.h., der Geschäftsführer muß schuldhaft gehandelt haben. Konnte beispielsweise im Falle des § 49 Abs. 3 GmbHG der Verlust aus der

Bilanz nicht erkannt werden, weil diese unrichtig erstellt war, so haften Geschäftsführer trotzdem wegen Nichteinberufung der Versammlung, falls die Unrichtigkeit der Bilanz oder das Unbemerktbleiben dieser Unrichtigkeit auf ihrem Verschulden beruht. Ähnliches gilt, wenn überhaupt keine Bilanz erstellt wurde (Scholz / K. Schmidt, § 49 Rdnr. 31).

- **Informationspflichten, § 51 a GmbHG**

Hier ist eine Haftung des Geschäftsführers bei unberechtigter Informationserteilung oder schlichter Informationsverweigerung gemäß § 43 Abs. 2 GmbHG möglich.

- **Buchführungspflichten, § 41 GmbHG, § 264 Abs. 1 HGB**

§ 41 GmbHG verpflichtet den Geschäftsführer, für die ordnungsgemäße Buchführung der Gesellschaft zu sorgen. Es handelt sich hierbei um eine im öffentlichen Interesse begründete und daher zwingende Verpflichtung. Der Geschäftsführer kann sich deshalb von dieser Verpflichtung unter keinen Umständen entlasten. Grundsätzlich obliegt die Verpflichtung für eine ordnungsgemäße Buchführung allen Geschäftsführern – unabhängig von ihrer Fachkunde – gemeinsam. Zwar darf im Innenverhältnis mehrerer Geschäftsführer die Buchführungspflicht einem der Geschäftsführer übertragen werden, für die übrigen Geschäftsführer verbleibt aber die Verpflichtung einer ordnungsgemäßen Innenkontrolle und eine Eingriffsverpflichtung bei bekanntgewordenen oder unmittelbar drohenden Problemen.

Der Geschäftsführer muß die Aufgabe der Buchführung nicht persönlich erledigen, sondern kann sie geeigneten Mitarbeitern oder externen Institutionen (z. B. Steuerberater oder Datev) übertragen. In jedem Fall ist jedoch der Geschäftsführer für eine sorgfältige Auswahl, Instruktion und Überwachung verantwortlich. Er muß Stichproben durchführen (repräsentative Kontrollen) und bei auftretenden Problemen unverzüglich reagieren. Bei beauftragten Unternehmen ist der Geschäftsführer außerdem verpflichtet, dem Unternehmen die Haftung aufzuerlegen.

Ist der Verbleib von Geschäftsmitteln aufgrund nicht ordnungsgemäßer, vom Geschäftsführer zu verantwortender Buch- oder Kassenführung für die Gesellschaft nicht mehr aufklärbar, trifft den Geschäftsführer die Beweislast, daß er die von ihm entgegengenommenen Gelder pflichtgemäß an die Gesellschaft abgeführt hat (Reese, DStR 95, S. 532).

Dieser – übersichtsartig dargestellte und nicht vollständige – Pflichtenkatalog zeigt, welch hohe Anforderungen an die Management-Qualitäten eines GmbH-Geschäftsführers zu stellen sind. Insbesondere bei den allgemeinen Sorgfaltspflichten (»Sorgfalt eines ordentlichen Geschäftsmannes«) besteht die latente Gefahr, im Einzelfall aus der Situation heraus oder unter Entscheidungsdruck unternehmerische Entscheidungen zu treffen, die später den Vorwurf begründen können, der Geschäftsführer habe seine Sorgfaltspflichten schuldhaft verletzt.

Schaden der Gesellschaft / Kausalität

Ein Anspruch gegen den Geschäftsführer kann nur dann erhoben werden, wenn die Verletzung der Sorgfaltspflichten zu einem **Vermögensschaden** bei der Gesellschaft geführt hat. Schaden ist jede gesellschaftszweckwidrige Minderung des geldwerten Gesellschaftsvermögens (Reese, DStR 95, S. 534). Dazu zählen auch entgangene Vorteile, die der Gesellschaft bei pflichtgemäßem Verhalten zugeflossen wären. Es ist also immer zu fragen, ob die Vermögenslage der Gesellschaft ohne die Verletzung der Sorgfaltspflicht des Geschäftsführers besser wäre als sie jetzt ist (Soll-Ist-Vergleich).

Dabei muß der Schaden **kausal** auf die Pflichtverletzung zurückzuführen sein. Zu prüfen ist, ob die Pflichtverletzung bei gewöhnlichem Verlauf der Dinge geeignet war, den Schaden zu verursachen und ob diese Beeinträchtigung noch dem Schutzzweck des § 43 GmbHG unterfällt. Typischerweise ergeben sich hieraus aber keine Einschränkungen der Haftung, weil das Verhalten der Geschäftsleitung generell geeignet ist, Vermögensschäden bei der Gesellschaft herbeizuführen, und es Zweck der Innenhaftung ist, diese Schädigung zu vermeiden (Thümmel, Rdnr. 156).

Verschulden des Geschäftsführers

Der Geschäftsführer haftet nur dann persönlich, wenn er seine Pflichten **schuldhaft** verletzt hat. Unter Verschulden fällt sowohl vorsätzliches Handeln als auch jede Art von Fahrlässigkeit. Der Geschäftsführer einer GmbH haftet demnach schon bei **leichtester Fahrlässigkeit.** Die Haftung des Geschäftsführers als gesetzlicher Vertreter ist von daher wesentlich schärfer als die von – auch **leitenden** – **Angestellten.** So haben Mitarbeiter unterhalb der Organebene gegenüber ihrer Gesellschaft ein Haftungsprivileg (BAG NJW 1995, S. 210). Sie haften nur bei vorsätzlichem Handeln, während bei leichter Fahrlässigkeit überhaupt keine Haftung besteht. Bei mittlerer und grober Fahrlässigkeit haftet der Angestellte – je nach Verschuldensgrad – anteilig. Auch der Höhe nach ist die Haftung von Angestellten begrenzt – auf etwa drei Monatsgehälter (Hanau / Rolfs, NJW 1994, S. 1439). Der **Geschäftsführer** hingegen haftet auch **der Höhe nach unbegrenzt.**

Fahrlässig handelt der Geschäftsführer dann, wenn er die Sorgfalt eines ordentlichen und gewissenhaften Geschäftsmannes nicht beachtet hat. Diese Wertungsfrage läßt sich nur anhand des konkreten Einzelfalles entscheiden.

Von Bedeutung ist allerdings, daß bei der Frage des Verschuldens ein **objektiver Maßstab** anzulegen ist. Subjektive, in der Person des Geschäftsführers liegende Kriterien haben unberücksichtigt zu bleiben. Konkret heißt dies: Persönliche Fähigkeiten und Eigenschaften, einschlägige Erfahrungen, Vor- und Ausbildung, Krankheit und Gesundheit, Alter oder Altersüberlastung spielen bei der Frage des Verschuldens keine Rolle; entsprechendes Entlastungsvorbringen des Geschäftsführers darf das Gericht nicht berücksichtigen. Vielmehr hat es darauf abzustellen, welche Kenntnisse und Fähigkeiten von einem »durchschnittlichen« Geschäftsführer dieser Branche zu erwarten sind. Kraß formuliert heißt dies: Der GmbH-Geschäftsführer haftet nicht nur für Sorglosigkeit, sondern auch für unternehmerische Unfähigkeit!

Andererseits: Besitzt der konkret in Anspruch genommene Geschäftsführer Kenntnisse und Fähigkeiten, die über denen eines »durchschnittlichen« GmbH-Geschäftsführers liegen, sind immer diese bei der Frage des schuldhaften Verletzens von Sorgfaltspflichten zu berücksichtigen. Die Fähigkeiten des »durchschnittlichen« Geschäftsführers bilden also immer die Untergrenze. Dieser objektive Verschuldensmaßstab hat gerade in jüngerer Zeit wieder im Mittelpunkt rechtlicher Auseinandersetzungen gestanden. Insbesondere auf Schadensersatz in Anspruch genommene Geschäftsführer von Gesellschaften in den neuen Bundesländern machten mangelnde Erfahrung und unzureichende Vor- und Ausbildung in entsprechenden Prozessen geltend.

In einer – nicht veröffentlichten – Entscheidung (AZ: 23 U 1056/93) führt das Kammergericht Berlin – betroffen waren hier Vorstandsmitglieder einer Aktiengesellschaft – aus:

»Für den Sorgfaltspflichtverstoß gilt ein objektiv typisierter Verschuldensmaßstab. Vorstandsmitglieder haben für die Fähigkeiten und Kenntnisse einzustehen, die die ihnen anvertraute Leitungsaufgabe objektiv erfordert. Die Beklagten können sich daher nicht darauf berufen, aufgrund ihres persönlichen Lebensweges, ihrer Ausbildung und Erfahrung es nicht besser gewußt zu haben. Die Anforderungen an die geschäftsmännische Sorgfalt des Vorstandsmitgliedes einer Aktiengesellschaft im Jahr 1991, also nach dem Beitritt der ehemaligen DDR zur Bundesrepublik Deutschland, sind nicht mit einem ›Ost-Manager-Bonus‹ zu versehen, den die Beklagten für sich in Anspruch nehmen wollen. Es würde eine Diskriminierung der Geschäftsleiter in den neuen Bundesländern darstellen, wollte man ihnen von vornherein weniger zutrauen als westdeutschen Vorstandsmitgliedern. Auch die Sorgfaltspflichten anderer Berufsgruppen wie zum Beispiel Rechtsanwälte, Handwerker, Ärzte usw. sind einheitlich zu beurteilen und werden nicht herabgesetzt, wenn es sich um ehemalige DDR-Bürger handelt. Wer sich die Leitung einer Aktiengesellschaft

im vereinten Deutschland zutraut, muß sich uneingeschränkt an den Maßstäben des § 93 Abs. 1 AktG messen lassen (Hinweis des Autors: § 93 Abs. 1 AktG entspricht § 43 Abs. 1 GmbHG). *Im übrigen kann sich der Geschäftsführer auch nicht darauf berufen, daß er seiner Aufgabe nicht gewachsen war. Allein hierin liegt ein sog.* ***Übernahmeverschulden,*** *was allein schon eine Sorgfaltspflichtverletzung darstellt.«*

Verschuldensvermutung

Erschwerend kommt hinzu, daß bei der Haftung aus § 43 Abs. 2 GmbHG das **Verschulden vermutet** wird. Dies ergibt sich nicht unmittelbar aus dem GmbHG, sondern wird in ständiger Rechtsprechung (vgl. BGH NJW 63, S. 46) in Rechtsanalogie zu den ausdrücklichen Regelungen in § 93 Abs. 2, S. 2 AktG und § 34 Abs. 2 GenG so statuiert. Das bedeutet konkret: Nicht der Anspruchsteller, die GmbH also, muß bei der Geltendmachung eines Vermögensschadens das Verschulden des Geschäftsführers darlegen und beweisen, sondern der Geschäftsführer seinerseits muß beweisen, daß er bei der Entscheidung, die zu dem Schaden geführt hat, **nicht** schuldhaft gehandelt hat. Er muß also beweisen, daß er die seinerzeit getroffene Entscheidung, die den Schaden verursacht hat, nach den Sorgfaltskriterien eines ordentlichen Geschäftsmannes getroffen hat. Dies fällt mit zunehmender zeitlicher Distanz zwischen der schadenstiftenden Entscheidung des Geschäftsführers und der Geltendmachung des Schadens immer schwerer. Hier liegt ein erhebliches Haftungspotential für Geschäftsführer. Läßt sich nicht genau aufklären, wie es zu dem angeblichen Fehlverhalten des Geschäftsführers gekommen ist, so haftet er. Insbesondere bei Fehlbeträgen im Kassen- oder Warenbestand können hier große haftungsrechtliche Probleme entstehen. Die Gesellschaft muß lediglich die Tatsachen vortragen – und im Falle des Bestreitens beweisen –, aus denen sich ergibt, daß das Verhalten ihres Geschäftsführers bei der Gesellschaft zu einem Schaden geführt hat (Scholz / Schneider, § 43 Rdnr. 167).

Bei mehreren Geschäftsführern besteht eine solidarische, d. h.

gesamtschuldnerische Haftung. Beruht der Schaden der Gesellschaft auf der Verletzung von Pflichten durch mehrere Geschäftsführer oder durch Geschäftsführer und Aufsichtsratsmitglieder, so haften sie demzufolge als Gesamtschuldner. Die Gesellschaft kann sich also einen von mehreren Geschäftsführern heraussuchen, den sie in Anspruch nimmt. Dieser haftet in vollem Umfang und kann allenfalls im Regreßwege den Schaden im Verhältnis des Verschuldens gegenüber den übrigen Geschäftsführern geltend machen.

Bei einer Ressortverteilung kann also einer der Geschäftsführer für die von ihm getroffene Maßnahme, der andere wegen mangelnder Überwachung oder weil er es in Kenntnis der Transaktionen unterlassen hatte einzuschreiten, verantwortlich sein, während ein dritter Geschäftsführer, den in keiner Weise ein Verschulden trifft, haftfrei sein kann (Scholz / Schneider, § 43 Rdnr. 175). Hat ein pflichtwidriges Verhalten zu einem Schaden geführt, läßt sich aber weder die Person des schuldhaft handelnden Geschäftsführers noch die Nichtschuld einzelner feststellen, so haften alle (RG Z 106, 346).

Soweit mehrere Geschäftsführer für denselben Schaden verantwortlich sind, haften sie der Gesellschaft für den ganzen Betrag dieses Schadens, ohne Rücksicht darauf, wen das überwiegende Verschulden trifft. Kein Geschäftsführer kann sich also auf ein Mitverschulden seiner Mitgeschäftsführer berufen. Insoweit hat der Ausgleich intern zwischen den Geschäftsführern zu erfolgen (Scholz / Schneider, § 43 Rdnr. 176).

Ausgewählte Einzelfälle der Haftung

- **Wechsel- / Scheckgeschäfte**

Stellt der Geschäftsführer einen Scheck / Wechsel auf die Gesellschaft aus, so haftet er, wenn die dem Geschäft zugrundeliegende Forderung bestritten ist. Dasselbe gilt, wenn er eigenmächtig auf Forderungen verzichtet oder Forderungen verjähren läßt (vgl. KG GmbHR 1959, S. 257).

- **Rechtsrat / Steuerrat / Sachverständigenrat**

Bei schwierigen Vertragsgestaltungen in rechtlicher, steuerlicher oder technisch-naturwissenschaftlicher Art muß der Geschäftsführer den entsprechend qualifizierten Rat eines Fachmannes einholen, wenn er selbst nicht über eigene Sachkunde verfügt. Unterläßt er dies schuldhaft und entsteht aufgrund vertraglich übernommener Risiken ein Schaden, haftet der GmbH-Geschäftsführer gegenüber der Gesellschaft (vgl. BGH DB 1985, S. 1173).

So wurde ein Geschäftsführer von der Gesellschaft auf Schadensersatz in Anspruch genommen, weil er ein Grundstück erworben hatte, ohne sich zuvor z. B. durch Probebohrungen zu vergewissern, ob das Grundstück mit Schadstoffen kontaminiert war. Nach Feststellung der »Altlast« wurde die GmbH als Zustandsstörer in Anspruch genommen (der Voreigentümer war zwischenzeitlich in Konkurs gefallen). Die Sanierungskosten überstiegen den Wert des Grundstückes bei weitem.

- **Rückrufaktion**

Eine insbesondere seit Inkrafttreten des Produkthaftungsgesetzes und dem sog. »Lederspray-Urteil« (vgl. S. 177 ff.) immer bedeutsamer gewordene Thematik. Unterläßt ein Geschäftsführer schuldhaft eine Rückrufaktion und entsteht der Gesellschaft dadurch ein Vermögensschaden (z. B. zivilrechtliche Ansprüche Geschädigter), kann der Geschäftsführer schadensersatzpflichtig sein (vgl. BGH NJW 1990, S. 2650; zur strafrechtlichen Seite). Umgekehrt kann er auch haften, wenn er unberechtigterweise eine Rückrufaktion initiiert hat, die objektiv nicht erforderlich war und zu einem Schaden bei der Gesellschaft geführt hat. (z. B. Umsatzrückgang durch Imageverlust).

- **Kassenfehlbestand**

Der beklagte Geschäftsführer einer GmbH hatte von dem Geschäftskonto des Unternehmens über 200 000,– DM abgehoben. Es blieb im Prozeß streitig, für welche Zwecke diese Gelder verwendet wurden. Die GmbH verklagte ihren Geschäftsführer auf Erstattung des abgehobenen Betrages und gewann den Prozeß.

Der BGH (WM 1985, S. 1293) entschied, daß die GmbH den eingetretenen Schaden und damit die zweckwidrige Verwendung der Geldbeträge zu beweisen hatte. Anhand der Geschäftsbücher sei sie in der Lage festzustellen, ob und in welcher Höhe ein Fehlbestand vorliegt. Die Buchführung sei originäre Aufgabe des Geschäftsführers, so daß ihr Inhalt zugunsten der Gesellschaft als zutreffend unterstellt werden könne. In Höhe des festgestellten Fehlbetrages sei anzunehmen, daß die Beträge zweckwidrig verwendet wurden (Thümmel, Rdnr. 162).

- **Spekulationsgeschäfte / Wechselrisiken**

Häufig sind zur Absicherung von Auslandsforderungen Devisentermingeschäfte unternehmerisch geboten. Diese können aber hochspekulativen Charakter haben, wenn es an dem zu sichernden Grundgeschäft fehlt. Darauf ist bei Abschluß des Rechtsgeschäftes zu achten (BGH Z 69, 207).

Sichert ein GmbH-Geschäftsführer Wechselkursrisiken schuldhaft nicht ab, ist er der Gesellschaft gegenüber für den daraus entstehenden Vermögensschaden schadensersatzpflichtig.

- **Verkäufe ohne Absicherung**

Verkauft der Geschäftsführer ein Grundstücke ohne dingliche Absicherung des Kaufpreises oder verkauft er Waren auf Kredit, ohne die Bonität des Käufers zu prüfen oder einen entsprechenden Sperrvermerk des Kreditversicherers zu beachten und entsteht dabei der Gesellschaft ein Schaden, macht er sich schadensersatzpflichtig (BGH GmbHR 1981, S. 191).

- **Eigengeschäfte**

Aus seiner Treuepflicht gegenüber der Gesellschaft folgt, daß der Geschäftsführer in allen Angelegenheiten der Gesellschaft allein **deren Vorteil** zu beachten hat. Dies gilt auch dann, wenn er zufällig oder privat Kenntnis von einer Geschäftschance erlangt hat, deren Ausnutzung es ihm wirtschaftlich erlauben würde, sich selbständig zu machen. Führt er derartige Geschäfte auf eigene Rechnung aus, macht er sich gegenüber der Gesellschaft schadensersatzpflichtig (BGH NJW 1986, S. 585).

- **Versicherungen**

Werden vom Geschäftsführer notwendige Versicherungen nicht oder mit unzulänglicher Deckungssumme abgeschlossen und zahlt deshalb die Versicherung im Schadenfall nicht oder nicht in voller Höhe, kann sich der Geschäftsführer schadensersatzpflichtig machen, wenn entsprechende Angebote des Versicherers vorgelegen haben und auf das Risiko aufmerksam gemacht worden ist.

Auch die Ablehnung eines Kreditversicherungsschutzes für wichtige Geschäfte kann den Geschäftsführer schadensersatzpflichtig machen (BGH WM 86, S. 1329).

- **Zweckverfehlende Aufwendungen**

Macht die GmbH Aufwendungen, die die mit der Aufwendung verfolgten Ziele nicht erreichen, kann sich der GmbH-Geschäftsführer schadensersatzpflichtig machen.

So nahm eine GmbH ihren Geschäftsführer erfolgreich auf Schadensersatz in Anspruch, weil er nur an drei Tagen in der Woche für sie arbeitete, und an den übrigen beiden Tagen für ein anderes Unternehmen tätig war. Laut Anstellungsvertrag sollte er aber seine gesamte Arbeitskraft dem Unternehmen zur Verfügung stellen. Der BGH (ZIP 1988, S. 568) sah den Schaden darin, daß die GmbH für Dienste Vergütungen gezahlt hat, ohne einen entsprechenden Gegenwert zu erhalten. Der Geschäftsführer mußte den entsprechenden Teil seiner Vergütung als Schadensersatz an die GmbH zahlen.

- **Kalkulationsfehler**

Bei Geschäften von erheblicher wirtschaftlicher Bedeutung besteht zumindest für den zuständigen GmbH-Geschäftsführer die Verpflichtung – auch bei Delegation! –, sich zu überzeugen, ob richtig kalkuliert wurde (BGH WM 1991, S. 1548). Verletzt er diese Sorgfaltspflicht schuldhaft, so haftet er.

- **Konkursantragstellung**

Besondere Risiken bestehen für den GmbH-Geschäftsführer bei (drohender) Zahlungsunfähigkeit oder Überschuldung seiner

Gesellschaft. Angesichts der hohen Zahl von Konkursen bei GmbHs in den letzten Jahren (vgl. S. 59) eine besonders brisante Haftungssituation.

Nach § 64 Abs. 2 GmbHG sind die Geschäftsführer der Gesellschaft zum Ersatz von Zahlungen verpflichtet, die nach Zahlungsunfähigkeit der Gesellschaft oder nach der Feststellung ihrer Überschuldung geleistet werden.

Dies betrifft Zahlungen jeglicher Art, an wen diese auch immer geleistet werden sollen. Hieraus folgt, daß etwa Daueraufträge und Lastschriftermächtigungen sowie (vorsorglich) Bankvollmachten widerrufen werden müssen und auch die fällige Umsatzsteuer nicht mehr an das Finanzamt abgeführt werden darf (Thümmel, Rdnr. 78).

Der Geschäftsführer ist verpflichtet, ohne schuldhaftes Zögern, **spätestens** drei Wochen nach Eintritt der Zahlungsunfähigkeit oder der Überschuldung die Eröffnung des Konkurs- oder gerichtlichen Vergleichsverfahrens zu beantragen.

Diese Frist beginnt mit dem objektiven Eintritt der Insolvenz (Zahlungsunfähigkeit oder Überschuldung) **und** der positiven Kenntnis des Geschäftsführers von dieser Tatsache (BGH Z 75, 110).

Hier kann sich aus drei Gründen eine Schadensersatzpflicht ergeben:

- Der Geschäftsführer unterläßt es, rechtzeitig und nachdrücklich die zu jenem frühen Zeitpunkt noch mögliche Sanierung der Gesellschaft einzuleiten.
- Der Geschäftsführer vermindert der Masse zugedachtes Vermögen in der Zeit zwischen Fristbeginn und Antragsstellung schuldhaft.
- Der Geschäftsführer stellt den Insolvenzantrag erst nach der 3-Wochen-Frist.

§ 64 Abs. 2 GmbHG ist außerdem ein Schutzgesetz im Sinne des § 823 Abs. 2 BGB, so daß auch Dritte (insbesondere Gläubiger) hier persönlich gegen den Geschäftsführer vorgehen können. Der Fall der Konkursverschleppung ist der einzige, bei dem sowohl eine Haftung im Innenverhältnis (gegenüber der GmbH) als auch im Außenverhältnis (gegenüber Dritten) besteht. Vergleiche hierzu auch das spezielle Kapitel »Die GmbH in der Krise« (S. 59 ff.).

- **Verkauf unter Preis**

Wer als GmbH-Geschäftsführer Grundstücke, Unternehmensteile, Tochterunternehmen oder sonstige Einrichtungen unter Preis, d. h. unter dem objektiven Verkehrswert, verkauft, macht sich gegenüber der Gesellschaft schadensersatzpflichtig. Hier liegt im übrigen auch ein sehr hohes Risiko für Aufsichtsrats- und Beiratsmitglieder in bezug auf ihre Überwachungspflichten ggü. der Geschäftsleitung.

- **Vergabe von Krediten / Darlehen**

Wer Darlehen und Kredite ohne (meist: dingliche) Sicherungen vergibt, macht sich gegenüber der Gesellschaft für den hierbei entstehenden Vermögensschaden schadensersatzpflichtig.

- **Überhöhte Provisionszahlungen**

Wer als GmbH-Geschäftsführer überhöhte Provisionen zahlt, macht sich schadensersatzpflichtig. Dies gilt auch dann, wenn die Zahlungen nicht von ihm persönlich veranlaßt worden sind, aber eine Verletzung der diesbezüglichen Aufsichts- und Überwachungspflicht vorliegt.

Zum »faktischen« Geschäftsführer

Die sich aus § 43 GmbHG ergebenden Pflichten treffen jeden einzelnen Geschäftsführer mit seiner Bestellung, spätestens mit der Annahme des Amtes. Es haften somit aus § 43 Abs. 2 GmbHG alle Personen, die wirksam zu Geschäftsführern einer GmbH bestellt worden sind – unabhängig von der Eintragung im Handelsregister. Im übrigen auch unabhängig davon, ob ein Anstellungsvertrag abgeschlossen wurde oder nicht bzw. ob der Anstellungsvertrag fehlerhaft ist. Entscheidend ist allein die tatsächliche Übernahme des Amtes, nicht erst die Eintragung ins

Handelsregister. Mit der Amtsübernahme ist der Geschäftsführer in der Verpflichtung und haftet bei schuldhaften Pflichtverletzungen aus § 43 Abs. 2 GmbHG (BGH WM 1986, S. 789).

Es gibt auch die Konstellation, daß ein Gesellschafter faktisch wie ein Geschäftsführer handelt, ohne zum Geschäftsführer bestellt zu sein. Bei entsprechenden Pflichtverletzungen haftet in diesen Fällen nicht nur der tatsächlich bestellte und im Handelsregister eingetragene Geschäftsführer (der insoweit **»Strohmann«** ist), sondern auch der Hintermann, der tatsächlich wie ein Geschäftsführer dauerhaft die Geschäfte leitet (**faktischer Geschäftsführer**). Es handelt sich hier meist um Fälle, in denen der Betreffende nach § 6 Abs. 2 GmbHG offiziell vom Amt des Geschäftsführers ausgeschlossen ist.

> *». . . wer wegen einer Straftat nach den §§ 283 bis 283 d des Strafgesetzbuchs* (Konkursdelikte, Anmerkung des Autors) *verurteilt worden ist, kann auf die Dauer von fünf Jahren seit der Rechtskraft des Urteils nicht Geschäftsführer sein; in die Frist wird die Zeit nicht eingerechnet, in welcher der Täter auf behördliche Anordnung in einer Anstalt verwahrt worden ist. Wem durch gerichtliches Urteil oder durch vollziehbare Entscheidung einer Verwaltungsbehörde die Ausübung eines Berufs, Berufszweiges, Gewerbes oder Gewerbezweiges untersagt worden ist, kann für die Zeit, für welche das Verbot wirksam ist, bei einer Gesellschaft, deren Unternehmensgegenstand ganz oder teilweise mit dem Gegenstand des Verbots übereinstimmt, nicht Geschäftsführer sein . . .«*

Entscheidend ist hier, ob der Gesellschafter das Unternehmen tatsächlich leitet. Dies ist dann der Fall, wenn er **dauerhaft** die Unternehmensleitung übernimmt und faktisch alles tut, was normalerweise Aufgabe des bestellten Geschäftsführers ist (Lutter/Hommelhoff vor § 35 Rdnr. 11).

Zur Entlastung und Enthaftung

In diesem Zusammenhang ist auch kurz die Frage zu erörtern, wie sich eine Entlastung oder eine vertragliche Enthaftung auf die Haftung des Geschäftsführers selbst auswirkt.

Die **Entlastung** wird in der Praxis sehr häufig überschätzt. Unter Entlastung versteht man im GmbH-Recht die generelle Billigung der Geschäftsführung und Ausdruck von Vertrauen in die Zukunft. Sie drückt aus, daß der GmbH gegen den Geschäftsführer keine Ansprüche zustehen. Andererseits bedeutet Entlastung nur, daß der Geschäftsführer von solchen Ansprüchen freigestellt wird, deren Entstehungsgrund der Gesellschafterversammlung (diese hat über die Entlastung zu entscheiden) aus den ihr eingereichten Unterlagen bei sorgfältiger Prüfung erkennbar war oder von dem alle Gesellschafter privat Kenntnis haben (Ebenroth / Lange, S. 75). Trotz erteilter Entlastung kann also die GmbH ihren Geschäftsführer auf Schadensersatz in Anspruch nehmen – wenn Gründe vorliegen, auf die sich die Entlastung nicht bezog.

Im übrigen hat der GmbH-Geschäftsführer seit einer BGH-Entscheidung aus dem Jahre 1995 keinen Anspruch auf Entlastung (BGH Z 94, 324). Weder das Vertrauen in die zukünftige Amtsführung des Geschäftsführers noch die Bestätigung seien erzwingbar, er habe bei der bisherigen Führung der GmbH eine »glückliche Hand« gehabt. Die Entlastung sei auch nicht wegen ihrer Präklusionswirkung einklagbar, denn auf etwa vorhandene Ansprüche brauche die GmbH nicht zu verzichten und bei ordnungsgemäßer Geschäftsführung reiche es aus, daß er sich mit der negativen Feststellungsklage zur Wehr setzen könne.

Unter **Enthaftung** versteht man eine vertraglich vereinbarte Haftungsmilderung. So könnte man beispielsweise im Anstellungsvertrag die Haftung der Höhe nach (z. B. Begrenzung auf ein Jahresgehalt) oder dem Grunde nach (z. B. Haftung nur für grobe Fahrlässigkeit und / oder Vorsatz) beschränken. Entsprechende Empfehlungen werden GmbH-Geschäftsführern immer wieder durch Interessenverbände gegeben. Abgesehen davon, daß dies in der Praxis wohl nur selten seitens der Gesellschaft akzeptiert wird (jedenfalls bei Geschäftsführern, die keine Gesellschaftsanteile innehaben), ist stark umstritten, ob die Haftungsregelung des § 43 GmbHG dergestalt zwingend ist, daß sie durch Gesellschaftsvertrag, Gesellschafterbeschluß oder den Anstellungsvertrag nicht abgeschwächt werden kann. Im Aktienrecht ist die Haftungsregelung zwingend, § 93 Abs. 4 S. 3 AktG.

Zwar trifft dies nach h. M. auch auf § 43 Abs. 3 GmbHG zu, weil er gläubigerorientiert ist (Lutter/Hommelhoff, § 43 Rdnr. 2). Umstritten ist jedoch, ob dies ebenfalls für die Absätze 1 und 2 gilt, ob sie also insoweit zwingend sind, daß sie zwar eine Haftungsverschärfung zulassen, nicht aber eine Haftungsmilderung. Für eine zwingende Regelung der Absätze 1 und 2 spricht hauptsächlich die Stellung des Geschäftsführers als Verwalter fremden Vermögens. Dieses Argument enthält zusätzlich Gewicht unter dem Aspekt des umfassenden Minderheitenschutzes. Die Möglichkeit eines Verzichts spricht nicht gegen diese Auffassung, da der Verzicht einen Gesellschafterbeschluß voraussetzt und eine andere Qualität als eine ex-ante-Abmilderung des gesetzlich normierten Sorgfaltsmaßstabes ist. Bei diesem greift das Stimmverbot des § 47 Abs. 4 GmbHG und er kann angefochten werden (Ebenroth/Lange, S. 76).

Ein höchstrichterliches Urteil liegt zu diesem Fragenkomplex allerdings noch nicht vor, so daß jedem GmbH-Geschäftsführer nur empfohlen werden kann, eine entsprechende vertragliche Haftungsmilderung mit der Gesellschaft zu vereinbaren. Unabhängig, ob die Rechtsprechung letztlich diese Haftungsmilderung akzeptiert, gilt: Eine Gesellschaft, die einer Haftungsmilderung des Geschäftsführers zugestimmt hat und ihn dennoch unter Mißachtung dieser Vereinbarung auf Schadensersatz in Anspruch nimmt, wird sich dieses Verhalten als widersprüchlich entgegenhalten lassen müssen. Dies verbessert die Situation des in Anspruch genommenen GmbH-Geschäftsführers erheblich.

Anspruchsgläubiger

Wer kann den GmbH-Geschäftsführer auf Schadensersatz in Anspruch nehmen?

Die GmbH

Die Schadensersatzansprüche aus § 43 Abs. 2 GmbHG stehen der Gesellschaft zu. Ob sie den Anspruch geltend macht und wer sie im Prozeß gegen ihren (ggf. früheren) Geschäftsführer im Prozeß vertritt, entscheiden die Gesellschafter nach § 46 Nr. 8 GmbHG.

Liegt ein entsprechender Gesellschafterbeschluß nicht vor, kann der Geschäftsführer nicht erfolgreich auf Schadensersatz in Anspruch genommen werden. Eine entsprechende Klage wäre unbegründet.

Nach § 47 Abs. 4 S. 2 GmbHG sind nur solche Gesellschafter abstimmungsberechtigt, die nicht selbst betroffen sind. Dies kann beispielsweise bei einem geschäftsführenden Gesellschafter der Fall sein. Nach einem Urteil des BGH (BGH Z 79, 28) ist nicht nur der unmittelbar Betroffene, sondern grundsätzlich auch der Gesellschafter von der Abstimmung ausgeschlossen, der mit dem Geschäftsführer gemeinsam die Pflichtverletzung begangen haben soll. Bei einer entsprechenden Konstellation könnte deshalb auch ein Minderheits-Gesellschafter einen entsprechenden Beschluß herbeiführen, der die Gesellschaft zwingt, den geschäftsführenden Mehrheits-Gesellschafter auf Schadensersatz gemäß § 43 Abs. 2 GmbHG zu verklagen. So reicht nach herrschender Auffassung für die Geltendmachung von Schadensersatzansprüchen einer Zweimann-GmbH gegen ihren Gesellschafter-Geschäftsführer ein Beschluß, der lediglich mit der Stimme des anderen Gesellschafters gefaßt worden ist. Ein insbesondere für die Frage der Versicherbarkeit derartiger Risiken wichtiger Aspekt (vgl. S. 263ff.). Bei der Beschlußfassung genügt ansonsten die einfache Mehrheit.

Im Prozeß gegen den Geschäftsführer wird eine mitbestimmte GmbH durch ihren Aufsichtsrat vertreten. Ansonsten bestimmen die Gesellschafter, wer die Prozeßführung übernimmt. Nach überwiegender Auffassung folgt aus der organschaftlichen Vertretungsmacht des Geschäftsführers, daß dieser keinen Prozeß gegen einen anderen (Mit-)Geschäftsführer führen darf. In diesen Fällen muß ein externer Prozeßvertreter bestellt werden.

Die Gesellschafter

Unmittelbare Vertragsbeziehungen zwischen dem Geschäftsführer und den Gesellschaftern bestehen nicht. Folglich können die Gesellschafter einen Geschäftsführer nicht verklagen.

Es gibt hier eine **Ausnahme.** Gesetzlich geregelt ist der Anspruch des Gesellschafters gegen den Geschäftsführer bei Zahlung entgegen den Vorschriften des § 30 GmbHG (meist: unzulässige Auszahlung der Stammeinlagen). Ist deren Erstattung von dem Empfänger nicht zu erlangen, so haften für den zu erstattenden Betrag die übrigen Gesellschafter nach § 31 Abs. 3 GmbHG. Für die in den Fällen des Absatz 3 geleistete Erstattung einer Zahlung sind die Geschäftsführer den Gesellschaftern gesamtschuldnerisch zum Ersatz verpflichtet, falls ihnen ein Verschulden zur Last fällt (§ 31 Abs. 6 GmbHG).

Die Tatsache, daß mit Ausnahme der gesetzlichen Regelung nach § 31 Abs. 6 GmbHG die Gesellschafter nicht gegen den Geschäftsführer vorgehen können, kann im Einzelfall zu unbilligen und unbefriedigenden Ergebnissen führen, insbesondere für Minderheits-Gesellschafter. Grundsätzlich haben gemäß § 46 Nr. 8 GmbHG die Gesellschafter über die Geltendmachung von Ersatzansprüchen der Gesellschaft zu befinden. Die Minderheits-Gesellschafter müssen Beschlüsse der Mehrheit hinnehmen. Verzichten beispielsweise die Mehrheits-Gesellschafter auf eine Schadensersatzanklage nach § 43 Abs. 2 GmbHG gegen einen vorsätzlich oder grob fahrlässig zum Nachteil der Gesellschaft handelnden Geschäftsführer, dann stellt sich dieser Verzicht gegenüber dem Minderheits-Gesellschafter als treuwidrig dar, da er auf berechtigte Forderungen oder zumindest die Chance ihrer Realisierung verzichten muß. Dies wird unter dem

Aspekt des Minderheitenschutzes als nicht hinnehmbar empfunden (vgl. Hübner, S. 37). Um die Rechte der Minderheits-Gesellschafter zu wahren, wurde das Rechtsinstitut der **» actio pro socio«** entwickelt. Es erlaubt dem Minderheits-Gesellschafter, gegen den Geschäftsführer auch gegen den Willen der Mehrheits-Gesellschafter zu klagen. Insofern geht die materielle Gerechtigkeit dem formalen Recht vor.

Die »actio pro socio« ist subsidiär und setzt voraus, daß der klagende (Minderheits-)Gesellschafter sich zunächst um eine Erhebung der Klage durch die Gesellschaft bemüht hat oder daß eine solche Bemühung offensichtlich aussichtslos wäre. In diesen Fällen kann der einzelne Gesellschafter allerdings nur die Leistung an die Gesellschaft fordern, nicht an sich selbst. Der Minderheits-Gesellschafter klagt im eigenen Namen und auf eigenes Risiko mit der Folge, daß die Rechtskraft des Urteils auch für und gegen die GmbH wirkt (Lutter / Hommelhoff, § 13 Rdnr. 7).

Als Teil des Minderheitenschutzes kann die »actio pro socio« weder durch den Gesellschaftsvertrag noch durch Beschluß der Gesellschafterversammlung im Einzelfall abbedungen werden (BGH BB 85, S. 1623 zur KG).

Ein dem § 147 AktG entsprechendes Minderheitsrecht auf Geltendmachung der Schadensersatzansprüche (vgl. S. 116) sieht das GmbHG nicht vor.

Sonstige Dritte

Sonstige Dritte können den Anspruch aus § 43 Abs. 2 GmbHG nicht geltend machen. Es handelt sich insbesondere auch nicht um ein Schutzgesetz im Sinne des § 823 Abs. 2 BGB. Dritte sind auf andere Anspruchsgrundlagen aus Delikt (§ 823 ff. BGB) und »culpa in contrahendo« angewiesen (vgl. S. 49 ff.). Allerdings können Gläubiger den Anspruch der Gesellschaft pfänden und sich überweisen lassen. Dadurch gewinnt der Gläubiger mit der Pfändung ein Sicherungsrecht, kann aber seinen Anspruch, wenn sich die Gesellschaft nicht entschließt, Klage zu erheben, und auch kein Fall der »actio pro socio« gegeben ist, nicht selbständig verwirklichen.

Die Haftung des GmbH-Geschäftsführers gegenüber Dritten (Außenverhältnishaftung)

Der GmbH-Geschäftsführer haftet grundsätzlich nicht persönlich gegenüber Dritten, also insbesondere Gläubigern der Gesellschaft. Im Verhältnis zwischen Gläubigern und der GmbH haftet nach §31 BGB die Gesellschaft, da das Handeln des Geschäftsführers der Gesellschaft unmittelbar zugerechnet wird. Allerdings gibt es in der Praxis Fälle, in denen auch der GmbH-Geschäftsführer gegenüber Dritten persönlich haftet. Dies ist dann der Fall, wenn in seiner Person alle Kriterien gesetzlicher Anspruchsgrundlagen erfüllt sind; z.B. aus Delikt (§§ 823 ff. BGB) oder aus »culpa in contrahendo« (c.i.c.). Der Geschädigte hat also zwei Schuldner: die handelnde natürliche Person (GmbH-Geschäftsführer) und die GmbH als Anstellungskörperschaft. Die bisherige Praxis zeigt, daß sich der Geschädigte in aller Regel die juristische Person, also die GmbH, als Schuldner aussucht. Die Gründe liegen auf der Hand: Sie ist meist wirtschaftlich wesentlich leistungsfähiger als der Geschäftsführer. Die Chancen, seine Ansprüche zu realisieren, sind also für den Geschädigten wesentlich größer. Von daher realisieren sich Ansprüche Dritter gegen den GmbH-Geschäftsführer fast ausschließlich in den Fällen, in denen die GmbH leistungsunfähig ist, sei es im Vergleichs- oder Konkursfalle. Unabdingbare Voraussetzung ist dies aber nicht.

Im einzelnen sind folgende Fallgruppen zu unterscheiden:

Haftung aus »culpa in contrahendo«

Darunter versteht man ein schuldhaftes Verhalten vor oder bei Vertragsabschluß mit Dritten. Praxisrelevante Fälle sind:

- Verletzung von Aufklärungspflichten gegenüber künftigen Vertragspartnern, z.B. bei Illiquidität der GmbH oder drohendem Konkurs.
- Abschluß eines Vertrages für die GmbH ohne entsprechende Vertretungsmacht.

- Persönliche Geschäftsführerhaftung bei wirtschaftlichem Eigeninteresse des Geschäftsführers am Zustandekommen des Vertrages (BGH *»... wenn Organ bei wirtschaftlicher Betrachtungsweise an dem Geschäft gleichsam in eigener Sache beteiligt ist.«)*. Dieser Fall spielt häufig bei geschäftsführenden Gesellschaftern eine Rolle.
- Nicht ordnungsgemäße Unterzeichnung von Verträgen oder Wechseln (z. B. fehlender GmbH-Zusatz).

Ausgewählte Einzelfälle der Haftung aus c.i.c.

- **Persönliche Einbindung**

In seiner Entscheidung vom 19.02.1990 (GmbHR, S. 296) hatte der BGH die Haftung eines GmbH-Geschäftsführers aus c.i.c. über ein von ihm persönlich entwickeltes neues Herstellungsverfahren bejaht. Der Verhandlungsverlauf ließ erkennen, daß sich die dortige Klägerin nicht mit der vertraglichen Verpflichtung der Gesellschaft begnügen wollte, sondern auf eine persönliche Einbindung des beklagten Geschäftsführers in das Vertragswerk Wert legte. So sollte zwischen dem Beklagten und der Gesellschaft ein Vertrag geschlossen werden, durch den der Beklagte seine »Rechte aus der Entwicklung und dem Verfahren zur Herstellung der Hygienestreu (Katzenstreu)« der Gesellschaft überließ. In diesem Vertrag sollte der Geschäftsführer der Gesellschaft gegenüber die Zusicherung eines bestimmten Qualitätsmerkmales abgeben und die »Garantie« übernehmen, daß die Herstellungskosten einen bestimmten Betrag nicht überschreiten (Klumpp, S. 59)

- **Persönliches Vertrauen**

– Wenn ein Unternehmensberater, der die Geschäftsführung eines sanierungsbedürftigen Unternehmens übernommen hat, bei Vertragsverhandlungen, die er als Vertreter des Unternehmens mit Dritten führt, auf seine früheren Sanierungserfolge hinweist, kann er damit ein besonderes persönliches Vertrauen in Anspruch nehmen und deshalb bei schuldhaften Pflichtverletzungen persönlich aus c.i.c. haften (BGH DB 1990, S. 1128).

In derartigen Fällen hat der Geschäftsführer auch alle Umstände, die gegen seine Eignung oder Integrität als Sanierer sprechen könnten (z. B. Vorstrafe wegen eines Vermögensdeliktes oder Abgabe einer eidesstattlichen Versicherung) von sich aus zu offenbaren.

– Eine Schlachterei stand mit einer GmbH in ständiger Geschäftsbeziehung. Sie belieferte die GmbH mit Fleisch, für das sie Rechnungen mit einem Zahlungsziel von jeweils 14 Tagen ausstellte. Die überschuldete GmbH bezahlte diese Rechnungen nicht und stellte ihre Geschäftstätigkeit ein. Ein Konkursverfahren wurde mangels Masse abgewiesen. Die Schlachterei nahm deshalb den Geschäftsführer der GmbH, der zugleich maßgeblicher Gesellschafter war, auf Zahlung in Anspruch. Sie begründete ihren Anspruch damit, der Geschäftsführer hätte sie bei der Bestellung der Fleischlieferungen über die wirtschaftlich desolate Lage der GmbH aufklären müssen.
Der BGH (AZ: VIII ZR 360/86) verurteilte den Geschäftsführer auf Schadensersatz in Höhe der nicht bezahlten Rechnungen nebst Zinsen. Der Anspruch aus c.i.c. wurde damit begründet, daß es der Geschäftsführer unterlassen hat, seinen Vertragspartner über die (drohende) Überschuldung der GmbH aufzuklären. Die Haftung bestehe, weil der Geschäftsführer in besonderem Maße persönliches Vertrauen in Anspruch genommen hat und dem Verhandlungsgegenstand besonders nahestand, weil er wirtschaftlich stark an dem Vertragsabschluß interessiert war und aus dem Geschäftsbetrieb eigenen Nutzen erstrebte.

- **Rechtsscheinhaftung**

Der BGH bejaht in ständiger Rechtsprechung eine persönliche Haftung des GmbH-Geschäftsführers aus Rechtsscheingrundsätzen.

Eine Rechtsscheinhaftung greift insbesondere dann ein, wenn der Geschäftsführer für das Unternehmen unter Verstoß gegen § 4 Abs. 2 GmbHG mit einer Firma zeichnet, ohne den gesetzlich vorgeschriebenen Zusatz hinzuzufügen, der klarstellt, daß der Firmeninhaber eine GmbH ist (BGH Z 62, 216). In diesen Fällen wird der Anschein einer unbeschränkten Haftung zumindest einer natürlichen Person erweckt. Ähnliches gilt, wenn der GmbH-Geschäftsführer bei Unterzeichnung von Verträgen den GmbH-Zusatz wegläßt.

Beispiel:

Der Konzertmanager B verhandelte mit S, dem Gesellschafter-Geschäftsführer der X-GmbH. Deren Geschäftsgegenstand ist u. a. die Organisation und Durchführung von Musikveranstaltungen. Die zwischen B und S getroffenen Vereinbarungen sind in einem Telex und einem Schreiben des B festgehalten. In dem Telex bestätigte S gegenüber B die lokale Ausrichtung von zwei Konzerten sowie, daß er ihm einen Anteil von 110 000,– DM an den Einspielerlösen der Konzerte garantiert. Die Absenderangabe ließ nicht erkennen, daß es sich um eine GmbH handelte. In dem an S persönlich gerichteten Schreiben erklärte B, er nehme das Angebot des S an. Später nahm B den S persönlich auf Zahlung der Garantiesumme von 110 000,– DM in Anspruch mit der Behauptung, er habe von dem Bestehen der X-GmbH nichts gewußt.

Der BGH gab diesem Anspruch statt (Bäcker / Prühs, S. 52 ff.).

- **Persönliche Beziehungen**

Der Geschäftsführer einer Steuerberatungsgesellschaft hatte eine Kundin, zu der er sehr enge persönliche Beziehungen hatte, beim Erwerb einer Eigentumswohnung nach dem Bauherrenmodell fehlerhaft beraten. Der Geschäftsführer hatte sich verpflichtet, die Abwicklung des Bauherrenmodells und die Besorgung der Finanzierung selbst zu übernehmen. In diesen Fällen haftet der GmbH-Geschäftsführer persönlich, wenn durch eine fehlerhafte Beratung ein Vermögensschaden entsteht. Im vorliegenden Fall (BGH WM 1990, S. 2039) erforderte allein die Finanzierung des Bauherrenmodells 75 000,– DM pro Jahr bei einem zu versteuernden Jahreseinkommen von nur 36 000,– DM.

- **Persönliche Bürgschaften**

Der BGH hat die persönliche Haftung eines Gesellschafter / Geschäftsführers angenommen, wenn dessen wirtschaftliches Eigeninteresse über das vermögensrechtliche Interesse der Gesellschaft hinausgeht und auch seine Privatinteressen umfaßt (BGH WM 1987, S. 1431). Dies sei dann Fall, wenn sich der Geschäftsführer für Gesellschaftsverbindlichkeiten **persönlich** verbürgt oder eine Schuldmitübernahme für Verbindlichkeiten der Gesellschaft gegenüber wichtigen Gläubigern wie Banken oder Großlieferanten erklärt habe. Prinzipiell wird in diesen Fällen, die häufig nur im Einzelfall entschieden werden können, eine Haftung immer dann gegeben sein, wenn sich der Geschäftsführer persönlich stark engagiert und exponiert hat.

Die Inanspruchnahme eines GmbH-Geschäftsführers aus c.i.c. weist keine stringente Rechtsprechung auf. Selbst prinzipiell vergleichbare Fälle werden von Gerichten unterschiedlich gewertet. Letztlich entscheidend ist aber immer, daß die latente Gefahr einer zivilrechtlichen Inanspruchnahme auf Schadensersatz auch und gerade bei Vertragsverhandlungen möglich ist.

Haftung aus unerlaubter Handlung gemäß § 823 Abs. 1 BGB

»Wer vorsätzlich oder fahrlässig das Leben, den Körper, die Gesundheit, die Freiheit, das Eigentum oder ein sonstiges Recht eines anderen widerrechtlich verletzt, ist dem anderen zum Ersatz des daraus entstehenden Schadens verpflichtet.«

Grundsätzlich gilt: Begeht ein Geschäftsführer in Ausübung seiner Geschäftsführertätigkeit eine unerlaubte Handlung i. S. d. § 823 Abs. 1 BGB und wird dadurch ein Dritter geschädigt, so haftet der Geschäftsführer persönlich. Dagegen haftet die GmbH nicht aus § 831 BGB (Haftung für Verrichtungsgehilfen), da nach ständiger Rechtsprechung Organe einer juristischen Person nicht deren Verrichtungsgehilfen sind (BGH BauR 91, 377).

Als Geschäftsführer und damit Verantwortlicher für die Organisation der Gesellschaft hat der GmbH-Geschäftsführer die Pflicht, durch geeignete Maßnahmen und regelmäßige Kontrolle und Überwachung dafür zu sorgen, daß das Unternehmen so organisiert ist, daß von ihm keine rechtswidrigen Handlungen ausgehen.

Zu dieser Problematik hat der BGH (BB 1990, S. 162) am 05.12.1989 ein wegweisendes – und heftig umstrittenes – Grundsatzurteil (**»Baustoff-Fall«**) gefällt und damit die Haftung des GmbH-Geschäftsführers aus § 823 Abs. 1 BGB wesentlich verschärft. Der Entscheidung lag folgender Sachverhalt zugrunde:

> Ein Lieferant beliefert eine GmbH (Bauunternehmen) mit Baumaterialien. Die Geschäftsbedingungen sehen einen **verlängerten Eigentumsvorbehalt** vor. Das bedeutet: Die GmbH darf – obwohl noch nicht Eigentümer – die Materialien verarbeiten, muß aber ihre Werklohnforderung gegen den Bauherren bis zur Höhe des Warenwertes an den Lieferanten zur Sicherheit abtreten. Die GmbH baut die Materialien in einer Lagerhalle des Bauherren ein. Damit wird der Bauherr Eigentümer der Baumaterialien. Die Geschäftsbedingungen zwischen dem Bauherren und der GmbH enthalten ein Abtretungsverbot, d. h., die Werklohnforderungen der GmbH gegen den Bauherren dürfen nicht an den Lieferanten abgetreten werden. Folge: Der Lieferant hat wegen des Einbaus sein Eigentum an den Materialien verloren (§ 946 BGB), hat allerdings wegen des Abtretungsverbots keinen Anspruch gegen den Bauherren aus abgetretenem Recht. Die GmbH wird zahlungsunfähig. Nunmehr klagt der Lieferant seine Kaufpreisforderung gegen den Geschäftsführer der GmbH persönlich ein.

Der BGH hat den Geschäftsführer zu Schadensersatz in Höhe von über 200 000,– DM verurteilt. Anspruchsgrundlage: § 823 Abs. 1 BGB. Begründung: Der Geschäftsführer – obwohl am Zustandekommen der beiden Verträge nicht unmittelbar beteiligt – hätte aufgrund seiner organisatorischen Stellung im Unternehmen dafür sorgen müssen, daß die jeweiligen Geschäftsbedingungen zueinander passen. Insoweit sei der Geschäftsführer **Garant** für die Sicherung fremden Eigentums und habe entsprechende organisatorische (Vorbeuge-)Maßnahmen zu treffen, um zu verhindern, daß fremdes Eigentum untergeht, ohne daß eine entsprechende Gegenleistung besteht. Verletze ein Geschäftsführer diese Pflicht schuldhaft, hafte er persönlich.

In seinem Urteil hat der BGH folgende Rechtsgrundsätze aufgestellt:

- »Die von der GmbH zum Schutz absoluter Rechtsgüter zu beachtenden Pflichten können auch ihren Geschäftsführer in einer Garantenstellung aus den ihm übertragenen organisatorischen Aufgaben treffen und bei Verletzung dieser Pflichten seine deliktische Eigenhaftung auslösen.
- Der Geschäftsführer einer GmbH hat die Pflicht, zur Vermeidung einer Kollision zwischen dem verlängerten Eigentumsvorbehalt ihrer Lieferanten und einem Abtretungsverbot ihrer Auftraggeber, entsprechende organisatorische Maßnahmen zu treffen.«

Dieses Urteil ist von der Literatur heftig angegriffen worden (vgl. statt aller: Lutter/Hommelhoff, § 43 Rdnr. 38f.). Es bedeute die persönliche und gesamtschuldnerische Haftung des Geschäftsführers der GmbH für praktisch alle Delikte im Unternehmen. Eine derartige Deliktshaftung des Geschäftsführers belegt diesen mit nicht mehr berechenbaren, zuweilen sogar exzessiven Risiken, macht ihn im Gegensatz zur Haftungstrennung nach § 13 Abs. 2 GmbHG zum wirtschaftlichen Ausfallbürgen der Gesellschaft und der Gesellschafter und droht auf diese Weise die Handlungsunfähigkeit der GmbH zu beschneiden.

Weiteres **Beispiel:**

Erwirbt der GmbH-Geschäftsführer Waren für die Gesellschaft, von denen er weiß oder zumindest annehmen muß, daß sie nicht dem Verkäufer gehören, so haftet er dem früheren Eigentümer persönlich, wenn dieser unredliche Besitz zum Verlust des Eigentums geführt hat (BGH Z 56, 73).

Haftung des Geschäftsführers aus § 823 Abs. 2 BGB

»Die gleiche Verpflichtung (= Schadensersatzleistung) trifft denjenigen, welcher gegen ein den Schutz eines anderen bezweckendes Gesetz verstößt . . .«

Schutzgesetze im Sinne des § 823 Abs. 2 BGB sind in erster Linie Gesetze, die dem Schutz von Gläubigerinteressen dienen. Meist handelt es sich um Straftatbestände. Als Beispiele seien genannt:

- § 263 StGB (Betrug)
- § 266 StGB (Untreue)
- § 264 StGB (Subventionsbetrug)
- § 264 a StGB (Kapitalanlagebetrug)
- § 331 HGB (Unrichtige Darstellung)
- § 41 GmbHG (Buchführung)
- § 84 GmbHG (Pflichtverletzung bei Verlust)

Daneben spielen wettbewerbsrechtliche, urheberrechtliche, kartellrechtliche, konkursrechtliche sowie öffentlich-rechtliche Normen als Schutzgesetze eine Rolle.

Ausgewählte Einzelfälle der Haftung aus unerlaubter Handlung

- **Schweigen über wirtschaftliche Lage**

Ist eine Gesellschaft überschuldet und ist mit einer Sanierung nicht zu rechnen, kann ein Geschäftsführer einen **Eingehungsbetrug** begehen und persönlich für den entstandenen Schaden verantwortlich sein, wenn er seine Vertragspartner durch sein Schweigen über die wirtschaftliche Lage der Gesellschaft täuscht und eine Schädigung bewußt in Kauf nimmt (Scholz / Schneider, § 43 Rdnr. 236).

- **Vorspiegeln von Leistungsfähigkeit**

Eine persönliche Haftung aus unerlaubter Handlung trifft den

Geschäftsführer auch dann, wenn er andere Mitarbeiter der Gesellschaft deren Leistungsfähigkeit behaupten läßt und gegen ihm bekannte und zutreffende Behauptungen nicht einschreitet, obwohl er positiv weiß, daß die Mitarbeiter solche – unzutreffenden – Behauptungen über die Leistungsfähigkeit der Gesellschaft verbreiten (BGH GmbHR 1988, S. 481).

- **Zweckverfehlung**

Erhält die Gesellschaft zweckgebundene Hypothekendarlehen, sind diese entsprechend zu verwenden. Verwendet ein Geschäftsführer solche Gelder, die er als für die GmbH handelnde natürliche Person in Empfang genommen hat, zweckwidrig, ist er aus § 823 Abs. 2 i.V.m. § 1 des Gesetzes über die Sicherung von Bauforderungen schadensersatzpflichtig (BGH NJW 1982, S. 1038).

- **Verletzung von Aufsichtsmaßnahmen**

Nach § 130 OWiG handelt ordnungswidrig, wer als Inhaber eines Betriebes oder Unternehmens vorsätzlich oder fahrlässig die Aufsichtsmaßnahmen unterläßt, die erforderlich sind, um in dem Betrieb oder Unternehmen Zuwiderhandlungen gegen Pflichten zu verhindern, die den Inhaber als solchen treffen und deren Verletzung mit Strafe oder Geldbuße bedroht ist. Zu diesen erforderlichen Aufsichtsmaßnahmen gehören auch die Bestellung, sorgfältige Auswahl und Überwachung von Aufsichtspersonen.

Dem Inhaber eines Betriebes oder Unternehmens stehen die Mitglieder des zur gesetzlichen Vertretung berufenen Organs einer juristischen Person gleich.

§ 130 OWiG kann nach Meinung des BGH (DB 1994, S. 1554) zwar im Einzelfall Schutzgesetz sein, jedoch soll dies nicht dazu führen, daß bei einer Verletzung der Aufsichtspflichten jedem Außenstehenden, der dadurch mittelbar zu Schaden kommt, Ersatzansprüche gegen die Organmitglieder persönlich erwachsen (Reese, DStR 95, S. 691).

Haftung des Geschäftsführers aus § 826 BGB

»Wer in einer gegen die guten Sitten verstoßenden Weise einem anderen vorsätzlich Schaden zufügt, ist dem anderen zum Ersatz des Schadens verpflichtet.«

Die Haftung aus § 826 BGB setzt eine vorsätzliche und sittenwidrige Schädigung voraus. Bloße Nichterfüllung von Vertragspflichten sind nicht per se sittenwidrig, sondern es müssen weitere Umstände hinzukommen, die das Verhalten des GmbH-Geschäftsführers über die Vertragsverletzung hinaus sittlich verwerflich erscheinen lassen. Die Rechtsprechung unterscheidet im wesentlichen zwei Fallgruppen einer derartigen Haftung aus § 826 BGB (Reese, DStR 95, S. 691):

- Verletzung von Aufklärungspflichten bei Termin- oder Warenoptionsgeschäften,
- unterlassene Offenbarung der schlechten Vermögenslage der GmbH.

Bei der Vermittlung von Optionsgeschäften ist ein GmbH-Geschäftsführer (im übrigen auch jeder andere Vermittler) verpflichtet, optionsunerfahrene Kunden unmißverständlich, schriftlich und in auffälliger Form darauf hinzuweisen, daß Aufschläge auf die Optionsprämie das Chancen-Risiko-Verhältnis aus dem Gleichgewicht bringen und dazu führen, daß die verbliebene, bei höheren Aufschlägen geringe Chance, insgesamt einen Gewinn zu erzielen, mit jedem Optionsgeschäft abnimmt. Der Geschäftsführer hat dafür zu sorgen, daß die Gesellschaft dieser Pflicht nachkommt. Wenn er Optionsgeschäfte ohne eine solche Aufklärung abschließt, den Abschluß veranlaßt oder bewußt nicht verhindert, mißbraucht er seine geschäftliche Überlegenheit in grob anstößiger Weise und handelt sittenwidrig (BGH NJW 1994, S. 512).

Auch die unterlassene Offenbarung einer schlechten Vermögenslage (drohende Zahlungsunfähigkeit) der Gesellschaft ist nur beim Hinzutreten besonderer Umstände – z.B. billigende

Inkaufnahme der Schädigung des Vertragspartners – sittenwidrig. Nach ständiger Rechtsprechung des BGH (VersR 1991, 1249) besteht eine Verpflichtung zur Offenbarung der Vermögenslage bei Verhandlungen über den Abschluß oder die Fortführung von Verträgen dann, wenn dem Vertragspartner unbekannte Umstände vorliegen, die ihm nach Treu und Glauben bekannt sein müssen, weil sein Verhalten bei den Vertragsverhandlungen und die von ihm zu treffenden Entscheidungen davon wesentlich beeinflußt werden. Diese Verpflichtung wird für den Fall angenommen, daß der Verhandelnde damit rechnet, daß er zur Erfüllung der begründeten Verbindlichkeiten nicht in der Lage ist bzw. die Zahlung des Werklohnes oder sonstiger Verbindlichkeiten infolge der finanziellen Situation der Gesellschaft schwerwiegend gefährdet ist. Bei Verletzung einer derartigen Offenbarungspflicht haftet der Geschäftsführer persönlich aus § 826 BGB. Der GmbH-Geschäftsführer hat das sog. negative Interesse zu ersetzen. Der geschädigte Vertragspartner ist so zu stellen, als sei der Vertrag nicht zustande gekommen. Ein möglicher (entgangener) Unternehmensgewinn ist also nicht Gegenstand der Schadensersatzforderung (OLG Celle, AZ: 4 U 46/91 – unveröffentlichtes Urteil).

Die GmbH in der Krise

Besondere Risiken bestehen für den GmbH-Geschäftsführer im Falle eines (drohenden) Konkurses seiner GmbH. Die Brisanz wird vor allem dann deutlich, wenn man sich die Insolvenzstatistik Deutschlands vor Augen führt:

1990	**8 730**	**Insolvenzen**
1991	**8 837**	”
1992	**10 920**	”
1993	**15 148**	”
1994	**18 824**	”
1995	**22 344**	”

Dies entspricht einer Steigerungsrate zwischen 1990 und 1995 von 156%. Eine höhere Quote weisen in Europa derzeit nur Portugal und Spanien auf. Die Gründe für diesen drastischen Anstieg liegen in erheblichen Strukturproblemen in den neuen Bundesländern sowie in den steuerlichen Mehrbelastungen der privaten Verbraucher. Zudem dämpfen die Kosten für Sozialabgaben und Pflegeversicherung die Nachfrage. Etwa 65 % dieser Insolvenzen betreffen GmbHs. (Uhlenbruck, WiB 1996, S. 409)

Die Verhaltenspflichten des GmbH-Geschäftsführers sind in **§ 64 GmbHG** geregelt:

»(1) *Wird die Gesellschaft zahlungsunfähig, so haben die Geschäftsführer ohne schuldhaftes Zögern, spätestens aber drei Wochen nach Eintritt der Zahlungsunfähigkeit, die Eröffnung des Konkursverfahrens oder die Eröffnung des gerichtlichen Vergleichsverfahrens zu beantragen. Dies gilt sinngemäß, wenn das Vermögen der Gesellschaft nicht mehr die Schulden deckt. Eine schuldhafte Verzögerung des Antrags liegt nicht vor, wenn die Geschäftsführer die Eröffnung des gerichtlichen Vergleichsverfahrens mit der Sorgfalt eines ordentlichen Geschäftsmanns betreiben.*

(2) *Die Geschäftsführer sind der Gesellschaft zum Ersatz von Zahlungen verpflichtet, die nach Eintritt der Zahlungsunfähigkeit der Gesellschaft oder nach Feststellung ihrer Überschuldung geleistet werden. Dies gilt nicht von Zahlungen, die auch nach diesem Zeitpunkt mit der Sorgfalt eines ordentlichen Geschäftsmanns vereinbar sind . . .*«

Voraussetzung für die Pflicht zur Anmeldung der Eröffnung des Konkursverfahrens oder des gerichtlichen Vergleichsverfahrens ist der Eintritt eines Konkursgrundes (**Konkursreife**). Zu unterscheiden ist zwischen Zahlungsunfähigkeit und Überschuldung.

Zahlungsunfähigkeit liegt vor, wenn die GmbH voraussichtlich auf Dauer nicht in der Lage sein wird, ihre fälligen Verpflichtungen zu erfüllen. Eine bloß vorübergehende Illiquidität begründet noch keine Zahlungsunfähigkeit. Zahlungsunfähigkeit liegt immer dann vor, wenn der Geschäftsführer bei einer in die Zukunft vorgenommenen Berechnung der Eingänge und Ausgaben feststellt, daß die Eingänge die unvermeidbaren Ausgaben nicht mehr decken.

Überschuldung liegt vor, wenn das gesamte Vermögen der GmbH nicht mehr die Schulden deckt. Der Geschäftsführer hat einen Überschuldungs- oder Vermögensstatus aufzustellen, der auf der Aktiv-Seite alle Vermögenswerte und auf der Passiv-Seite alle Verbindlichkeiten unter Einschluß von Eigenkapital ersetzenden Darlehen zu enthalten hat.

Die Bewertung dieses Überschuldungsstatus ist in der Praxis außerordentlich schwierig. Nicht zuletzt deshalb wird in der Praxis so gut wie nie ein Konkursantrag wegen Überschuldung einer GmbH gestellt. Bei näherem Hinsehen zeigt sich: Der Gläubiger *kann* die Überschuldung bei der Schuldner-GmbH nicht erkennen, der Geschäftsführer *will* sie nicht erkennen, weil er sich wie ein Patient weigert, die eigene Krankheit zur Kenntnis zu nehmen (Uhlenbruck, GmbHR 3/1996 R 54). Da nach der Rechtsprechung sowohl die straf- als auch die zivilrechtliche Verantwortung für rechtzeitige Antragstellung jeden einzelnen Geschäftsführer der GmbH trifft (BGH GmbHR 1994, S. 460), muß bei mehrköpfiger Geschäftsführung die Frage gestellt werden, ob auch der technische Geschäftsführer, der von der Buchhaltung nichts versteht, die Überschuldung dauernd prüfen muß. Der BGH hat die Frage eindeutig bejaht und gefordert, daß für den Fall der Unfähigkeit zur Eigenprüfung der technische Geschäftsführer verpflichtet ist, sich eines Beraters zu bedienen, um seiner gesetzlichen Pflicht zu genügen.

Dem Geschäftsführer einer GmbH als Kaufmann ist es kaum verständlich zu machen, daß er trotz ausreichender Liquidität der GmbH den Gang zum Konkursrichter antreten muß, wenn die Aktiva nicht mehr sämtliche Verbindlichkeiten abdecken. Denn bei der Frage, ob eine GmbH überschuldet ist, spielen Bewertungsfragen und Zukunftsprognosen eine erhebliche Rolle. Vieles – sowohl im betriebswirtschaftlichen wie im juristischen – ist streitig. Für den Geschäftsführer einer GmbH als Nichtjuristen ist es oftmals so gut wie unmöglich, sich in dem Wirrwarr betriebswirtschaftlicher Theorien sowie juristischer Meinungen und Gegenmeinungen zurechtzufinden und den richtigen Weg zu gehen (Uhlenbruck, a.a.O.). Man kann dem GmbH-Geschäftsführer nur empfehlen, die Frage der Überschuldung einem Fachmann

(= Wirtschaftsprüfer) zu überlassen. Haftungsbefreiend wirkt dies allerdings nur, wenn der Wirtschaftsprüfer vollständig und in allen Einzelheiten informiert worden ist und es sich nicht um ein »Gefälligkeitsgutachten« handelt.

Gemäß § 64 Abs. 1 GmbHG hat der Geschäftsführer nach Eintritt der Konkursgründe der Zahlungsunfähigkeit oder Überschuldung ohne schuldhaftes Zögern, **spätestens** aber drei Wochen danach, die Eröffnung des Konkurs- oder gerichtlichen Vergleichsverfahrens zu beantragen.

Der Geschäftsführer muß im Rahmen der Sorgfaltspflicht eines ordentlichen Geschäftsmannes alles ihm Mögliche und Zumutbare tun, um Kenntnis über den Eintritt von Zahlungsunfähigkeit oder Überschuldung zu erhalten. Er ist verpflichtet, bei erheblichen Indizien einer Überschuldung von sich aus eigenständig einen Überschuldungsstatus aufzustellen. Er kann nicht erst auf die turnusmäßige Erstellung einer Zwischen- oder Jahresbilanz warten, um dann auf deren Grundlage einen Überschuldungsstatus zu erstellen.

Der Geschäftsführer darf auch nicht die Maximalfrist des § 64 Abs. 1 GmbHG voll ausschöpfen. Die 3-Wochen-Frist ist keine Mindestfrist, sondern eine maximale Frist für den Geschäftsführer, die eingetretene Konkursreife durch außergerichtliche Maßnahmen zu beseitigen. Zuvor kann er versuchen, durch entsprechende Maßnahmen die Gesellschaft zu sanieren, jedenfalls solange, wie eine realistische Chance hierfür besteht.

Ist die Gesellschaft zahlungsunfähig und ist nicht zu erwarten, daß diese Zahlungsunfähigkeit innerhalb von drei Wochen überwunden wird oder ist die Gesellschaft überschuldet und ist nicht zu erwarten, daß innerhalb von drei Wochen die Überschuldung vermieden werden kann, ist der Geschäftsführer verpflichtet, unverzüglich nach Feststellung des Konkursgrundes **ohne Ausnutzung der 3-Wochen-Frist** die erforderlichen Anträge beim Konkursgericht zu stellen. Diese Konkursantragspflichten sind zwingend. Der Geschäftsführer kann diese Pflichten weder delegieren noch sich durch entsprechende Weisungen der Gesellschafter freizeichnen.

Die Haftung des GmbH-Geschäftsführers im Konkurs

Versäumt der Geschäftsführer die rechtzeitige Stellung des Antrags auf Eröffnung des Konkurs- oder gerichtlichen Vergleichsverfahrens und wird dadurch die Masse geschmälert, erwächst den Gläubigern ein auf § 823 Abs. 2 BGB i. V. m. § 64 Abs. 1 GmbHG beruhender Anspruch auf den Differenzschaden, den sog. **Quotenschaden.** Unter Quotenschaden ist die Differenz des tatsächlichen eingetretenen Verlustes des Gläubigers im Verhältnis zu demjenigen Schaden zu verstehen, der eingetreten wäre, hätte der Geschäftsführer ordnungsgemäß Konkursantrag gestellt. Die Höhe des Quotenschadens ist demnach vergleichsweise gering. Der Quotenschaden steht zwar jedem geschädigten Gläubiger persönlich zu, kann jedoch nur vom Konkursverwalter geltend gemacht werden (BGH WM 1973, S. 1354f.) – ebenso wie der Anspruch der GmbH selbst aus § 64 Abs. 2 GmbHG auf Erstattung der Masseminderungen. Beide Ansprüche werden sich häufig decken. Das gilt aber nur, wenn überhaupt Konkurs eröffnet wird. Geschieht das nicht, so bleibt jeder (quoten-)geschädigte Gläubiger zu persönlicher Geltendmachung berechtigt (Lutter / Hommelhoff, § 64 Rdnr. 21). Dies gilt für die sog. **Altgläubiger,** also die Gläubiger, die **vor** Konkursantragspflicht mit der GmbH in Geschäftsverbindung standen.

Bis zur Entscheidung des BGH vom 06.06.1994 (BGH NJW 1994, S. 2220ff.) konnten auch die sog. **Neugläubiger** nur auf Ersatz des Quotenschadens klagen. Neugläubiger sind solche Gläubiger, die nach Eintritt der Konkursantragspflicht noch Geschäfte mit der GmbH getätigt haben. Erstmals seit o.a. BGH-Entscheidung erhalten nun die Neugläubiger **vollen Schadensersatz.** Damit hat sich das Risiko für GmbH-Geschäftsführer im Zusammenhang mit drohenden Insolvenzen erheblich verschärft. Der BGH kommt zu einer umfassenden Eigenhaftung des Geschäftsführers für den gesamten, dem Neugläubiger durch die Eingehung des Vertrages entstandenen Schaden auf der Grundlage der § 823 Abs. 2 BGB in Verbindung mit § 64 GmbHG. Nach Ansicht des BGH schützt § 64

GmbHG auch das Interesse der Neugläuber daran, daß der GmbH-Geschäftsführer nicht nach Kenntnis oder fahrlässiger Unkenntnis vom Konkurstatbestand neue Verbindlichkeiten der Gesellschaft begründet, die sich später als nicht erfüllbar erweisen. In der genannten Entscheidung hat der BGH einen GmbH-Geschäftsführer verurteilt, dem Neugläubiger sämtlichen Schaden zu ersetzen, den dieser im Vertrauen auf die Zahlungsfähigkeit der GmbH bei Vertragsabschluß erlitten hat.

Der Neugläubiger braucht danach nur nachzuweisen, daß die Gesellschaft bereits bei Eingehung der Vertragsverbindlichkeiten überschuldet war. Kann der Geschäftsführer dann nicht nachweisen, daß es eine begründete oder gerechtfertigte Fortsetzungsperspektive für die Gesellschaft gab (innerhalb der 3-Wochen-Frist), und gelingt ihm nicht der Nachweis, daß er unverschuldet die Vorschrift des § 64 GmbHG mißachtet hat, trifft ihn nach dieser Rechtsprechung die volle Haftung für den gesamten Schaden des Neugläubigers. Die BGH-Entscheidung wird dazu führen, daß der Krisenzeitpunkt künftig wesentlich sorgfältiger bestimmt und die 3-Wochen-Frist peinlich genau gewahrt werden dürfte.

Die BGH-Entscheidung verdeutlicht ein großes Dilemma, in dem der Geschäftsführer steckt. Einerseits ist er nach Eintritt der Zahlungsunfähigkeit oder der Überschuldung zunächst verpflichtet, noch einmal alle Möglichkeiten der Sanierung zu prüfen und entsprechende Initiativen bei den Gesellschaftern und den Gläubigern zu unternehmen. Andererseits stehen ihm hierfür maximal drei Wochen zur Verfügung. Spätestens dann ist der Konkursantrag zu stellen. Verfehlt der GmbH-Geschäftsführer den richtigen Moment, in dem er **zu spät** den Konkursantrag stellt, wird er allen Neugläubigern gegenüber persönlich haftbar; stellt er den Konkursantrag **zu früh,** wird er in aller Regel gegenüber der GmbH aus § 43 GmbHG schadensersatzpflichtig. Eine schmale Gratwanderung also zwischen der Skylla, der Innenhaftung gegenüber der GmbH, und der Charybdis, der Außenhaftung gegenüber Gläubigern. Überdies besteht auch die latente Gefahr, sich **wegen Konkursverschleppung** nach §283 StGB strafbar zu machen.

Im übrigen werden hier höchste Anforderungen an den GmbH-Geschäftsführer hinsichtlich seiner Organisationsverantwortung gestellt. Aus einem Urteil des BGH vom 20.02.1995 (NJW RR 1995, S. 669):

»1. *Der Geschäftsführer einer GmbH hat in Erfüllung der ihm insbesondere durch das Gesetz vorgeschriebenen Pflichten, in Angelegenheiten der Gesellschaft die Sorgfalt eines ordentlichen Kaufmanns anzuwenden, die wirtschaftliche Lage des Unternehmens laufend zu beobachten und sich bei Anzeichen einer krisenhaften Entwicklung durch Aufstellung einer Zwischenbilanz oder eines Vermögensstatus einen Überblick über den Vermögensstand zu verschaffen. Denn nur dadurch kann er dem Gebot des § 49 Abs. 3 GmbHG und ggf. seiner Konkursantragspflicht nach § 64 Abs. 1 GmbHG gerecht werden.*

2. *Um diese Aufgaben erfüllen zu können, muß der Geschäftsführer für eine Organisation sorgen, die ihm die dafür erforderliche Übersicht über die wirtschaftliche und finanzielle Situation der Gesellschaft jederzeit ermöglicht.*«

Wettbewerbsrechtliche Verantwortlichkeit des GmbH-Geschäftsführers

Insbesondere für GmbH-Geschäftsführer, die für den Vertrieb verantwortlich zeichnen, ist die Einhaltung des Wettbewerbsrechts von besonderer Bedeutung. Das Wettbewerbsrecht ist im »Gesetz gegen den unlauteren Wettbewerb« (UWG) geregelt. Dort heißt es in § 1 UWG:

»*Wer im geschäftlichen Verkehr zu Zwecken des Wettbewerbes Handlungen vornimmt, die gegen die guten Sitten verstoßen, kann auf Unterlassung und Schadensersatz in Anspruch genommen werden.*«

Soweit diese wettbewerbsrechtlichen Vorschriften einen Unterlassungs- oder Schadensersatzanspruch begründen, kommt als Störer und damit Verpflichteter auch der Geschäftsführer in Betracht, und zwar auch dann, wenn er für die GmbH tätig wurde. Für die persönliche Verantwortung ist es gleichgültig, ob ein GmbH-Geschäftsführer an der wettbewerbswidrigen Handlung eines Mitgeschäftsführers beteiligt ist oder davon weiß. Die persönliche Haftung ergibt sich daraus, daß der unbeteiligte Geschäftsführer die Pflicht hat, gesetzeswidrige Handlungen der Geschäftsführung zu verhindern. Tut er dies nicht, macht er sich diese Handlungen zu eigen und ist schadensersatzpflichtig. Nach ständiger Rechtsprechung des BGH (vgl. DB 1986, S. 373) ist die persönliche Haftung des gesetzlichen Vertreters einer GmbH dann gegeben, wenn dieser die Rechtsverletzung selbst begangen hat oder wenn er wenigstens von ihr Kenntnis hatte und die Möglichkeit sie zu verhindern. Somit besteht auch hier eine Art Garantiehaftung des Geschäftsführers im Rahmen der ihm obliegenden Leitungs-, Organisations- und Überwachungspflichten.

Beispiel:

Im Falle der sog. »Denkzettel-Aktion« (BGH GRUR 1980, S. 242) hat der Bundesgerichtshof festgestellt, daß der Geschäftsführer eines Verlages persönlich für die negativen Folgen eines Boykottaufrufs in einer Zeitschrift des Verlages auf Schadensersatz haften kann.

Überwiegend werden bei Verstößen gegen das Wettbewerbsrecht Unterlassungsansprüche geltend gemacht. Eher selten sind Schadensersatzansprüche, da sich der Schaden aus der Wettbewerbsverletzung meist nicht oder nur sehr schwer berechnen läßt.

Der Schadensersatzanspruch setzt einen Wettbewerbsverstoß voraus, ferner ein schuldhaftes Verhalten des Geschäftsführers. Verschulden liegt vor, wenn der Betroffene gegen die im Verkehr erforderliche Sorgfalt auch nur in leichtester Weise verstoßen hat. Der schuldhafte Verstoß muß den Schaden verursacht haben. Hier entstehen in der Regel erhebliche Beweisschwierigkeiten. Der Schädiger muß konkrete Umsatz- und Gewinneinbußen durch Vergleich des Ergebnisses mit anderen Zeiträumen bestimmen. Sind derartige Schadensersatzansprüche gegenüber der Gesellschaft durchsetzbar, so kann der Geschäftsführer für diese gemäß § 43 Abs. 2 GmbHG haftbar gemacht werden.

Haftung des Geschäftsführers einer unterkapitalisierten GmbH

Grundsätzlich haftet bei einer unterkapitalisierten GmbH nicht der Geschäftsführer, sondern der Gesellschafter. In Einzelfällen ist aber auch eine persönliche Haftung des Geschäftsführers denkbar:

- Im Verhältnis zu den Gesellschaftern sind die Geschäftsführer verpflichtet, sie zu unterrichten, daß die Gesellschaft unterkapitalisiert ist. Erfolgt dieser Hinweis schuldhaft nicht, kann sich der Geschäftsführer gegenüber der Gesellschaft schadensersatzpflichtig machen (Scholz / Schneider, § 43 Rdnr. 246).
- Im Verhältnis zu den Gläubigern können Geschäftsführer nach § 826 BGB schadensersatzpflichtig sein. Bei einem Gesellschafter / Geschäftsführer kann das gegen die guten Sitten verstoßende Verhalten darin zu sehen sein, daß die Rechtsbeziehungen zwischen der Gesellschaft und den Gesellschaftern einseitig zum Nachteil der Gesellschaft ausgestaltet sind und die Gesellschaft so angelegt ist, daß diese Nachteile notwendig die Gesellschaftsgläubiger treffen müssen. Eine solche Haftung setzt allerdings Vorsatz voraus (vgl. BGH BB 1979, S. 333).

Keine Beweislastumkehr

Während bei den Innenansprüchen in bezug auf das Verschulden eine Beweislastumkehr gilt (vgl. S. 36), gilt dies im Außenverhältnis nicht, da es an einer entsprechenden gesetzlichen Regelung fehlt. Nimmt also ein Dritter den GmbH-Geschäftsführer auf Schadensersatz in Anspruch, muß er im konkreten Einzelfall dem Geschäftsführer nachweisen, daß er den Vermögensschaden schuldhaft, d.h. zumindest fahrlässig, herbeigeführt hat. Insoweit ist die Haftungssituation für den GmbH-Geschäftsführer etwas günstiger als in den Fällen der Innenhaftung nach § 43 Abs. 2 GmbHG.

Die Haftung des Geschäftsführers gegenüber dem Fiskus und den Sozialversicherungsträgern

Haftung für Steuern

Das Steuerrecht enthält in den Vorschriften der Abgabenordnung (AO) zusätzliche Regelungen zu den Pflichten der GmbH und ergänzende Regelungen zur möglichen persönlichen Haftung des Geschäftsführers. Formal hat der Geschäftsführer die Mitwirkungspflichten des Steuerpflichtigen gegenüber dem Finanzamt wahrzunehmen, insbesondere

- steuerlich die Bücher und Aufzeichnungen zu führen (§§ 140 bis 148 AO),
- Steuererklärungen abzugeben und zu berichtigen (§§ 149 bis 153 AO),
- Auskünfte zu erteilen (§ 93 AO) sowie
- die Mitteilungen gemäß den §§ 137 bis 139 AO zu machen, z. B. über die Verlegung des Sitzes oder die Auflösung der Gesellschaft (§ 137 Abs. 1 AO).

Nach § 34 AO haben die Vertreter juristischer Personen (GmbH-Geschäftsführer) deren steuerliche Pflichten zu erfüllen. Sie haben insbesondere dafür zu sorgen, daß die Steuern aus Mitteln entrichtet werden, die sie verwalten.

Der Geschäftsführer **haftet persönlich dem Fiskus** gegenüber für von der GmbH nicht ordnungsgemäß abgeführte Steuern, d. h., er muß unter Umständen mit seinem Privatvermögen für diese Beiträge einstehen.

Anspruchsgrundlage ist **§ 69 AO:**

»Die in § 34 AO bezeichneten Personen haften, soweit Steuern infolge vorsätzlicher oder grob fahrlässiger Verletzung der ihnen auferlegten Pflichten nicht oder nicht rechtzeitig festgesetzt oder erfüllt oder Steuererstattungen ohne rechtlichen Grund gezahlt werden.«

Die Haftung besteht für den Fall, daß die Steuer bei der GmbH nicht mehr beigetrieben werden kann. Insbesondere bei Gesellschaften, die sich in einer schlechten Vermögenslage befinden, gilt für den Geschäftsführer ein erhöhter Aufmerksamkeitsgrad. Er muß immer auf die Erfüllung der steuerrechtlichen Verpflichtung der Gesellschaft achten. Geht die Gesellschaft später in Konkurs oder hat sie Steuern nicht entrichtet, die sie bei ordnungsgemäßer Verwaltung hätte zahlen können, wird der Geschäftsführer – sofern er vorsätzlich oder grob fahrlässig handelt – vom Finanzamt in Anspruch genommen. Nicht selten erhält ein Geschäftsführer im Falle einer finanziellen Schieflage der GmbH von den Gesellschaftern die Weisung, fällige Steuern oder Steuervorauszahlungen nicht zu leisten. Obwohl der Geschäftsführer prinzipiell weisungsabhängig ist, muß er sich dieser Weisung widersetzen, da sie gegen gesetzliche Vorschriften verstößt. Ansonsten läuft er Gefahr, im Falle eines Konkurses der Gesellschaft die nicht gezahlten Steuern aus seinem Privatvermögen entrichten zu müssen. Gegebenenfalls muß der Geschäftsführer sein Amt niederlegen. Mit der Niederlegung ist seine Haftung aus § 69 AO für alle gegenwärtigen und künftigen anfallenden Steuern beendet.

Die Haftung für Steuern ist öffentlich-rechtlicher Natur und daher nicht abdingbar. Der Haftungsanspruch aus § 69 AO entsteht ohne Rücksicht darauf, ob die GmbH den Anspruch des Gläubigers erfüllen kann oder nicht; GmbH und Geschäftsführer sind Gesamtschuldner. Die Pflichtverletzung des Geschäftsführers muß ursächlich dafür sein, daß der Haftungsschaden eingetreten ist und ohne die Pflichtverletzung nicht eingetreten wäre. Verwendet der Geschäftsführer Mittel der Gesellschaft, ohne auf künftig fällige Steuerschulden Rücksicht zu nehmen, so ist das nur dann eine für den Schaden ursächliche Pflichtverletzung, wenn feststeht, daß der Steuergläubiger bei pflichtgemäßem

Verhalten bei Fälligkeit der Steuerschulden befriedigt worden wäre.

Da jeder Geschäftsführer persönlich für die ordnungsgemäße Abführung von Steuern verantwortlich ist, kann er sich nicht darauf berufen, daß er keine steuerlichen Fachkenntnisse besitzt. Dieser Einwand ist irrelevant. Die Übertragung der steuerlichen Angelegenheiten auf Hilfspersonen (z. B. Steuerberater) ist möglich. Hierzu führt der BFH in einem Urteil vom 30.06.1995 (AZ: VII R 85/94) aus:

»Der Geschäftsführer einer GmbH haftet steuerlich nur für das eigene Verschulden, nicht für das seines Erfüllungsgehilfen. Der Geschäftsführer ist aber gehalten, den Erfüllungsgehilfen sorgfältig auszuwählen und laufend und sorgfältig bei der Durchführung seiner ihm übertragenen Aufgaben zu überwachen.«

Sind mehrere Geschäftsführer vorhanden, haftet derjenige, der für die Steuerangelegenheiten zuständig ist. Die nicht mit steuerlichen Angelegenheiten befaßten Geschäftsführer trifft allerdings eine Überwachungspflicht. Sie steigert sich zu einer inhaltlichen Überprüfungspflicht der gesamten Geschäftsführungstätigkeit, wenn die wirtschaftliche Lage der Gesellschaft oder die Person des handelnden Geschäftsführers dazu Anlaß gibt. Die nicht mit Steuerangelegenheiten befaßten Geschäftsführer können immer dann in Anspruch genommen werden, wenn sie trotz Kenntnis von Unregelmäßigkeiten nichts unternommen haben, um Abhilfe zu schaffen (vgl. BFH GmbHR 85, S. 30).

Die Haftung nach § 69 AO setzt **schuldhaftes Verhalten** in Form des Vorsatzes oder der groben Fahrlässigkeit voraus. Grobe Fahrlässigkeit liegt dann vor, wenn der GmbH-Geschäftsführer die im Verkehr erforderliche objektive Sorgfalt im besonders schweren Maße verletzt hat, indem er z. B., ungeachtet der bestehenden Steuerschulden, Gewinne an die Gesellschafter ausschüttet und/oder die Gewinnansprüche mit Gegenforderungen der Gesellschafter verrechnet oder wenn er statt Steuerschulden andere Verbindlichkeiten tilgt, um nach außen den Eindruck zu erwecken, die Geschäfte der konkursreifen Gesellschaft würden ordnungsgemäß geführt.

Von besonderer Relevanz ist die Tatsache, daß das Finanzamt nicht im Wege der Klage gegen den Geschäftsführer vorgehen muß, sondern es kann nach § 191 AO direkt einen **Haftungsbescheid** erlassen und – sofern dagegen kein Rechtsbehelf eingelegt wird – nach Erlaß eines Vollstreckungsbescheides 30 Jahre in das Privatvermögen vollstrecken. Ein langjähriges gerichtliches Verfahren zur Erlangung eines Zahlungstitels ist hier also nicht erforderlich. Dies ist eine Besonderheit der Abgabenordnung und damit ein großes Haftungsrisiko für den GmbH-Geschäftsführer.

Beispiele für vorwerfbare Handlungen:
- unterlassene Abgabe einer Steuererklärung,
- verspätete (!) Abgabe von Steuererklärungen,
- unrichtige oder unvollständige Angaben (z.B. bei Anträgen auf Herabsetzung von Vorauszahlungen, unvollständige / unrichtige Angaben in Steuererlaß- bzw. Stundungsanträgen),
- Nichtzahlung von Steuern trotz Anmeldung, (z.B. nach erfolgter Lohnsteueranmeldung).

Im übrigen hängt das Ausmaß der steuerlichen Pflichten von der Art der zu entrichtenden Steuer ab. Eine **Besonderheit** gilt für die **Lohnsteuer.** Sie ist mit Vorrang gegenüber anderen Verbindlichkeiten an das Finanzamt abzuführen, da die Lohnsteuer-Abzugsbeträge nur treuhänderisch für den Steuergläubiger einbehalten werden. Sofern die im Zeitpunkt der Lohnzahlung verfügbaren Mittel nicht für die Abführung der Steuerabzugsbeträge ausreichen, müssen die Löhne insoweit gekürzt werden, daß die auf sie entfallenden Steuern aus den vorhandenen Mitteln abgeführt werden können (BFH BStBl 1982 II, 521). Dies gilt selbst dann, wenn die Lohnzahlungen aus Kreditmitteln erfolgen, die nach der Vereinbarung mit dem Kreditgeber nur für Nettolohnzahlungen verwendet werden sollen (BFH BStBl 1983 II, 655). Da die Pflichtverletzung des Geschäftsführers in der Unterlassung der gebotenen Kürzung besteht, beschränkt sich die Haftung auf die Steuerbeträge, die er im Falle der Kürzung der Löhne hätte abführen müssen (BFH DB 1988, S. 2238).

Bei allen anderen Steuerarten gilt der **Grundsatz der anteiligen Tilgung.** Reicht das Vermögen nicht zur Tilgung sämtlicher Verbindlichkeiten aus, muß der Geschäftsführer aus den vorhandenen Mitteln Steuerschulden in etwa gleicher Weise tilgen, wie die Forderungen anderer Gläubiger (BFH BStBl 1984 II, 776). Dabei ist zur Ermittlung des Haftungsbetrages nicht auf die jeweiligen Fälligkeitszeitpunkte der Steuerschulden, sondern auf das Verhältnis der Zahlungsverpflichtungen zu den hierauf erbrachten Zahlungen während des gesamten Haftungszeitraums abzustellen. Bleibt ungewiß, in welchem Umfang Mittel vorhanden waren, trägt insoweit der Steuergläubiger, also der Fiskus, die objektive Feststellungslast.

Haftung für Sozialabgaben

Haftungsrisiken ergeben sich für den GmbH-Geschäftsführer auch für nicht abgeführte Beiträge zur Sozialversicherung. Für unterlassene Abführung des **Arbeitgeber**anteils haftet der Geschäftsführer nicht. Werden allerdings **Arbeitnehmer**anteile nicht gezahlt, haftet der Geschäftsführer in voller Höhe persönlich. Daneben kann er sich auch gemäß § 266 a StGB strafbar machen.

Anspruchsgrundlage für die Haftung wegen nicht abgeführter Sozialabgaben ist § 823 Abs. 2 BGB in Verbindung mit **§ 266 a StGB:**

»Wer als Arbeitgeber Beiträge des Arbeitnehmers zur Sozialversicherung oder zur Bundesanstalt für Arbeit der Einzugsstelle vorenthält, wird mit Freiheitsstrafe bis zu fünf Jahren oder mit Geldstrafe bestraft . . .«

Die Haftung setzt schuldhaftes Verhalten in Form des Vorsatzes voraus (Eventualvorsatz genügt).

Beispiele aus der Rechtsprechung (Leitsätze)

OLG Düsseldorf (AZ: 22 U 53 / 95)

»1. Wenn aufgrund der internen Arbeitsteilung zwischen zwei GmbH-Geschäftsführern der eine für die Buchhaltung zuständig ist, entbindet dies den anderen nicht von seinen Geschäftsführerpflichten; ihm verbleibt jedenfalls eine Überwachungspflicht, aufgrund derer er insbesondere bei sich verschärfender wirtschaftlicher Krise der GmbH dafür Sorge tragen muß, daß die Zahlungspflichten gegenüber den Sozialversicherungsträgern erfüllt werden.

2. Der GmbH-Geschäftsführer, der sich darauf beruft, die Zahlung der Arbeitnehmerbeiträge sei infolge aller finanziellen Mittel unmöglich gewesen, muß die finanzielle Situation der GmbH im Fälligkeitszeitpunkt im einzelnen nachvollziehbar darlegen und gegebenenfalls beweisen.«

OLG Celle (AZ: 9 U 51 / 95)

»§ 266 a Abs. 1 StGB kann einen zivilrechtlichen Schadensersatzanspruch gegen den GmbH-Geschäftsführer wegen Vorenthaltens von Arbeitnehmerbeiträgen zur Sozialversicherung begründen.«

LG Hamburg (AZ: 318 S 197 / 94)

»Für die Berechnung des Gesamtschadens wegen nicht abgeführter Arbeitnehmeranteile ist es nicht erforderlich, daß die Anteile jedes Arbeitnehmers rechnerisch nachvollziehbar sind. Insoweit reicht für die Darlegung des Schadens aus, wenn sich die Gesamtsumme ermitteln läßt.«

In der Praxis fällt auf, daß die meisten Klagen aus § 823 Abs. 2 BGB i.V.m. § 266 a StGB gegen GmbH-Geschäftsführer von der AOK betrieben werden. Gleichzeitig ist auffällig, daß die AOK sehr häufig und sehr schnell Konkursantrag stellt.

Ist die GmbH allerdings zahlungsunfähig und können keine Löhne mehr gezahlt werden, so entfällt zugleich auch die Verpflichtung, Sozialversicherungsbeiträge abzuführen (Scholz /

Schneider, § 43 Rdnr. 255). Nach Auffassung des OLG Düsseldorf (GmbHR 1994, S. 404) ist das Vorenthalten von Arbeitnehmeranteilen zur Sozialversicherung nicht strafbar und führt nicht zur persönlichen Haftung des Geschäftsführers, wenn die GmbH zahlungsunfähig ist. Der Tatbestand ist auch dann nicht erfüllt, wenn die Zahlungsunfähigkeit darauf beruht, daß der Geschäftsführer sämtliche liquiden Mittel zur Bezahlung der Arbeitnehmer verwendet hat und deshalb die Sozialversicherungsbeiträge nicht mehr zahlen kann (Uhlenbruck, WiB 1995, S. 469).

Die Haftung des Geschäftsführers im GmbH-Konzern

Allgemeines

Auf die Haftung des Geschäftsführers im GmbH-Konzern soll hier etwas ausführlicher eingegangen werden. Insbesondere deshalb, weil sie wegen zunehmender Verflechtungen nationaler und internationaler Art immer mehr an Bedeutung gewinnt. Hinzu kommt, daß es sich hier weitgehend noch um eine rechtliche Grauzone handelt. Eine gefestigte Rechtsprechung hat sich noch nicht entwickelt und auch die einschlägige Judikatur behandelt dieses Thema eher am Rande. Dies ist deshalb erstaunlich, weil gerade im GmbH-Konzern ein großes Haftungspotential für den Geschäftsführer besteht, nicht zuletzt deshalb, weil das Konzernrecht der GmbH im Gegensatz zu dem der Aktiengesellschaft gesetzlich nicht geregelt ist (Ausnahme: Konzernbilanzrecht, §§ 290 ff. HGB). Das Konzernrecht der GmbH ist nur dann einschlägig, wenn alle beteiligten Gesellschaften in der Rechtsform der GmbH geführt werden. Soweit eine der beteiligten Gesellschaften eine Aktiengesellschaft ist, gelten die gesetzlichen Vorschriften des Aktiengesetzes (vgl. S. 125).

Begriffsbestimmungen

Um das Haftungspotential des GmbH-Geschäftsführers erkennen zu können, ist es erforderlich, die unterschiedlichen Konzernstrukturen einer GmbH herauszuarbeiten. Prinzipiell unterscheidet man drei Arten von GmbH-Konzernen:

- **Faktischer GmbH-Konzern**
Ein faktischer Konzern liegt vor, wenn der **Einfluß** auf die beherrschte GmbH **aufgrund schlichter Beteiligungen** ausgeübt wird. Die herrschende GmbH ist im Besitz der Mehrheit der Geschäftsanteile der beherrschten GmbH, ohne daß die gegenseitigen Rechtsbeziehungen vertraglich durch einen sog. Beherrschungsvertrag geregelt sind.

- **Qualifiziert faktischer GmbH-Konzern**
Eine besondere Ausprägung des faktischen Konzerns ist der qualifiziert faktische Konzern. Er liegt vor, wenn das herrschende Unternehmen seine Tochtergesellschaft **laufend beeinflußt.** Die beherrschte GmbH wird mehr oder weniger als eigene Abteilung der herrschenden GmbH angesehen und hat de facto keine Selbständigkeit mehr. Die juristische Person der (beherrschten) GmbH besteht nur pro forma. Diese Form der Beeinflussung findet man häufig bei GmbHs, die sich überwiegend im Familienbesitz befinden.

- **GmbH-Vertragskonzern**
Von einem Vertragskonzern spricht man dann, wenn zwischen der beherrschten und der herrschenden GmbH ein **Beherrschungsvertrag** abgeschlossen worden ist, durch den sich die Konzerntochter der Leitung der Konzernmutter unterstellt (vgl. z.B. § 291 AktG).

Der Bundesgerichtshof hat in einer Grundsatzentscheidung die Voraussetzungen für den Abschluß eines Beherrschungsvertrages verbindlich geklärt (BGH NJW 1989, S. 259 ff.). Demnach müssen die Gesellschafter der abhängigen GmbH dem Vertrag, der durch die Geschäftsführung der beteiligten Gesellschaften abgeschlossen wird, zustimmen. Der Zustimmungsbeschluß bedarf der notariellen Beurkundung. Auch die Gesellschafterversammlung der herrschenden Gesellschaft muß dem Vertrag zustimmen, und zwar mit einer Mehrheit von 3/4 der bei der Beschlußfassung abgegebenen Stimmen. Diese Zustimmung ist nicht beurkundungspflichtig. Außerdem sind Abschluß und Art des Unternehmensvertrages, der Zustimmungsbeschluß der Gesellschafterversammlung der beherrschten GmbH, das Vertragsabschluß- und Beschlußdatum sowie der Name des anderen Vertragspartners in das Handelsregister der beherrschten GmbH einzutragen.

Die Haftung des GmbH-Geschäftsführers spielt sich auf zwei Ebenen ab: Es ist zu differenzieren zwischen der Haftung des Geschäftsführers der beherrschten GmbH und der Haftung des Geschäftsführers der beherrschenden GmbH.

Die Haftung des Geschäftsführers der beherrschten GmbH

Der GmbH-Geschäftsführer ist weisungsgebunden. Derartige Weisungen können auch durch das herrschende Unternehmen erfolgen. Handelt der Geschäftsführer gemäß den erteilten Weisungen, kann er sich allenfalls dann schadensersatzpflichtig machen, wenn die Weisungen nicht rechtmäßig sind. Insofern reduziert sich die Problematik der Haftung des Geschäftsführers der beherrschten GmbH auf die Rechtmäßigkeit der Weisungen durch das herrschende Unternehmen.

Die Haftung im faktischen Konzern

Im faktischen Konzern muß die Weisung des herrschenden Unternehmens zwingend durch einen Gesellschafterbeschluß erfolgen. Fehlt es an einem derartigen Gesellschafterbeschluß, ist die Weisung per se rechtswidrig. Befolgt sie der Geschäftsführer der beherrschten GmbH dennoch, macht er sich schadensersatzpflichtig, sofern bei »seiner« GmbH dadurch ein Schaden eintritt. Dies ist im wesentlichen unstreitig.

Umstritten ist jedoch die Frage, in welchen Fällen Weisungen im faktischen Konzern rechtswidrig sind, obwohl sie durch einen Gesellschafterbeschluß gedeckt sind. In der Praxis geht es hier meist um das Problem, daß die herrschende Gesellschaft Weisungen erläßt, die ihren eigenen Interessen dienen, aber gleichzeitig zum Nachteil der beherrschten GmbH gereichen. Hier besteht ein großes Haftungsrisiko für den Geschäftsführer der beherrschten GmbH, und er muß in jedem Einzelfall sorgfältig prüfen, ob er bei der Befolgung der Weisung nicht die Pflichten im Verhältnis zu »seiner« GmbH verletzt. Anderenfalls macht er sich ihr gegenüber schadensersatzpflichtig. Dies kann der Fall sein, wenn die Weisungen sittenwidrig sind, gegen gesetzliche Bestimmungen oder die Satzung verstoßen.

Im qualifiziert faktischen Konzern ist die Rechtslage identisch.

Die Haftung im Vertragskonzern

Der wesentliche Unterschied zum faktischen Konzern ist der, daß beim Vertragskonzern die herrschende GmbH direkte Weisungen erteilen kann, ohne daß ein entsprechender Gesellschafterbeschluß vorliegen muß.

Auch wenn ein Beherrschungsvertrag vorliegt, ist das Weisungsrecht der herrschenden GmbH nicht unbeschränkt. Auch hier gibt es rechtswidrige Weisungen, deren Befolgung den Geschäftsführer der abhängigen GmbH nach § 43 GmbHG schadensersatzpflichtig macht. Dazu zählen alle Weisungen, die gesetz- und sittenwidrig sind, insbesondere die, die in die zwingenden Kapitalerhaltungsvorschriften der beherrschten Gesellschaft eingreifen. Es gilt der Grundsatz, daß das herrschende Unternehmen bei der Erteilung der Weisungen die Sorgfalt eines ordentlichen Geschäftsleiters anzuwenden hat. Daraus folgt das grundsätzliche Verbot, die abhängige GmbH durch Weisungen zu schädigen. Der Geschäftsführer der beherrschten Gesellschaft muß demzufolge bei jeder Weisung sorgfältig prüfen, ob sie rechtmäßig ist. Ist dies nicht der Fall, so muß er die Befolgung der Weisung ablehnen, da er sich ansonsten schadensersatzpflichtig macht. Mithin besteht hier ein erhebliches Haftungspotential für den GmbH-Geschäftsführer. Die Haftung besteht gegenüber »seiner« Gesellschaft.

Die Haftung des Geschäftsführers der herrschenden GmbH

Auch hier ist zwischen dem faktischen Konzern und dem Vertragskonzern zu unterscheiden.

Die Haftung im faktischen Konzern

Schädigt die herrschende GmbH durch rechtswidrige Weisungen die abhängige GmbH, so macht sie sich aus der bestehenden Treuepflicht schadensersatzpflichtig. Dies ist in Rechtsprechung und Literatur unstreitig.

Aus der bestehenden Haftung der herrschenden GmbH folgt allerdings noch nicht unmittelbar eine Haftung auch ihres Geschäftsführers. Eine derartige Haftung findet sich allerdings im Konzernrecht der Aktiengesellschaft.

So heißt es in **§ 317 AktG:**

»Veranlaßt ein herrschendes Unternehmen eine abhängige Gesellschaft, mit der kein Beherrschungsvertrag besteht, ein für sie nachteiliges Rechtsgeschäft vorzunehmen oder zu ihrem Nachteil eine Maßnahme zu treffen oder zu unterlassen . . ., so ist es der Gesellschaft zum Ersatz des ihr daraus entstehenden Schadens verpflichtet . . .

Neben dem herrschenden Unternehmen haften als Gesamtschuldner die gesetzlichen Vertreter des Unternehmens, die die Gesellschaft zu dem Rechtsgeschäft oder der Maßnahme veranlaßt haben . . .«

Zugunsten der abhängigen GmbH ist eine derartige Direkthaftung bislang in der Rechtsprechung und Literatur noch nicht anerkannt. Die bisher entschiedenen Fälle betrafen aber immer GmbHs, die von ihrer Struktur her mit der Aktiengesellschaft nicht vergleichbar waren. Meist handelte es sich um kleinere GmbHs, die sich überwiegend im Mehrheitsbesitz eines Gesellschafters oder einiger weniger Gesellschafter befanden. Sofern eine GmbH betroffen ist, die strukturell mit einer Aktiengesellschaft vergleichbar ist (nach Größe, Umsatz, Mitarbeiterzahl, Aufsichtsrat, Vielzahl von Gesellschaftern), ist eine analoge Anwendung des § 317 AktG auch im GmbH-Recht möglich. Für den Geschäftsführer besteht jedenfalls die latente Gefahr, unter Berufung auf die entsprechenden Vorschriften des AktG auch vom GmbH-Konzern auf Schadensersatz in Anspruch genommen zu werden.

Unabhängig davon kommt allerdings eine mittelbare Haftung des Geschäftsführers der herrschenden GmbH in Betracht. Im Verhältnis zur eigenen Gesellschaft ist die Konzernleitung für den Geschäftsführer unstreitig ein Teil der allgemeinen Unternehmensleitung. Nimmt der Geschäftsführer daher faktisch über Weisungen oder als Organmitglied Einfluß auf Maßnahmen, die bei Tochtergesellschaften verwirklicht werden, unterläßt er es, gegen mittelbare verdeckte Gewinnausschüttungen vorzugehen, verletzt er seine Loyalitätspflichten, weil er Geschäftschancen der Tochtergesellschaft an sich zieht, oder überwacht er die Tochtergesellschaften schlecht, so macht er sich schadensersatzpflichtig (Scholz/Schneider, § 43 Rdnr. 43). Diese Ersatzpflicht besteht allerdings nur gegenüber der Muttergesellschaft.

Dies bedeutet allerdings nicht, daß die Tochtergesellschaft den Anspruch nicht realisieren kann. Sie kann aufgrund ihres Anspruchs gegen die Muttergesellschaft deren Anspruch gegen ihren Geschäftsführer im Wege der Zwangsvollstreckung geltend machen.

Die Haftung im qualifiziert faktischen Konzern

Der Unterschied zum faktischen Konzern ist der, daß in der Praxis keine im Einzelfall nachvollziehbaren Weisungen ergehen, sondern im Laufe des Geschäftsbetriebes eine unübersehbare Vielzahl von Weisungen und Anordnungen Einfluß auf die Geschäftspolitik der beherrschten GmbH nimmt, ohne daß sich später klären läßt, welche dieser Weisungen schädigende Auswirkungen gehabt hat. Praktisch sind hier Fälle betroffen, in denen zwar die beherrschte Gesellschaft rechtlich selbständig geführt wird, dies aber von der herrschenden Gesellschaft faktisch ignoriert wird. Da sich in diesen Fällen einzelne Weisungen nicht mehr isolieren lassen, kommt die geschädigte GmbH im Falle der Geltendmachung ihrer Ansprüche in große Beweisschwierigkeiten. Der Bundesgerichtshof (BGH Z 95, 330 ff.) hat deshalb die qualifiziert faktisch abhängige Gesellschaft mit einer eingegliederten Gesellschaft verglichen und läßt die herrschende Gesellschaft für die Verbindlichkeiten einer in Konkurs gefallenen Tochtergesellschaft unmittelbar haften.

Auch hier besteht ein erhebliches Haftungspotential für den Geschäftsführer der herrschenden GmbH. Zumindest bei mit Aktiengesellschaften vergleichbaren GmbHs ist es denkbar, daß die §§ 309 und 323 AktG analog auf den Geschäftsführer der GmbH angewendet werden können. Die Geschäftsführer der herrschenden GmbH wären dann der abhängigen GmbH gegenüber unmittelbar zum Schadensersatz verpflichtet. Soweit ersichtlich, ist zu diesem Themenkomplex noch keine Rechtsprechung ergangen, die Gefahr einer entsprechenden Inanspruchnahme des Geschäftsführers der herrschenden GmbH in rechtsanaloger Anwendung des § 309 AktG ist jedoch offenkundig.

§ 309 AktG

»(1) *Besteht ein Beherrschungsvertrag, so haben die gesetzlichen Vertreter des herrschenden Unternehmens gegenüber der Gesellschaft bei der Erteilung von Weisungen an diese die Sorgfalt eines ordentlichen und gewissenhaften Geschäftsleiters anzuwenden.*

(2) *Verletzen sie ihre Pflichten, so sind sie der Gesellschaft zum Ersatz des daraus entstehenden Schadens als Gesamtschuldner verpflichtet. Ist streitig, ob sie die Sorgfalt eines ordentlichen und gewissenhaften Geschäftsleiters angewandt haben, so trifft sie die Beweislast . . .*«

Die Haftung im Vertragskonzern

Beachtet die herrschende GmbH die Grundsätze ordnungsgemäßer Konzerngeschäftsführung nicht, so haftet sie gegenüber der beherrschten GmbH wegen Verletzung der Pflichten aus dem Beherrschungsvertrag auf Schadensersatz. Liegt ein Verschulden des Geschäftsführers vor, so kann sie ihn aus § 43 GmbHG in Anspruch nehmen.

Im Vertragskonzern wird auch mehr und mehr ein unmittelbarer Schadensersatzanspruch gegen den Geschäftsführer des herrschenden Unternehmens in Rechtsanalogie zu § 309 AktG diskutiert. Auch hier besteht zumindest die Gefahr einer direkten Inanspruchnahme des Geschäftsführers durch die geschädigte Tochtergesellschaft.

Die Haftung des Geschäftsführers einer GmbH & Co. KG

Haftung gegenüber der GmbH

Bei der Komplementär-GmbH gehört zu den Pflichten des Geschäftsführers im Verhältnis zur GmbH auch die Wahrnehmung der Pflichten der GmbH zur Geschäftsführung der KG. Für Schäden, die der Geschäftsführer bei der Erfüllung der der GmbH obliegenden Geschäftsführungspflichten verursacht, hat die GmbH nach § 31 BGB einzustehen (Scholz / Schneider, § 43 Rdnr. 260).

Haftung gegenüber der KG

Nimmt der Geschäftsführer die Leitungsaufgaben der Gesellschaft als Komplementär einer GmbH & Co. KG wahr und führt dies zu Schäden bei der KG, so geht die herrschende Meinung davon aus, daß die KG unmittelbar Ansprüche gegen den Geschäftsführer der GmbH erwirbt, wenn er gegenüber der KG eine unerlaubte Handlung begangen hat (BGH WM 1956, S. 61).

Ob neben dem Anspruch aus unerlaubter Handlung weitere Ansprüche der KG gegen den GmbH-Geschäftsführer möglich sind, ist umstritten. Besteht ein Anstellungsvertrag des Geschäftsführers mit der KG, sind Ansprüche aus positiver Vertragsverletzung aus dem Anstellungsvertrag möglich (BGH WM 1980, S. 1190). Ist der Geschäftsführer der Komplementär-GmbH zugleich Kommanditist, kommt eine Haftung wegen Verletzung der gesellschaftlichen Pflichten aufgrund des KG-Vertrages in Betracht (Scholz / Schneider, § 43 Rdnr. 261).

Fehlt es an derartigen vertraglichen Beziehungen zwischen der KG und dem Geschäftsführer, so ist nach der Rechtsprechung des BGH (BGH Z 75, 321) ebenfalls eine Schadensersatzpflicht aus dem Anstellungsvertrag möglich. Liege die wesentliche Aufgabe der Komplementär-GmbH in der Führung der Geschäfte der KG, so erstrecke sich der Schutzbereich des zwischen der GmbH und ihrem Geschäftsführer bestehenden Dienstverhältnisses hinsichtlich einer Haftung des letzteren aus § 43 Abs. 2 GmbHG auch auf die KG.

Die Haftung des Geschäftsführers der »Einmann-GmbH«

Grundsätzlich bestehen für die Haftung des Geschäftsführers in der Einmann-GmbH keine Besonderheiten. Dies gilt auch für die Haftung des einzigen Geschäftsführers, der zugleich alleiniger Gesellschafter der GmbH ist. Die Haftung des Geschäftsführers der Einmann-GmbH wird häufig deshalb überschätzt, weil fälschlicherweise nicht getrennt wird zwischen der Haftung des Gesellschafters und der Haftung des Geschäftsführers. Auszugehen ist vom sog. Trennungsprinzip: Trotz Personenidentität ist rechtlich gesehen der Gesellschafter der GmbH eine andere Person als die GmbH selbst. Demnach kann der Gesellschafter nicht auf zwingende Schutzvorschriften zugunsten der GmbH und der Gläubiger verzichten.

Ist der Alleingesellschafter gleichzeitig auch Geschäftsführer der Gesellschaft, so haftet er aufgrund dieser Doppelstellung und seiner Weisungsbefugnis gegenüber der Gesellschaft nur wie ein Gesellschafter, der an einem Weisungsbeschluß mit beteiligt ist. Die – insofern mildere – Gesellschafterhaftung verdrängt also die strengere Geschäftsführerhaftung. Dies gilt auch dann, wenn eine förmliche Weisung, die sonst Voraussetzung für eine Haftungsbefreiung ist, fehlt: denn der Wille des Alleingesellschafters ist identisch mit dem Willen der Gesellschaft (BGH Z 31, 258). Handelt der Alleingesellschafter in diesem Fall nicht pflichtwidrig, so können auch in der Folge bei einem Gesellschafterwechsel keine Ansprüche der Gesellschaft gegen ihren Geschäftsführer geltend gemacht werden (Scholz / Schneider, § 43 Rdnr. 108).

Etwas anderes gilt, wenn der geschäftsführende Alleingesellschafter einem Dritten aufgrund besonderer Rechtsbeziehungen die Sorgfalt eines ordentlichen Geschäftsmannes schuldet. In diesem Fall ist er von der Haftung nicht freigestellt. Dies gilt insbesondere beim Geschäftsführer einer Komplementär-GmbH gegenüber der GmbH & Co. KG und bei Sonderpflichten im Konzern (Scholz / Schneider, § 43 Rdnr. 109).

Die Haftung des Vorstandes einer Genossenschaft

Bei einer eingetragenen Genossenschaft kommen Vorstand und Aufsichtsrat als Haftpflichtige in Betracht. Anspruchsgrundlage für die Haftung des Vorstandes einer Genossenschaft ist § 34 GenG. Er entspricht im wesentlichen den Vorschriften des § 43 GmbHG und § 93 AktG. Auf die dortigen Ausführungen wird verwiesen.

Die Haftung des Vorstandes eines eingetragenen Vereins

Beim eingetragenen Verein kann der Vorstand haftbar gemacht werden. Spezialgesetzliche Haftungsnormen gibt es im Vereinsrecht nicht. Von daher haftet der Vorstand dem Verein gegenüber nicht nach den Grundsätzen der gesetzlichen Organhaftung, sondern nach allgemeinen Vorschriften. Anspruchsgrundlage ist die positive Vertragsverletzung des Rechtsverhältnisses zwischen dem Vorstand und dem Verein.Voraussetzung für einen Schadensersatzanspruch des Vereins ist ein pflichtwidriges und schuldhaftes Verhalten des Vorstands. Zur Anwendung kommt der allgemeine Verschuldensmaßstab des § 276 BGB. Danach muß der Vorstand die im Verkehr erforderliche Sorgfalt außer acht gelassen haben.

Außenstehenden Dritten gegenüber haftet der Vereinsvorstand nach allgemeinem Deliktsrecht (§§ 823 ff. BGB; culpa in contrahendo).

Streitigkeiten aus dem Anstellungsvertrag

Der GmbH-Geschäftsführer steht in einer Doppelstellung. Zum einen ist er Organ der Gesellschaft, nämlich deren gesetzlicher Vertreter. Diese gesellschaftliche Organstellung wird durch Bestellung verliehen. Aufgrund dieser Organstellung vertritt der Geschäftsführer die Gesellschaft nach außen.

Zum anderen ist der Geschäftsführer auch Angestellter der GmbH. Dieses sog. **Innenverhältnis** wird durch den **Anstellungsvertrag** geregelt. Der Anstellungsvertrag regelt die Voraussetzungen, unter denen der Geschäftsführer das Amt übernimmt. Er ist vergleichbar mit einem Arbeitsvertrag eines »normalen« Arbeitnehmers. Üblicherweise enthält ein Anstellungsvertrag Regelungen über:

- Aufgaben / Pflichten
- Vergütung
- Tätigkeitsbeginn
- Altersversorgung
- Urlaub
- Kündigungsfristen

Es besteht somit eine Trennung zwischen der gesellschaftsrechtlichen Organstellung einerseits und dem Anstellungsvertrag des Geschäftsführers andererseits. Die rein gesellschaftsrechtliche Bestellung des Geschäftsführers ist noch kein Abschluß eines Anstellungsvertrages, ebensowenig wie aus der Abberufung des Geschäftsführers allein bereits eine Kündigung des Anstellungsvertrages erfolgt (Jaeger, S. 20).

Der Anstellungsvertrag muß demzufolge separat abgeschlossen werden. Es handelt sich um einen Dienstvertrag, auf den die §§ 611 ff. BGB Anwendung finden. Er ist **kein Arbeitsvertrag,** da es für den Geschäftsführer an der ein Arbeitsverhältnis charakterisierenden Unterworfenheit unter das Arbeitgeber-Weisungsrecht fehlt. Der **GmbH-Geschäftsführer** ist somit **kein Arbeit-**

nehmer im Sinne der arbeitsrechtlichen Schutzvorschriften (BGH NJW 1984, S. 2528). Aufgrund seiner Organstellung ist der Geschäftsführer gemäß § 5 Abs. 1 S. 3 ArbGG zwingend aus dem persönlichen Geltungsbereich des ArbGG ausgeschlossen. Streitigkeiten aus dem Anstellungsverhältnis des Geschäftsführers werden demzufolge nicht vor den Arbeitsgerichten, sondern vor den ordentlichen Gerichten (= Kammer für Handelssachen, § 95 Abs. 1 Nr. 4 a GVG) ausgetragen. Ebenso ist der Geschäftsführer durch § 5 Abs. 2 Nr. 1 BetrVG und § 14 Abs. 1 Nr. 1 KSchG vom persönlichen Geltungsbereich des Betriebsverfassungsgesetzes und Kündigungsschutzgesetzes ausgeschlossen. Für den GmbH-Geschäftsführer kann das weitreichende Konsequenzen haben.

- Der Streitwert – zum Beispiel bei einer Klage wegen Kündigung oder Freistellung – ist erheblich höher als vor dem Arbeitsgericht. Dort beträgt der Streitwert das 3fache Monatsgehalt, während bei den ordentlichen Gerichten der Streitwert in Abhängigkeit von der Restlaufzeit des Anstellungsvertrages bis zum 3fachen Jahresgehalt betragen kann. Das Kostenrisiko ist also wesentlich höher.
- Der GmbH-Geschäftsführer trägt das volle Kostenrisiko, d. h., bei ganz oder teilweise verlorenem Prozeß müssen von ihm neben den Gerichtskosten auch die Kosten der Gegenseite getragen werden.
- Versicherungsschutz (Kostenschutz) über eine Familien- oder Familien- und Verkehrs-Rechtsschutz-Versicherung besteht nicht. Die Allgemeinen Rechtsschutz-Bedingungen (ARB) sehen hier einen Risikoausschluß vor.

§ 4 Abs. 1 d ARB (alte Fassung):

»Der Versicherungsschutz bezieht sich nicht auf die Wahrnehmung rechtlicher Interessen aus Anstellungsverträgen gesetzlicher Vertreter juristischer Personen.«

§ 3 Abs. 2 c ARB (neue Fassung):

»Rechtsschutz besteht nicht für die Wahrnehmung rechtlicher Interessen aus dem Recht der Handelsgesellschaften, aus dem Bereich des Handels-

vertreterrechtes oder aus Anstellungsverhältnissen gesetzlicher Vertreter juristischer Personen.«

Die einzige Möglichkeit, dieses Risiko abzusichern, besteht über die **»Rechtsschutz-Versicherung für Top-Manager«** (vgl. S. 265 ff.).

Rechtsfolgen bei Streitigkeiten aus dem Anstellungsvertrag

Bei Verletzung von Sorgfaltspflichten bestehen für den GmbH-Geschäftsführer nicht nur Haftungsrisiken, sondern es droht auch die Beendigung seines Anstellungsverhältnisses. Folgende Sanktionen sind möglich:

- Beurlaubung (Suspendierung)
- Abberufung
- Kündigung

Beurlaubung

Unter Beurlaubung (o. Suspendierung) versteht man eine **vorübergehende Freistellung** von den Dienstpflichten im Innenverhältnis. Der Geschäftsführer wird weder von seinem Amt als Geschäftsführer abberufen, noch wird der Anstellungsvertrag gekündigt. In der Praxis kommt die Beurlaubung als **Übergangsmaßnahme** in Betracht. Ein typischer Fall für eine Beurlaubung ist die Situation, daß mehr oder weniger konkrete Anhaltspunkte für Pflichtverletzungen oder Unregelmäßigkeiten vorliegen, der genaue Sachverhalt aber noch nicht feststeht und erst ermittelt werden muß. Um dies möglichst neutral zu gewährleisten und Verdunkelungsversuche zu verhindern, kann es sinnvoll sein, den Geschäftsführer zeitweilig zu beurlauben. Während dieser Zeit hat der Geschäftsführer Anspruch auf sämtliche Bezüge inklusive Tantiemen, Dienstwagen und sonstige, vertraglich vereinbarte Nebenleistungen.

Abberufung

Unter Abberufung versteht man den **Widerruf der Bestellung als Geschäftsführer.** Sie ist gesetzlich in § 38 GmbHG geregelt:

> *»(1) Die Bestellung der Geschäftsführer ist zu jeder Zeit widerruflich, unbeschadet der Entschädigungsansprüche aus bestehenden Verträgen.*
>
> *(2) Im Gesellschaftsvertrag kann die Zulässigkeit des Widerrufs auf den Fall beschränkt werden, daß wichtige Gründe denselben notwendig machen. Als solche Gründe sind insbesondere grobe Pflichtverletzung oder Unfähigkeit zur ordnungsgemäßen Geschäftsführung anzusehen.«*

Die Abberufung ist also jederzeit ohne Grund und fristlos möglich. Dies ist das Gegengewicht zu der im Außenverhältnis unbeschränkten Vertretungsmacht des Geschäftsführers. Wenn der Geschäftsführer derart weitreichende Möglichkeiten hat, die Gesellschaft vertraglich zu verpflichten, dann soll umgekehrt die GmbH auch die Möglichkeit haben, die aus der Bestellung zum Geschäftsführer fließende Vertretungsmacht ohne weiteres schnell zu beenden.

Die **Abberufung** gemäß § 38 GmbHG **erfordert** einen ordnungsgemäßen **Gesellschafterbeschluß.** Zur Beschlußfassung genügt die einfache Mehrheit. Steht die Abberufung eines Geschäftsführers zur Beschlußfassung an, der zugleich Gesellschafter ist, so ist dessen Stimmrecht für die Abstimmung grundsätzlich nicht ausgeschlossen. Der Gesellschafter-Geschäftsführer kann also durch seine eigene Stimme gegebenenfalls seine Abberufung als Geschäftsführer verhindern. Geht es jedoch um eine Abberufung aus »wichtigem Grund«, so ist der betroffene Gesellschafter vom Stimmrecht ausgeschlossen (Jaeger, S. 23). Der Ausschluß bezieht sich jedoch nur auf die Abstimmung selbst. An der Sitzung darf er ebenso teilnehmen wie an der Aussprache und Beratung. Dies gibt ihm die Möglichkeit, sich gegen eventuelle Vorwürfe zu verteidigen.

Die Abberufung ist eine einseitige Willenserklärung der Gesellschaft. Sie wird bei Anwesenheit des Geschäftsführers in der Gesellschafterversammlung sofort, bei Abwesenheit dann wirksam, wenn der Beschluß dem Geschäftsführer mitgeteilt wurde. Die Mitteilung geschieht formlos.

Einziges Rechtsmittel gegen die Abberufung ist der Einwand, die Beschlußfassung der Gesellschafterversammlung sei nichtig und damit die Abberufung nicht wirksam. Hiergegen kann der Geschäftsführer Klage beim Landgericht auf Feststellung erheben, daß die Abberufung unwirksam war. In der Praxis nützt eine derartige Klage jedoch wenig. Es gilt § 84 Abs. 3 Satz 4 AktG analog:

»... der Widerruf ist wirksam, bis seine Unwirksamkeit rechtskräftig festgestellt ist ...«

Die Klage des GmbH-Geschäftsführers hat somit keine aufschiebende Wirkung. Die Abberufung ist so lange als wirksam anzusehen, bis die Unwirksamkeit rechtskräftig festgestellt wird. Bis ein Verfahren nach allen Instanzen rechtskräftig ist, dauert es häufig sehr lange. Selbst wenn der Geschäftsführer den Prozeß in letzter Instanz gewinnt, ist eine »Rückkehr« in der Praxis erfahrungsgemäß äußerst selten, weil das notwendige Vertrauensverhältnis gestört ist.

Die wirksame Abberufung nach § 38 GmbHG läßt im übrigen den Anstellungsvertrag völlig unberührt. Beschließen die Gesellschafter lediglich die Abberufung, ohne gleichzeitig den Anstellungsvertrag zu kündigen, so ändert sich für den Geschäftsführer zunächst nichts. Er darf weiter tätig bleiben und hat insbesondere Anspruch auf vertragsgemäße Vergütung. Er verliert lediglich das Recht, die Gesellschaft im Außenverhältnis gegenüber Dritten wirksam zu vertreten. Daß dies unzumutbar ist, liegt auf der Hand. Daher gibt eine Abberufung ohne gleichzeitige Kündigung des Anstellungsvertrages dem Geschäftsführer das Recht einer fristlosen Kündigung gemäß § 226 BGB.

Die Organstellung des Geschäftsführers kann nicht nur von seiten der Gesellschaft durch Abberufung, sondern auch durch eine **Amtsniederlegung des Geschäftsführers** beendet werden. Nach einem Urteil des BGH (BGH NJW 1993, S. 1198) ist eine vom Geschäftsführer erklärte Niederlegung des Amtes als Geschäftsführer grundsätzlich sofort wirksam. Dies unabhängig davon, ob sich der Geschäftsführer auf wichtige Gründe für die sofortige Niederlegung beruft und unabhängig von der Frage, ob solche Gründe tatsächlich vorgelegen haben. Der BGH begründet diese Anerkennung der sofortigen Wirksamkeit einer vom Geschäftsführer erklärten Amtsniederlegung unter Hinweis auf das Gebot der Rechtssicherheit, da es sowohl für die Beteiligten wie auch für den allgemeinen Rechtsverkehr unzumutbar wäre, im Anschluß an eine Amtsniederlegung möglicherweise bis zu einer rechtskräftigen Klärung über Jahre hinweg in Ungewißheit darüber zu bleiben, ob die Niederlegungserklärung wirksam und durch wen die Gesellschaft in der Zwischenzeit vertreten war. Die Gesellschaft wird hierdurch gegenüber dem Geschäftsführer nicht rechtlos gestellt, da im Fall einer zur Unzeit ausgesprochenen Niederlegung der Geschäftsführung eine Verletzung des Anstellungsvertrages durch den Geschäftsführer vorliegt, welche ihn zum Ersatz des der Gesellschaft hierdurch entstehenden Schadens verpflichtet (vgl. BGH NJW 1980, S. 2415). Dieser Schadensersatz bleibt unberührt vom Grundsatz der sofortigen Wirksamkeit der Niederlegung des Geschäftsführer-Amtes, da dieser Grundsatz allein für das Außenverhältnis der Gesellschaft im allgemeinen Rechtsverkehr gilt, wohingegen es hier um einen Schadensersatzanspruch im Innenverhältnis zwischen Gesellschaft und Geschäftsführer geht (Jaeger, S. 24).

Kündigung des Anstellungsvertrages

Die Kündigung des Anstellungsvertrages ist die gravierendste Sanktion bei einer Pflichtverletzung des GmbH-Geschäftsführers. Die Kündigung kann die wirtschaftliche Existenz des Geschäftsführers gefährden.

Zu unterscheiden ist zwischen der **ordentlichen** und der **fristlosen** Kündigung.

Der Regelfall ist die ordentliche Kündigung. Darunter versteht man eine Kündigung unter Einhaltung der im Anstellungsvertrag vereinbarten oder der gesetzlichen Kündigungsfristen. Die ordentliche Kündigung setzt einen wirksamen Gesellschafterbeschluß voraus, bei dem alle Gesellschafter vertreten sein müssen. Beachtet werden müssen überdies die im Anstellungsvertrag vereinbarten Formvorschriften. Die Kündigung wird erst mit Zugang des Kündigungsbeschlusses wirksam.

Nach § 14 Abs. 1 Nr. 1 KschG hat der GmbH-Geschäftsführer **keinen Kündigungsschutz.** Die Kündigung steht im Belieben der Gesellschafter. Sie setzt keine Kündigungsgründe voraus, so daß auch Kündigungen aus erkennbar nichtigem Anlaß (schlichter Gesellschaftswechsel, persönliche Mißstimmung, ungeregeltes Privatleben, abweichende politische Überzeugung) ohne weiteres zulässig sind.

In der Praxis wird mit der Kündigung gleichzeitig der Geschäftsführer von seinen Aufgaben freigestellt. Dieses Freistellungsrecht steht der Gesellschaft zu. Der Geschäftsführer hat keine Möglichkeit, sich dagegen zu wehren.

In der Praxis von besonderer Bedeutung ist die **fristlose Kündigung.** Nach § 626 Abs. 1 BGB kann jedes Dienstverhältnis aus wichtigem Grund außerordentlich, d. h. ohne Einhaltung einer Frist, gekündigt werden. Die Vorschrift ist zwingend und kann nicht im Anstellungsvertrag abbedungen werden. Die fristlose Kündigung ist an zwei Voraussetzungen gebunden. Es muß ein wichtiger Grund im Sinne von § 626 Abs. 1 BGB vorliegen, der dem Kündigenden unter Berücksichtigung aller Umstände des Einzelfalles und unter Abwägung der beiderseitigen Interessen eine Fortsetzung des Anstellungsverhältnisses bis zum Ablauf der vertraglichen oder gesetzlichen Kündigungsfrist unzumutbar macht. Liegt ein derartiger wichtiger Grund vor, so muß die Kündigung nach § 626 Abs. 2 BGB **innerhalb von 2 Wochen** erfolgen, nachdem der Kündigende von den für die Kündigung maßgeblichen Tatsachen Kenntnis erlangt hat.

Das Vorliegen eines wichtigen Grundes für eine fristlose Kündigung durch die Gesellschaft erfordert eine schwere Pflichtverletzung des Geschäftsführers, durch welche das für die

Fortsetzung des Anstellungsverhältnisses erforderliche Vertrauen nachhaltig erschüttert oder zerstört ist (Jaeger, S. 128).

Der klassische Grund für eine außerordentliche Kündigung eines Geschäftsführers sind Straftaten gegen die Gesellschaft (Untreue, Unterschlagung, Spesenbetrug). Die Rechtsprechung hat weitere Gründe anerkannt:

- Wettbewerbstätigkeit des Geschäftsführers gegen die Gesellschaft (BGH WM 1996, S. 77)
- Weitergabe von Geschäftsgeheimnissen (BGH WM 1969, S. 158)
- Überschreiten der Kreditlinie (BGH WM 1974, S. 131)
- Unberechtigte Amtsniederlegung durch den Geschäftsführer (BGH NJW 1980, S. 2415)
- Aufstellung irreführender Bilanzen (BGH WM 1990, S. 1394)
- Grundlegende Änderung der Geschäftspolitik ohne Zustimmung der Gesellschafterversammlung (BGH NJW 1991, S. 1681)
- Verweigerung der Erteilung von Auskünften gegenüber Gesellschaftern (OLG Frankfurt GmbHR 1994, S. 114)
- Ständiges Widersetzen gegen Weisungen der Gesellschafter (OLG Düsseldorf ZIP 1984, S. 1476)

Daneben kommen in Betracht:

- gravierendes außerdienstliches strafbares Verhalten,
- gewagte Spekulationsgeschäfte,
- gesellschaftsschädigende Äußerung in der Öffentlichkeit,
- Verschweigen von Eigengeschäften, Nebentätigkeiten mit Interessenkollisionen und
- dauernde Arbeitsunfähigkeit.

Liegen derartige Gründe vor, so hat zusätzlich eine Abwägung der beiderseitigen Interessen zu erfolgen. Hierbei ist zu prüfen, ob der Gesellschaft eine Fortsetzung des Anstellungsverhältnisses bis zum Ablauf der ordentlichen Kündigungsfrist unzumutbar ist. Innerhalb dieser Interessenabwägung sind zugunsten des Geschäftsführers die Dauer seiner beanstandungslos erfüllten

Dienstzeit, etwaige Verdienste für das Unternehmen, sein Lebensalter und die ihn treffenden sozialen Folgen im Fall einer fristlosen Beendigung des Anstellungsverhältnisses zu berücksichtigen und gegenüber der Schwere seiner Verfehlung abzuwägen. Allgemein gültige Maßstäbe für die Beurteilung dieser Frage gibt es nicht, entscheidend sind die Umstände des Einzelfalles (vgl. Jaeger, S. 129). Ist die fristlose Kündigung wirksam, so enden mit sofortiger Wirkung sämtliche Vergütungsansprüche des Geschäftsführers. Der Geschäftsführer kann vor dem Landgericht Klage auf Feststellung erheben, daß die fristlose Kündigung unwirksam ist. Eine Frist zur Klageerhebung besteht – anders als für Arbeitnehmer – nicht. Problematisch bei einer derartigen Klage ist die Tatsache, daß die beklagte GmbH im Prozeß häufig mit Schadensersatzansprüchen aus § 43 Abs. 2 GmbHG die Aufrechnung erklärt oder Widerklage erhebt. Damit ist das Kostenrisiko für den GmbH-Geschäftsführer kaum noch überschaubar, da in aller Regel die Gesellschaft in der wirtschaftlich stärkeren Position ist.

Die Kündigung durch die GmbH muß innerhalb von 2 Wochen nach Bekanntwerden der Kündigungsgründe erfolgen, § 626 Abs. 2 BGB. Sie muß auch innerhalb der 2-Wochen-Frist dem Geschäftsführer zugehen. Da es sich um eine Ausschlußfrist handelt, kann nach ihrem Ablauf auf die betreffenden Tatsachen bzw. Vorwürfe keine fristlose Kündigung mehr gestützt werden. Dies macht es in der Praxis oft außerordentlich schwierig, diese Frist einzuhalten. Für die Berechnung dieser 2-Wochen-Frist ist gemäß § 626 Abs. 2 S. 2 BGB auf den Zeitpunkt der Kenntniserlangung von den für die Kündigung maßgebenden Tatsachen durch den Kündigungsberechtigten abzustellen. Nach herrschender Auffassung reicht die Kenntnis **eines** Gesellschafters nicht aus. Vielmehr ist die Kenntnis aller Gesellschafter von den Kündigungsgründen erforderlich. Sie müssen dann innerhalb der 2-Wochen-Frist einen entsprechenden Kündigungsbeschluß fällen und dem Geschäftsführer wirksam zustellen. Stellt sich die Kündigung nachträglich als fehlerhaft heraus oder geht sie zu spät zu, muß der Vertrag bis zum nächsten ordentlichen Kündigungstermin ordentlich erfüllt werden, selbst dann, wenn die

Pflichtverletzung des Geschäftsführers außerordentlich schwerwiegend war (z. B. Untreue gegenüber der Gesellschaft).

Weitere Beispiele für Streitigkeiten aus dem Anstellungsverhältnis

- Nichtzahlung bzw. Kürzung der Bezüge
- Streitigkeiten über Gewinnbeteiligungen, Abfindungen, Ruhegehälter etc.
- Streitigkeiten wegen angeblichen Verstoßes gegen (nachvertragliche) Wettbewerbsverbote
- Streitigkeiten wegen Differenzen bezüglich einer Karenzentschädigung
- Versetzung in unbedeutendere Ressorts (Veränderung des Aufgabenbereichs)

Sonderfragen

Gründerhaftung des GmbH-Geschäftsführers

Durch eine Gesetzesnovelle wurde 1980 die sog. Gründerhaftung des Gesellschafters und Geschäftsführers in das GmbHG eingefügt. Die Vorschrift enthält eine umfassende, an den §§ 46 bis 51 AktG orientierte Gründerhaftung für diejenigen Gesellschaften, die nach dem 01.01.1981 ins Handelsregister eingetragen wurden. Für ältere GmbHs galt und gilt eine solche Haftung nur für den Geschäftsführer im Zusammenhang mit der Anmeldung.

§ 9 a GmbHG (Gründerhaftung)

»(1) *Werden zum Zweck der Errichtung der Gesellschaft falsche Angaben gemacht, so haben die Gesellschafter und Geschäftsführer der Gesellschaft als Gesamtschuldner fehlende Einzahlungen zu leisten, eine Vergütung, die nicht unter den Gründungsaufwand aufgenommen ist, zu ersetzen und für den sonst entstehenden Schaden Ersatz zu leisten.*

...

(3) *Von diesen Verpflichtungen ist ein Gesellschafter oder ein Geschäftsführer befreit, wenn er die die Ersatzpflicht begründenden Tatsachen weder kannte noch bei Anwendung der Sorgfalt eines ordentlichen Geschäftsmannes kennen mußte ...* «

Gläubiger dieses Anspruchs ist nur die entstandene GmbH, nicht eine GmbH in Gründung. Über die Geltendmachung beschließt die Gesellschafterversammlung gemäß § 46 Abs. 8 GmbHG. Der betroffene Gesellschafter hat nach § 47 Abs. 4 GmbHG kein Stimmrecht. Ein Gesellschafterbeschluß ist entbehrlich bei der Geltendmachung durch den Konkursverwalter.

Die **falschen Angaben** müssen im Zusammenhang mit der

Gründung gemacht werden, nicht notwendig gegenüber dem Handelsregister, sondern auch gegenüber dem Geschäftsführer und Sachverständigen; auch gegenüber den Mitgesellschaftern, wenn das zu einem Schaden der Gesellschaft führen kann (Lutter / Hommelhoff, § 9 a Rdnr. 3). Falsche Angaben können zum Beispiel sein:

- Bareinlagen sind nicht in der angegebenen Höhe geleistet,
- Bareinlagen stehen nicht zur freien Verfügung (Rücknahmevorbehalt),
- staatliche Genehmigung fehlt,
- Sacheinlagen sind zur Sicherung übereignet,
- Verbindlichkeiten eines übernommenen Handelsgeschäftes sind höher als angegeben,
- eingebrachtes Patent ist angegriffen oder abgelaufen,
- Bareinlagen stehen nicht zur freien Verfügung der Geschäftsführung,
- Gesellschafterliste ist falsch.

Für all das haften die Gesellschafter und Geschäftsführer, die Gesellschafter also auch für falsche Angaben des Geschäftsführers bei der Anmeldung, wie umgekehrt der Geschäftsführer auch für falsche Angaben im Gesellschaftsvertrag (Lutter / Hommelhoff, a.a.O.). Eine Korrektur erfolgt hier nur über das Verschulden.

Falsch sind die Angaben, wenn sie objektiv unrichtig oder auch nur unvollständig sind, soweit dadurch aus Sicht eines neutralen Dritten ein objektiv falscher Eindruck erzielt wird. Bis zur Eintragung der GmbH in das Handelsregister können die falschen oder unvollständigen Angaben noch korrigiert werden.

Das **Verschulden** des in Anspruch genommenen Gesellschafters oder Geschäftsführers wird gemäß § 9 a Abs. 3 GmbHG **vermutet.** Im Prozeß müssen Gesellschafter oder Geschäftsführer nachweisen, daß sie den Mangel in den Angaben entweder nicht kannten (kein Vorsatz) oder nicht kennen mußten (keine Fahrlässigkeit). Gelingt dieser Beweis nicht, ist die Haftung gegeben.

Die Gesellschafter und Geschäftsführer haben fehlende Einzahlungen zu leisten und eine Vergütung, die nicht unter den Gründungsaufwand aufgenommen ist, zu ersetzen (Differenzleistung).

Beispiel:

Der Geschäftsführer hat zu hohe Einzahlungen oder eine – nicht erfolgte –Leistung von Sacheinlagen zugesichert. In diesem Falle schuldet er – ebenso wie der Gesellschafter – bei einem Verschulden die Differenz zwischen der wirklichen und behaupteten Einzahlung. Hat er zu Unrecht Gründerlohn aus der Gesellschaftskasse gezahlt, geht die Haftung auf Rückeinlage des fraglichen Betrages (Lutter/Hommelhoff, § 9 a Rdnr. 7).

Darüber hinaus ist jeder weitergehende Schaden der GmbH zu ersetzen.

Beispiel:

Schaden aus einem Produktionsausfall, der durch die Unbrauchbarkeit einer eingebrachten Sacheinlage entstanden ist.

Die Haftung des Geschäftsführers vor Eintragung der GmbH in das Handelsregister

Die GmbH entsteht als juristische Person durch Eintragung in das Handelsregister, § 11 Abs. 1 GmbHG. Bis zu diesem Augenblick durchläuft sie ein notwendiges Vorstadium. In aller Regel nimmt die GmbH jedoch schon vor der Eintragung ihre Geschäfte auf, zumindest wird die geplante Geschäftstätigkeit vorbereitet, zum Beispiel durch Anmietung und Ausstattung von Räumen.

Die Haftung des (zukünftigen) Geschäftsführers regelt **§ 11 Abs. 2 GmbHG:**

»Ist vor der Eintragung im Namen der Gesellschaft gehandelt worden, so haften die Handelnden persönlich und solidarisch.«

Diese persönliche Haftung ist unbeschränkt und unbeschränkbar und gilt zwischen Gründung der Gesellschaft durch notariellen Akt und vor der Eintragung der GmbH ins Handelsregister.

Beispiel:

Der (zukünftige) Geschäftsführer schließt nach Gründung, aber vor Eintragung der Gesellschaft, einen langfristigen Mietvertrag ab und kauft für die GmbH eine teure Büroausstattung. Wird die GmbH – gleich aus welchen Gründen und unabhängig davon, ob den Geschäftsführer an der Nichteintragung ein Verschulden trifft – nicht ins Handelsregister eingetragen, haftet der Geschäftsführer für die vertraglich eingegangenen Verbindlichkeiten in voller Höhe persönlich.

Anspruchsgrundlage ist § 11 Abs. 2 GmbHG. Danach ist Handelnder, wer entweder als Geschäftsführer oder wie ein solcher für die GmbH tätig wird (vgl. BGH Z 66, 359).

Die **Handelndenhaftung** birgt für einen neu bestellten Geschäftsführer große Risiken, denn es ist in der Praxis üblich, den Geschäftsbetrieb schon vor der Eintragung der GmbH ins Handelsregister aufzunehmen. Zwischen Gründung der GmbH und ihrer Eintragung vergehen i. d. R. zwei bis vier Monate, bei komplizierten Geschäftsgründungen (z. B. Einbringen von Handelsbetrieben, Sacheinlagen) dauert dies oft noch länger.

Häufig wird dem Geschäftsführer von den Gesellschaftern ausdrücklich gestattet, derartige Geschäfte schon vor Eintragung ins Handelsregister vorzunehmen. In diesem Fall hat der Geschäftsführer bei Inanspruchnahme durch Dritte aus der Handelndenhaftung einen Freistellungsanspruch gegenüber den Gesellschaftern. Schon aus Beweiszwecken kann daher nur allen Geschäftsführern, die vor der Eintragung ihrer GmbH tätig werden, empfohlen werden, die Erlaubnis zur Geschäftsaufnahme ausdrücklich im Anstellungsvertrag zu vereinbaren. Diese Freistellung nutzt natürlich nur dann etwas, wenn die Gesellschafter zahlungsfähig sind. Gegenüber Dritten (z. B. Vertragspartnern) hilft sie nur dann etwas, wenn die Haftungsfreistellung diesen gegenüber vereinbart wurde, was in der Praxis selten vorkommt.

Die persönliche Haftung erlischt rückwirkend, sobald die Gesellschaft im Handelsregister eingetragen worden ist. Im Normalfall ist das Risiko aus der Handelndenhaftung daher zumindest zeitlich begrenzt. Probleme tauchen nur dann auf, wenn es nicht zur Eintragung kommt, z. B. weil die zu gründende GmbH überschuldet ist oder ein Eintragungshindernis nicht beseitigt wurde. Letzteres ist häufig bei der Gründung von Tochtergesellschaften ausländischer Mütter der Fall.

Verjährung der Ansprüche

Verjährung von Ansprüchen der Gesellschaft gegen GmbH-Geschäftsführer

Die Ansprüche aus § 43 Abs. 2 und 3 GmbHG verjähren nach Ablauf von fünf Jahren (§ 43 Abs. 4 GmbHG). Ohne Bedeutung ist, ob die Pflichtverletzung fahrlässig oder vorsätzlich war. Die Verjährungsfrist beginnt mit der Entstehung des Anspruchs, also mit dem Schadenseintritt (§ 198 BGB). Dabei braucht die Höhe des Anspruchs noch nicht festzustehen. Es genügt, daß mit weiteren Schäden zu rechnen ist. Der Beginn der Verjährungsfrist ist unabhängig von einer Kenntnis der Gesellschafter, er setzt jedoch eine Beendigung der Pflichtverletzung voraus.

Bleiben der eingetretene Schaden und/oder die Pflichtverletzung des Geschäftsführers länger als fünf Jahre unentdeckt, sind die Ersatzansprüche nach § 43 Abs. 4 GmbHG verjährt. Dies gilt allerdings nicht, wenn der Geschäftsführer arglistig gehandelt, d.h. dafür gesorgt hat, daß der Schaden bzw. die Pflichtverletzung vor Ablauf der 5-Jahres-Frist nicht entdeckt wird. Bei arglistigem Handeln ist eine Berufung auf die Einrede der Verjährung grundsätzlich nicht möglich.

Verjährung der Ansprüche aus unerlaubter Handlung

Hier gilt eine kürzere, nämlich die 3jährige Verjährungsfrist gemäß § 852 BGB. Die Frist beginnt zu laufen, wenn der Geschädigte von der Person des Schädigers **und** von einem möglichen Schaden Kenntnis erlangt hat. Die 3jährige Verjährungsfrist aus § 852 BGB kann also länger laufen als die 5jährige Verjährung nach § 43 Abs. 4 GmbHG, wenn der Schaden längere Zeit unentdeckt bleibt. Nach einer Entscheidung des BGH (BB 1989, S. 1638) sind die Voraussetzungen des § 852 BGB dann erfüllt, wenn der Geschädigte aufgrund der ihm bekannten Tatsachen eine Feststellungsklage mit einigermaßen sicherer Aussicht auf Erfolg erheben kann, er also die Voraussetzungen des Anspruchs – außer dem Schadensbetrag – vernünftigerweise für gegeben halten muß und dabei eine Klageerhebung zugemutet werden kann.

Die Verjährungsfrist des § 852 BGB kann nicht verlängert, wohl aber abgekürzt werden.

Verjährung der Ansprüche aus dem Anstellungsvertrag

Bei Schadensersatzansprüchen aus dem Anstellungsvertrag gilt die 5-Jahres-Frist (BGH BB 1989, S. 1638). Diese Verjährungsfrist kann vertraglich nicht verlängert werden, § 225 BGB.

Verjährung der Ansprüche aus Steuerschuldverhältnis

Die Verjährungsfrist für Ansprüche aus dem Steuerschuldverhältnis beträgt fünf Jahre. Sie beginnt mit Ablauf des Kalenderjahres, in dem der Anspruch erstmals fällig wurde. Ist ein Haftungsbescheid ohne Zahlungsaufforderung ergangen, so beginnt die Verjährung mit Ablauf des Kalenderjahres, in dem der Haftungsbescheid wirksam geworden ist (§ 229 AO).

Aufsichtsrat und Beirat in der GmbH

Im Unterschied zur Aktiengesellschaft besitzt die GmbH keinen obligatorischen Aufsichtsrat. Das GmbHG erlaubt jedoch ausdrücklich seine Bildung durch die Satzung und verweist hinsichtlich seiner Ordnung und Aufgaben insoweit ergänzend auf einige Vorschriften des AktG. In einigen gesetzlich geregelten Fällen muß allerdings auch die GmbH zwingend einen Aufsichtsrat bestellen, und zwar bei Vorliegen folgender Voraussetzungen:

- Die GmbH hat in der Regel mehr als 1000 Arbeitnehmer und ist tätig im sog. Montan-Bereich nach dem Montan-Mitbestimmungsgesetz von 1951. Dies gilt auch für eine herrschende GmbH, die nicht selbst, wohl aber deren abhängige Unternehmen diese Voraussetzungen erfüllen.
- Die GmbH beschäftigt in der Regel mehr als 2000 Arbeitnehmer und unterfällt dem Mitbestimmungsgesetz von 1976.
- Die GmbH hat mehr als 500 Arbeitnehmer gemäß § 77 BetrVG 1952.

Zur Statistik: Das Montan-Mitbestimmungsgesetz findet auf weniger als zehn, das Mitbestimmungsgesetz 1976 nur auf rund 270 GmbHs Anwendung (Lutter / Hommelhoff, § 52 Rdnr. 1).

Daneben kann jede GmbH freiwillig einen Aufsichtsrat bilden. Dieser **fakultative Aufsichtsrat** wird in seiner Existenz, seiner Zusammensetzung und seinen Kompetenzen ausschließlich durch die Satzung festgelegt. Diese hat nicht nur die alleinige Kompetenz zur Bildung dieses dritten Organs der GmbH, sondern auch Vorrang vor jeder Verweisung auf aktienrechtliche Bestimmungen (Lutter / Hommelhoff, § 52 Rdnr. 3). Zwingend vorgeschrieben ist allerdings, daß die Bestellung sowie der Wechsel von Aufsichtsratsmitgliedern unverzüglich durch den Bundesanzeiger und die im Gesellschaftsvertrag für die Bekanntmachung der Gesellschaft bestimmten, anderen öffentlichen Blätter bekanntzumachen und die Bekanntmachung zum Handelsregister einzureichen ist. Wegen dieser Veröffentlichungspflicht und der geringeren Flexibilität des Instruments wird in der GmbH in aller Regel kein Aufsichtsrat gegründet, wenn dies nicht zwingend aufgrund obiger Mitbestimmungsvorschriften verlangt wird.

Das GmbH-Recht erlaubt jedoch, durch Satzung noch **andere Organe** zu schaffen, bei denen die GmbH-Verfassung noch weiter vom gesetzlichen Grundbild abweicht. In der Praxis sind vor allem zwei Typen üblich: **Gesellschafterausschuß** und **Beirat.** Deren Rechte und Pflichten ergeben sich ausschließlich aus der Satzung; gesetzliche Regelungen gibt es nicht. In der Praxis hat der **Gesellschafterausschuß** häufig die Funktion, Kompetenzen der Gesellschafterversammlung an deren Stelle wahrzunehmen und - sofern gesetzlich zulässig – die Gesellschafterversammlung zu ersetzen. Insbesondere bei einer großen Vielzahl von Gesellschaftern wird diese Möglichkeit der Einrichtung eines Gesellschafterausschusses häufig gewählt, um die Handlungsfähigkeit der GmbH flexibler zu gestalten.

Der **Beirat** hat in der Praxis meist eine die Geschäftsführung beratende, gelegentlich auch beaufsichtigende Kompetenz. So finden sich auch Regelungen, die dem Beirat Entscheidungskompetenzen der Gesellschafterversammlung übertragen, insbesondere, wenn der Beirat ganz oder mehrheitlich mit Gesellschaftern besetzt ist.

Gelegentlich findet sich bei GmbHs auch ein **Verwaltungsrat,** der sowohl überwachende als auch beratende und entscheidende Kompetenzen innehat. Beirat, Gesellschafterausschuß und Verwaltungsrat haben in der Regel nur die aus der Satzung wirklich erkennbaren Entscheidungskompetenzen. Im übrigen sind sie auf informelle Aufgaben, insbesondere Beratung der Geschäftsführer beschränkt. Von daher ist es wichtig, die entsprechenden Kompetenzen in der Satzung sehr sorgfältig zu formulieren. Das gilt auch für die personelle Besetzung dieser Gremien. Insbesondere wenn diesen Organen Überwachungs- und Kontrollfunktionen zugeordnet sind, sollte kein Geschäftsführer Mitglied eines derartigen Gremiums sein.

Die Haftung des obligatorischen Aufsichtsrats der GmbH

§ 52 GmbHG verweist auf § 116 in Verbindung mit § 93 Abs. 1 und 2 AktG, also die Haftungsnorm für Aufsichtsratsmitglieder einer Aktiengesellschaft. Von daher haften die GmbH-Aufsichtsratsmitglieder gegenüber der GmbH ebenso wie die Aufsichtsratsmitglieder einer Aktiengesellschaft (vgl. insoweit S. 140 ff.).

Die Haftung des fakultativen Aufsichtsrats der GmbH

Auch hier gilt § 52 Abs. 1 GmbHG in Verbindung mit § 116 und § 93 Abs. 1 und 2 AktG. Die Haftung des obligatorischen Aufsichtsrats unterscheidet sich also nicht von der Haftung des fakultativen Aufsichtsrats. Zu den Einzelheiten vgl. S. 140 ff.

Die Haftung des Beirats bzw. Verwaltungsrats der GmbH

Die Haftung des Beirats bzw. Verwaltungsrats ist schwierig zu beurteilen, da sich ihre Pflichten nicht aus dem Gesetz, sondern aus der Satzung ergeben. Sofern Beirats- oder Verwaltungsratsmitglieder überwachende und kontrollierende Funktionen innehaben, müssen sie ihr Amt im Interesse des Unternehmens ausüben und haben die Sorgfalt eines ordentlichen und gewissenhaften Beiratsmitglieds anzuwenden (BGH Z 69, 207). Eine Pflichtverletzung führt demzufolge zur Schadensersatzhaftung gemäß §§ 43, 52 i.V.m. 116, 93 AktG (Lutter/Hommelhoff, § 52 Rdnr. 75). Zu den Einzelheiten wird auf die Ausführungen zur Haftung des Aufsichtsrats einer AG verwiesen, S. 140 ff.

Zweiter Teil

Die zivilrechtliche Haftung des AG-Vorstandes

Allgemeines

Trotz zum Teil erheblicher Abweichungen zwischen den Vorschriften des GmbHG und des AktG gibt es hinsichtlich der **Haftung** zwischen GmbH-Geschäftsführern und AG-Vorständen in den Grundlagen **keine gravierenden Unterschiede.** So hat sich seit jeher die Rechtsprechung zur Begründung der Haftung des Vorstandes einer Aktiengesellschaft auf Entscheidungen zum GmbH-Recht berufen und umgekehrt. Soweit sich Abweichungen ergeben, wird auf die Ausführungen auf Seite 114 verwiesen.

Ähnlich wie bei der GmbH ist zu unterscheiden zwischen der Haftung im Innen- und Außenverhältnis, also der Haftung

- gegenüber der AG,
- gegenüber Dritten,
- gegenüber Fiskus / Sozialversicherungsträgern.

Die Haftung des Vorstandes gegenüber der Aktiengesellschaft

Die Pflichten des Vorstandes

Der Vorstand übt in der Aktiengesellschaft die eigentliche unternehmerische Funktion aus. Er leitet die Gesellschaft unter eigener Verantwortung (§ 76 Abs. 1 AktG) und ist zu ihrer Geschäftsführung und Vertretung berechtigt und verpflichtet, §§ 77, 78 AktG. Er ist – im Gegensatz zum GmbH-Geschäftsführer – **weisungsunabhängig.**

Die Haftung beginnt bereits mit der konkreten Übernahme des Amtes, eine förmliche Bestellung durch das dazu berufene Gesellschaftsorgan ist nicht Anspruchsvoraussetzung. Der Einwand des Vorstandes, seine Bestellung sei mangelhaft gewesen, vermag ihn von der Haftung nicht freizustellen (Hübner, S. 3). Mit dem Ende der Bestellung wird der Vorstand aus seinen Pflichten entlassen.

Haftungsgrundlage ist **§ 93 AktG:**

»(1) Die Vorstandsmitglieder haben bei ihrer Geschäftsführung die Sorgfalt eines ordentlichen und gewissenhaften Geschäftsleiters anzuwenden. Über vertrauliche Angaben und Geheimnisse der Gesellschaft, namentlich Betriebs- oder Geschäftsgeheimnisse, die ihnen durch ihre Tätigkeit im Vorstand bekanntgeworden sind, haben sie Stillschweigen zu bewahren.

(2) Vorstandsmitglieder, die ihre Pflichten verletzen, sind der Gesellschaft zum Ersatz des daraus entstehenden Schadens als Gesamtschuldner verpflichtet. ***Ist streitig, ob sie die Sorgfalt eines ordentlichen und gewissenhaften Geschäftsleiters angewandt haben, so trifft sie die Beweislast.***

(3) Die Vorstandsmitglieder sind namentlich zum Ersatz verpflichtet, wenn entgegen diesem Gesetz

1. *Einlagen an Aktionäre zurückgewährt werden,*
2. *den Aktionären Zinsen oder Gewinnanteile gezahlt werden,*
3. *eigene Aktien der Gesellschaft oder einer anderen Gesellschaft gezeichnet, erworben, als Pfand genommen oder eingezogen werden,*
4. *Aktien vor der vollen Leistung des Nennbetrages oder des höheren Ausgabebetrags ausgegeben werden,*
5. *Gesellschaftsvermögen verteilt wird,*
6. *Zahlungen geleistet werden, nachdem die Zahlungsunfähigkeit der Gesellschaft eingetreten ist oder sich ihre Überschuldung ergeben hat,*
7. *Vergütungen an Aufsichtsratsmitglieder gewährt werden,*
8. *Kredit gewährt wird,*
9. *bei der bedingten Kapitalerhöhung außerhalb des festgesetzten Zwecks oder vor der vollen Leistung des Gegenwertes Bezugsaktien ausgegeben werden.*

(4) Der Gesellschaft gegenüber tritt die Ersatzpflicht nicht ein, wenn die Handlung auf einem gesetzmäßigen Beschluß der Hauptversammlung beruht. Dadurch, daß der Aufsichtsrat die Handlung gebilligt hat, wird die Ersatzpflicht nicht ausgeschlossen . . .«

Ähnlich wie bei der Haftung des GmbH-Geschäftsführers ist zwischen allgemeinen Sorgfaltspflichten (§ 93 Abs. 1.1 AktG) und den besonderen Sorgfaltspflichten zu unterscheiden.

Die besonderen Sorgfaltspflichten des AG-Vorstandes

- **Schweigepflichten, § 93 AktG**

Die einem Vorstandsmitglied obliegende Treuepflicht gebietet ihm, das Wohl und die Interessen der Gesellschaft zu wahren und Nachteile von ihr abzuwenden. Hieraus folgt eine Pflicht zur Verschwiegenheit. Nach § 93 Abs. 1.2 AktG wird diese dahingehend konkretisiert, daß Vorstandsmitglieder über vertrauliche Angaben und Geheimnisse der Gesellschaft, die ihnen durch ihre Tätigkeit im Vorstand bekanntgeworden sind, Stillschweigen zu bewahren haben. Vorstandsmitglieder, die ihre Schweigepflicht schuldhaft, d. h. unter Nichtbeachtung der Sorgfalt eines ordentlichen und gewissenhaften Geschäftsleiters, verletzen, sind der Gesellschaft nach § 93 Abs. 2 zum Schadensersatz verpflichtet.

Der Umfang der Verschwiegenheitspflichten geht sehr weit. Sie bezieht sich auch auf solche Geheimnisse, die dem Vorstandsmitglied ohne jede Tätigkeit seinerseits bzw. ohne Zusammenhang mit seinem Amt bekanntgeworden sind (Hübner, S. 6). Damit sind praktisch alle Betriebs- und Geschäftsgeheimnisse betroffen, die nicht offenkundig sind, wenn sie nach dem bekundeten Willen der Gesellschaft geheimgehalten werden sollen und wenn an der Geheimhaltung ein berechtigtes Interesse besteht.

Beispiele:

Produktionsvorhaben, Fabrikationsverfahren, Erfindungsleistungen, Konstruktionen, Kalkulationen, Absatzplanung, Finanzpläne, Kundenlisten u. a. (Geßler / Hefermehl, § 93 Rdnr. 16).

- **Berichtspflichten, §§ 90, 131 AktG**

Die Berichtspflichten des Vorstandsmitgliedes sind in § 90 und § 131 AktG geregelt. Die Funktionsfähigkeit einer Aktiengesellschaft setzt eine umfassende gegenseitige Unterrichtung der jeweiligen Organe voraus. Nach § 131 AktG ist jedem Aktionär auf Verlangen in der Hauptversammlung vom Vorstand Auskunft über Angelegenheiten der Gesellschaft zu geben, soweit sie zur sachgemäßen Beurteilung des Gegenstandes der Tagesordnung erforderlich ist. Dieser Anspruch steht jedem Aktionär unabhängig von der Höhe seiner Beteiligung zu. Die Auskunft muß den Grundsätzen einer gewissenhaften und getreuen Rechenschaft entsprechen, § 131 Abs. 2 AktG.

Die Informationspflicht des Vorstandes gegenüber dem Aufsichtsrat ist in § 90 AktG geregelt. Es besteht eine Berichtspflicht über die beabsichtigte Geschäftspolitik und grundsätzliche Geschäftsführungsfragen, über die Rentabilität der Gesellschaft, deren Umsatz und Lage sowie über bedeutsame Geschäfte, die für die Rentabilität oder Liquidität wichtig sein können. Auch sonstige wichtige Anlässe lösen eine Berichtspflicht aus. Hierzu gehören alle Vorfälle, die einen Eingriff des Aufsichtsrats nötig oder zweckmäßig erscheinen lassen oder die Lage der Aktiengesellschaft erheblich berühren, wie zum Beispiel größere Verluste, Zahlungsunfähigkeit wichtiger Kunden oder ein drohender Arbeitskampf (Hübner, S. 4). Die Pflicht zur Berichterstattung ist eine eigenständige Pflicht des Vorstandes, keine Pflicht der Gesellschaft, die der Vorstand als ihr Handlungsorgan für sie wahrzunehmen hat. Die Berichtspflicht trifft den Vorstand in seiner Gesamtheit. Da der Vorstand als solcher nicht rechtsfähig ist, obliegt daher die Berichtspflicht **allen** Vorstandsmitgliedern. Der Berichtspflicht des Vorstandes entspricht ein Recht des Aufsichtsrates auf Auskunft in Angelegenheiten von erheblichem Gewicht, § 90 Abs. 3 AktG.

Erfüllt das Vorstandsmitglied die gesetzlichen Berichtspflichten nicht, indem er keine, unvollständige oder falsche Informationen weitergibt, so verletzt er seine Organpflichten und kann sich dadurch bei schuldhaftem Verhalten schadensersatzpflichtig machen.

- **Buchführungspflicht, § 91 AktG**

Die Aktiengesellschaft ist als Handelsgesellschaft verpflichtet, Bücher zu führen und in diesen ihre Handelsgeschäfte und die Lage ihres Vermögens nach den Grundsätzen ordnungsgemäßer Buchführung ersichtlich zu machen. Die Erfüllung dieser Buchführungspflicht obliegt dem Vorstand als Organ der Gesellschaft. Sie betrifft alle Vorstandsmitglieder einschließlich ihrer Stellvertreter. Jedes einzelne Vorstandsmitglied ist verpflichtet, für die ordnungsgemäße Buchführung zu sorgen und im Einzelfall nach Maßgabe seines Verschuldens auch verantwortlich.

- **Pflichten bei Verlust / Überschuldung oder Zahlungsunfähigkeit, § 92 AktG**

§ 92 AktG konstituiert besondere Pflichten, wenn die AG in

eine finanzielle Schieflage gerät. Bei einem Verlust in Höhe der Hälfte des Grundkapitals ist der Vorstand zur Verlustanzeige gegenüber der Hauptversammlung, bei Zahlungsunfähigkeit oder Überschuldung der Gesellschaft zur Beantragung der Eröffnung des Konkursverfahrens oder des konkursabwendenden Vergleichsverfahrens verpflichtet. Wenn die Gesellschaft zahlungsunfähig geworden ist oder sich ihre Überschuldung ergeben hat, besteht für den Vorstand ein Zahlungsverbot, § 92 Abs. 3 AktG.

Diese Pflichten treffen jedes einzelne Vorstandsmitglied. Sie sind zwingend und können deshalb weder durch die Satzung oder einen Beschluß der Hauptversammlung noch durch eine Weisung des Aufsichtsrates oder eine Vereinbarung abbedungen werden (Geßler/Hefermehl, § 92 Rdnr. 1). Hinsichtlich der speziellen Risiken wird auf das Kapitel »Die GmbH in der Krise«, S. 59 ff., verwiesen.

- **Vorbereitung und Ausführung von Hauptversammlungsbeschlüssen, § 83 AktG**

Nach § 83 AktG ist der Vorstand auf Verlangen der Hauptversammlung verpflichtet, Maßnahmen, die in die Zuständigkeit der Hauptversammlung fallen, vorzubereiten und deren Beschlüsse ordnungsgemäß auszuführen. Die Pflicht zur Vorbereitung gilt für solche Maßnahmen, für die die Hauptversammlung ausschließlich zuständig ist. Die wichtigsten Zuständigkeiten sind in § 119 AktG zusammengefaßt:

- Bestellung der Mitglieder des Aufsichtsrats,
- Verwendung des Bilanzgewinns,
- Entlastung der Mitglieder des Vorstandes und des Aufsichtsrats,
- Bestellung der Abschlußprüfer,
- Satzungsänderungen,
- Maßnahmen der Kapitalbeschaffung und der Kapitalherabsetzung,
- Bestellung von Prüfern zur Prüfung von Vorgängen bei der Gründung oder der Geschäftsführung,
- Auflösung der Gesellschaft.

- **Sonstige besondere Pflichten des Vorstandes**

§ 93 Abs. 3 AktG (vgl. S. 107 f.) enthält eine enumerative Aufzählung von Vorstandspflichten. Sie dienen insbesondere der Erhaltung von Kapitalgrundlagen und dem Vermögensbestand der Aktiengesellschaft. Die schuldhafte Verletzung der dort aufgeführten Pflichten macht das Vorstandsmitglied schadensersatzpflichtig.

Darüber hinaus finden sich an verschiedenen Stellen des Aktiengesetzes weitere Vorstandspflichten.

So besteht nach § 88 AktG für Vorstandsmitglieder ein **Wettbewerbsverbot.** Vorstandsmitglieder dürfen ohne Einwilligung des Aufsichtsrats weder ein Handelsgewerbe betreiben noch im Geschäftszweig der Gesellschaft für eigene oder fremde Rechnung Geschäfte machen. Es ist Ihnen untersagt, Vorstandsmitglied, Geschäftsführer oder Komplementär einer anderen Handelsgesellschaft zu sein. Dabei ist unerheblich, ob es sich um ein Konkurrenzunternehmen handelt, bei dem der Unternehmensleiter tätig ist oder nicht. Hingegen ist es einem Vorstand nicht untersagt, Aufsichts- oder Beiratsmitglied eines anderen Unternehmens zu werden oder sich kapitalmäßig an einer anderen Gesellschaft zu beteiligen (Hübner, S. 6). Das wird häufig sogar im Interesse der AG sein.

Dieses Wettbewerbsverbot gilt nicht, wenn der Aufsichtsrat der Tätigkeit ausdrücklich zugestimmt hat.

Verletzt das Vorstandsmitglied ein Wettbewerbsverbot, macht er sich der Gesellschaft gegenüber schadensersatzpflichtig, § 88 Abs. 2 Satz 1 AktG.

Nach Beendigung von Organ- und Anstellungsverhältnis ist der Vorstand frei, anderweitig tätig zu werden. Nicht selten ist allerdings in seinem Anstellungsvertrag ein sog. **nachvertragliches Wettbewerbsverbot** vereinbart. Es muß allerdings sachlich gerechtfertigt und zeitlich begrenzt sein (üblich sind zwei Jahre), um wirksam zu sein. Verletzt das Vorstandsmitglied ein derartiges nachvertragliches Wettbewerbsverbot, kommen Schadensersatzansprüche aus positiver Vertragsverletzung oder – sofern vereinbart – auch Vertragsstrafen in Betracht.

- **Verstoß gegen zustimmungspflichtige Geschäfte, § 111 Abs. 4 AktG**

Vorstandsmitglieder sind grundsätzlich weisungsfrei. Eine gewisse Auflockerung dieses Grundsatzes ergibt sich aus § 111 Abs. 4 S. 1 AktG. Danach kann die Satzung oder der Aufsichtsrat selbst bestimmen, daß bestimmte Arten von Geschäften nur mit Zustimmung des Aufsichtsrats vorgenommen werden dürfen. Die Folge ist, daß solche Geschäfte vom Vorstand nur noch nach Zustimmung durch den Aufsichtsrat vorgenommen werden dürfen und der Aufsichtsrat auf diesem Wege – je nach Umfang des Kataloges zustimmungsbedürftiger Geschäfte – tatsächlich erheblichen Einfluß auf die Geschäftsführung nehmen kann (Thümmel, Rdnr. 199). Üblicherweise werden Geschäfte mit besonderer Tragweite als zustimmungsbedürftig eingestuft. Beispiele: Unternehmensverkäufe, Gründung neuer Tochtergesellschaften, grundsätzliche Änderung der Produktpalette u.a.m.

Tätigt der Vorstand ein Geschäft ohne die (vorherige) Zustimmung oder (nachträgliche) Genehmigung, ist das Geschäft im Außenverhältnis zwar wirksam, der Vorstand kann sich aber schadensersatzpflichtig machen, wenn dadurch der Gesellschaft ein Vermögensschaden entstanden ist.

Die allgemeinen Sorgfaltspflichten des AG-Vorstandes

Vorstände einer Aktiengesellschaft müssen nach § 93 Abs. 1.1 AktG bei der Ausübung ihres Amtes die Sorgfalt eines ordentlichen und gewissenhaften Geschäftsleiters walten lassen. Diese Generalklausel ist ein Auffangtatbestand, in dem sich letztlich alle oben beschriebenen Pflichten vereinen. Die Vorschrift entspricht vom Wortlaut her weitgehend § 43 GmbHG. Auf die Ausführungen auf S. 22f. wird verwiesen. Insofern unterscheidet sich die Haftung des AG-Vorstandsmitglieds nicht von der eines GmbH-Geschäftsführers. Auch für das Vorstandsmitglied gelten die Besonderheiten bezüglich des Verschuldens, insbesondere also die **Beweislastumkehr** (vgl. S. 36 f.).

Abweichungen in der Haftungsproblematik gegenüber GmbH

Es gibt einige Bereiche, in denen sich die Haftung des AG-Vorstandes von der des GmbH-Geschäftsführers unterscheidet bzw. bei denen andere gesetzliche Regelungen gelten. Die wichtigsten Unterschiede sind:

- Im Gegensatz zum GmbH-Geschäftsführer ist der **AG-Vorstand nicht weisungsgebunden.** Die Kompetenzaufteilung zwischen Vorstand, Aufsichtsrat und Hauptversammlung regelt das Aktiengesetz zwingend. So sind der Hauptversammlung regelmäßig nur die Grundlagenentscheidungen der Geschäftspolitik übertragen; Weisungen gegenüber dem Vorstand kann sie nicht erteilen. Die Haftungsproblematik im Zusammenhang mit Weisungen, die sich nach § 43 Abs. 2 GmbHG für den Geschäftsführer ergibt, stellt sich für den AG-Vorstand nicht.
- Nach § 93 Abs. 2 AktG kann die Haftung der Vorstandsmitglieder nicht ausgeschlossen und nicht gemildert werden. Eine Enthaftungsmöglichkeit besteht hier also nicht. Im GmbH-Recht ist diese Frage streitig, vgl. S. 45
- Auf Schadensersatzansprüche kann die Aktiengesellschaft im Gegensatz zur GmbH nach § 93 Abs. 4 S. 3 AktG in den ersten drei Jahren nach Entstehen des Anspruchs überhaupt nicht verzichten. Die Entlastung des Vorstandes hat demnach eine ganz andere Qualität als in der GmbH. Nach § 120 Abs. 2 S. 2 AktG enthält die Entlastung keinen Verzicht auf Ersatzansprüche.
- Minderheiten sind in der Aktiengesellschaft erheblich stärker geschützt als in der GmbH. Nach § 147 Abs. 1 S. 1 AktG können bereits Aktionäre, die über 1/10 des Grundkapitals verfü-

gen, Schadensersatzansprüche gegen den Vorstand durchsetzen, indem sie einen entsprechenden Beschluß der Hauptversammlung erwirken. Darüber hinaus ist ein Verzicht der AG auf Ansprüche gegen Vorstandsmitglieder nach § 93 Abs. 4 S. 3 AktG auch nach Ablauf von drei Jahren nicht möglich, wenn die genannte Minderheit nicht hierzu ausdrücklich ihr Einverständnis erklärt hat.

Im übrigen gelten alle Haftungsgrundsätze auch für den stellvertretenden Vorstand, § 94 AktG.

Anspruchsgläubiger

Wer kann den AG-Vorstand auf Schadensersatz in Anspruch nehmen?

Die Aktiengesellschaft

§ 93 AktG gewährt bei einer Pflichtverletzung nur der Aktiengesellschaft selbst einen unmittelbaren Anspruch, der im Falle einer Pflichtverletzung eines Vorstandsmitglieds gemäß § 112 AktG vom Aufsichtsrat geltend gemacht werden kann. Der Aufsichtsrat kann – anders als im GmbH-Recht (vgl. S. 46 f.) – von sich aus Innenhaftungsansprüche verfolgen. Es bedarf hierzu nicht eines Beschlusses der Hauptversammlung. Ob er den Anspruch geltend macht, liegt in seinem Ermessen. Dieses Ermessen muß pflichtgemäß ausgeübt werden. Die Ermessensausübung orientiert sich nicht nur an rechtlichen, sondern auch an Zweckmäßigkeits- und Wirtschaftlichkeitserwägungen und unterliegt daher nur sehr eingeschränkt einer gerichtlichen Kontrolle. Wenn allerdings bei Abwägung aller Umstände (Erfolgsaussichten einer Klage, Schadenshöhe, Verschuldensgrad des Vorstands) die Geltendmachung die einzig sachgerechte Entscheidung ist, wird das Ermessen »auf Null« reduziert und der Aufsichtsrat **muß** die Klage erheben (OLG Düsseldorf WM

1995, S. 1666). Anderenfalls machen sich möglicherweise die Aufsichtsratsmitglieder selbst schadensersatzpflichtig.

Die Klage gegen den Vorstand muß auch dann erhoben werden, wenn in der Hauptversammlung ein entsprechender Beschluß mit einfacher Mehrheit gefaßt wird. In der Praxis wird diese Mehrheit – abgesehen vielleicht von kriminellen Handlungen des Vorstandes – äußerst selten erreicht. Die Gründe liegen auf der Hand: Die Hauptversammlungen größerer Gesellschaften werden regelmäßig von Großaktionären oder Bankenvertreter mit Depotstimmrecht dominiert, deren Vertreter typischerweise wiederum teilweise mit den Aufsichtsratsmitgliedern identisch sind oder ihnen nahestehen (Thümmel, Rdnr. 169).

Daß dies zu unbilligen und ungewollten Ergebnissen führen kann, liegt auf der Hand. Von daher sieht § 147 Abs. 1 AktG vor, daß Ansprüche auch dann geltend zu machen sind, wenn eine Minderheit, deren Anteile zusammen 10% des Grundkapitals ausmachen, dies verlangt. Auch hier zeigt die Praxis, daß dieser **Minderheitenschutz** nur selten greift. Bei großen Gesellschaften ist es für unabhängige Aktionäre, die nicht zu den Banken mit Depotstimmrechten zählen und nicht Großaktionäre sind, fast unmöglich, 10% des Grundkapitals auf sich zu vereinen. Es gibt derzeit gesetzgeberische Initiativen, dieses Minderheiten-Quorum auf 5% zu reduzieren. Im übrigen ist dieser Minderheitenschutz nicht unproblematisch. Werden Schadensersatzansprüche gegenüber dem Vorstand mit dieser 10%-Minderheit geltend gemacht und unterliegt die Gesellschaft im Prozeß ganz oder teilweise, so hat die Minderheit die der Gesellschaft zur Last fallenden Prozeßkosten zu tragen, § 147 Abs. 4 S. 1 AktG.

Liegt ein Fall vor, bei dem neben dem Vorstand auch der Aufsichtsrat selbst schadensersatzpflichtig gemacht werden soll, kann die Hauptversammlung einen oder mehrere besondere Vertreter der Gesellschaft zur Geltendmachung der Ansprüche bestellen, § 147 Abs. 3 S. 1 AktG. Diese besonderen Vertreter müssen nicht Aktionäre sein, auch Dritte kommen in Betracht. Sie verdrängen, wenn sie die Bestellung annehmen, den Aufsichtsrat in seiner Vertretungskompetenz, soweit die Anspruchsverfolgung betroffen ist (Thümmel, Rdnr. 174).

Die Aktionäre

Aktionäre können grundsätzlich keine Schadensersatzansprüche der Gesellschaft geltend machen, weder als einzelner noch als Gesamtheit der Aktionäre (Hübner, S. 14). Sie können lediglich versuchen, einen entsprechenden Hauptversammlungsbeschluß zu erwirken, der den Aufsichtsrat zur Geltendmachung der Schadensersatzansprüche gegenüber dem Vorstand zwingt.

Die Gläubiger der Gesellschaft

Grundsätzlich sind die Gesellschaftsgläubiger nur berechtigt, Ansprüche gegenüber der Aktiengesellschaft als juristische Person geltend zu machen. Eine **Ausnahme** findet sich in

§ 93 Abs. 5 AktG:
»(5) *Der Ersatzanspruch der Gesellschaft kann auch von den Gläubigern der Gesellschaft geltend gemacht werden, soweit sie von dieser keine Befriedigung erlangen können. Dies gilt jedoch in anderen Fällen als denen des Absatzes 3 nur dann, wenn die Vorstandsmitglieder die Sorgfalt eines ordentlichen und gewissenhaften Geschäftsleiters gröblich verletzt haben ...*«

(§ 93 Abs. 3 AktG ist auf S. 107 f. abgedruckt)

Die Gesellschaftsgläubiger können bei Zahlungsunfähigkeit der AG die Ansprüche der Gesellschaft gegen den Vorstand bis zur Höhe ihrer eigenen Forderung geltend machen. Voraussetzung ist grundsätzlich, daß die Gesellschaft zur Befriedigung der Gläubiger nicht in der Lage ist und eine schuldhafte Pflichtverletzung vorliegt.

Sonderfall: Benutzung des Einflusses auf die Gesellschaft

§ 117 Abs. 1 und 2 AktG regelt einen Sonderfall der Haftung:

»(1) *Wer vorsätzlich unter Benutzung seines Einflusses auf die Gesellschaft ein Mitglied des Vorstands oder des Aufsichtsrats, einen Prokuristen oder einen Handlungsbevollmächtigten dazu bestimmt, zum Schaden der Gesellschaft oder ihrer Aktionäre zu handeln, ist der Gesellschaft zum Ersatz des ihr daraus entstehenden Schadens verpflichtet. Er ist auch den Aktionären zum Ersatz des ihnen daraus entstehenden Schadens verpflichtet, soweit sie, abgesehen von einem Schaden, der ihnen durch Schädigung der Gesellschaft zugefügt worden ist, geschädigt worden sind.*

(2) *Neben ihm haften als Gesamtschuldner die Mitglieder des Vorstands und des Aufsichtsrats, wenn sie unter Verletzung ihrer Pflichten gehandelt haben. Ist streitig, ob sie die Sorgfalt eines ordentlichen und gewissenhaften Geschäftsleiters angewandt haben, so trifft sie die Beweislast. Der Gesellschaft und auch den Aktionären gegenüber tritt die Ersatzpflicht der Mitglieder des Vorstands und des Aufsichtsrats nicht ein, wenn die Handlung auf einem gesetzmäßigen Beschluß der Hauptversammlung beruht. Dadurch, daß der Aufsichtsrat die Handlung gebilligt hat, wird die Ersatzpflicht nicht ausgeschlossen . . .*«

§ 117 Abs. 1 AktG behandelt die Haftung von »Einflußnehmenden«. Wer vorsätzlich Einfluß auf die in § 117 Abs. 1 AktG genannten Personen nimmt, indem er sie dazu bestimmt, zum Schaden der Gesellschaft oder der Aktionäre zu handeln, ist zum Schadensersatz verpflichtet. Die praktische Bedeutung des § 117 Abs. 1 AktG ist sehr gering. Als Schadensersatzpflichtiger kommt grundsätzlich jedermann in Betracht, zum Beispiel Aktionäre, außenstehende Dritte sowie die Organmitglieder selbst. So haftet z. B. ein Aufsichtsratsmitglied, das einen Vorstand zu einer Handlung bestimmt, die zum Zusammenbruch der Gesellschaft führt (BGH ZIP 1985, S. 607) oder wenn es dem Vorstand den Abschluß eines für die AG schädlichen Rechtsgeschäfts nahelegt (BGH NJW 1980, 1629).

Beispiel:

Auf Drängen des Aufsichtsratsvorsitzenden verzichtet der Vorstand einer Aktiengesellschaft auf die Rückforderung von zu unrecht an verschiedene Aktionäre ausgezahlte Beträge. Ein hiervon nicht betroffener Aktionär nimmt den Aufsichtsratsvorsitzenden auf Schadensersatz in Anspruch. Der Aktionär hatte selbst an die AG Darlehen gewährt, die infolge des inzwischen eingetretenen wirtschaftlichen Zusammenbruchs des Unternehmens nicht mehr einzutreiben waren. Der BGH gab dem Anspruch statt. Anspruchsgrundlage war § 117 Abs. 1 S. 2 AktG. Der Aufsichtsratsvorsitzende habe seinen Einfluß auf die Gesellschaft benutzt, indem er das Gewicht seines Amtes gegenüber den übrigen Vorstandsmitgliedern zur Geltung gebracht und den Vorstand so zu der schädigenden Handlung veranlaßt habe. Dem Aktionär sei auch ein über den reinen Wertverlust seiner Aktien hinausgehender Schaden entstanden, weil sein Darlehensrückzahlungsanspruch nicht mehr zu realisieren sei (Thümmel, Rdnr. 210).

In der Praxis bedeutsamer ist die Haftung der Organmitglieder nach § 117 Abs. 2 AktG. Danach haften Aufsichtsrats- und Vorstandsmitglieder als Gesamtschuldner, wenn sie unter Verletzung ihrer Pflichten gehandelt haben. Diese Norm ist eine selbständige Anspruchsgrundlage neben der Haftung nach § 93 AktG und § 116 AktG.

Im Gegensatz zu Abs. 1 hängt die Haftung nicht davon ab, ob die Organmitglieder vorsätzlich gehandelt haben. Es reicht aus, daß die Handlung der jeweils Beteiligten einen Pflichtenverstoß darstellt. Insofern gelten die gleichen Grundsätze wie bei § 43 GmbHG und § 93 AktG. Im übrigen gilt auch hier hinsichtlich des Verschuldens eine Beweislastumkehr für die Organmitglieder. Der Unterschied zur Haftung nach § 93 bzw. § 116 AktG besteht darin, daß die Haftung nach § 117 Abs. 2 AktG insofern weitergeht, als die Organmitglieder auch den Aktionären für den unmittelbaren Schaden ersatzpflichtig sind (Hübner, S. 16). Dies ist der einzige Fall, wo – jedenfalls nach herrschender Meinung – der Aktionär einen unmittelbaren Anspruch gegenüber Vorstand oder Aufsichtsrat hat. Ein mittelbarer Schaden – etwa der bloße Wertverlust der Aktie – ist nicht ersatzpflichtig (Geßler / Kropff, § 117 Rdnr. 38).

Die Haftung des Vorstandes gegenüber Dritten

Verletzt ein Vorstandsmitglied seine Sorgfaltspflichten schuldhaft, so können neben der Gesellschaft auch Aktionäre, die Gläubiger oder sonstige Dritte einen Schaden erleiden. Wird zum Beispiel das Vermögen der Gesellschaft geschädigt, weil Vorstandsmitglieder ihre Pflichten verletzt haben, so können zugleich die Aktionäre durch Entwertung ihrer Aktien und die Gläubiger durch Verkürzung ihrer Zugriffsmöglichkeiten betroffen sein. Durch falsche Angaben oder einen unrichtigen Jahresabschluß können Dritte veranlaßt werden, Aktien der Gesellschaft zu erwerben, die sie nur mit großem Verlust wieder verkaufen können, oder der Gesellschaft Kredite zu gewähren, deren Rückzahlung unsicher ist. Aktionäre und Dritte, die hierdurch einen Schaden erleiden, können – ähnlich wie im GmbH-Recht (vgl. S. 49 ff.) – nur Ansprüche aus Delikt, §§ 823 ff. BGB oder culpa in contrahendo (c.i.c) geltend machen.

Die Haftung des Vorstandes gegenüber Aktionären

Grundsätzlich steht den Aktionären kein unmittelbarer Schadensersatzanspruch gegenüber dem Vorstand – im übrigen auch gegenüber der Aktiengesellschaft – zu. Eine Ausnahme bildet § 117 Abs. 2 AktG, wenn das Vorstandsmitglied eine schädigende Handlung vorgenommen hat (vgl. S. 118 ff.).

Unmittelbare Ansprüche aus **§ 823 Abs. 1 BGB** stehen dem Aktionär nicht zu. Es gibt keine allgemeine Verantwortlichkeit für vorsätzlich oder fahrlässig herbeigeführte Vermögensschädigungen, da das Vermögen kein Rechtsgut im Sinne des § 823 Abs. 1 BGB ist. Nur die schuldhafte Verletzung eines der in

§823 Abs. 1 besonders aufgeführten Rechtsgüter – des Eigentums oder eines sonstigen absoluten Rechtes – verpflichtet zum Schadensersatz. Die Aktie ist zwar ein sonstiges Recht im Sinne des § 823 Abs. 1 BGB, jedoch wird durch die Schädigung der Gesellschaft die Aktie als solche nicht verletzt (Geßler/Hefermehl, §93 Rdnr. 94).

Auch eine Haftung des Vorstandsmitglieds gegenüber dem Aktionär aus **§ 823 Abs. 2 BGB** wegen der Verletzung eines Schutzgesetzes gibt dem Aktionär nur in seltenen Fällen einen direkten Anspruch. Schutzgesetze im Sinne des Aktionärs sind die §§ 92 Abs. 1 und Abs. 2 AktG (Anzeigepflicht bei Verlust, Verletzung der Konkursantragspflicht). Weitere Schutzgesetze zugunsten der Aktionäre sind Strafvorschriften, nämlich

- § 399 AktG (Falsche Angaben)
- § 400 AktG (Unrichtige Darstellung)
- § 404 AktG (Verletzung der Geheimhaltungspflicht)
- § 266 StGB (Untreue)

Aktionäre können vor allem dadurch geschädigt werden, daß ihr vorhandener Aktienbesitz entwertet wird oder sie beim Erwerb von Aktien Schaden erleiden. Dann kommt als verletztes Schutzgut vor allem § 266 StGB (Untreue) in Betracht. Geschützt ist durch § 266 StGB jedoch nur der Aktionär, der zur Zeit der schädigenden Handlung oder wenigstens zur Zeit des Schadenseintritts schon Aktionär ist. Wer beispielsweise durch falsche Vorspiegelungen eines Vorstandsmitglieds zum Kauf von Aktien über ihren wahren Wert veranlaßt worden ist, kann nicht nach § 823 Abs. 2 BGB in Verbindung mit § 266 StGB Schadensersatz verlangen, da durch den Untreue-Tatbestand der Aktionär nur gegen eine Schädigung seines **gegenwärtigen** Aktienbesitzes geschützt ist (Geßler/Hefermehl, § 93 Rdnr. 92).

Den Schutz auch der **künftigen** Aktionäre bezwecken die §§ 399, 400 AktG, welche die Allgemeinheit vor Täuschungen schützen sollen. Als geschädigte Dritte werden insbesondere Aktienerwerber in Betracht kommen, die ihre Aktien zu einem Preis erworben haben, den sie nicht wert sind. Wer die Aktien erwirbt, obwohl er die schädigenden Handlungen des Vorstandes kennt, wird allerdings grundsätzlich keine Ersatzansprüche geltend machen können (Geßler/Hefermehl, § 93 Rdnr. 92).

Da in diesen Fällen die Beweislast – auch bezüglich des Verschuldens – beim Aktionär liegt, sind Schadensersatzansprüche in der Praxis insoweit nahezu ausgeschlossen. Gleiches gilt für eine Haftung aus § 826 BGB (Vorsätzliche sittenwidrige Schädigung).

Exkurs: Kommt die Aktionärsklage?

Seit langem wird diese mangelnde Möglichkeit des Aktionärs, unmittelbar Schadensersatzansprüche gegen schuldhaft handelnde Vorstandsmitglieder durchsetzen zu können, als unbefriedigend empfunden. Immer wieder wird deshalb gefordert, insoweit die Rechte der Aktionäre zu stärken und ihnen eine verbesserte Klagemöglichkeit geben. Die Einführung einer generellen Aktionärsklage birgt indessen das Risiko, daß Vorstände in ihren unternehmerischen Entscheidungen zurückhaltender werden, weil jeder Aktionär erreichen könnte, daß diese Entscheidungen einer sorgfältigen gerichtlichen Überprüfung unterzogen werden. Trotzdem gibt es immer wieder gesetzgeberische Initiativen, eine derartige Aktionärsklage einzuführen. Bislang waren sie alle erfolglos. Ob möglicherweise die Rechtsprechung im Wege der Rechtsfortbildung die Rechte des Aktionärs stärkt, bleibt ebenfalls abzuwarten. Immerhin entschied sich der BGH (BGH Z 83, 122 ff.) für die Möglichkeit einer Aktionärsklage in einem Fall, in dem der Vorstand einer KGaG einen wesentlichen Unternehmensteil auf eine von ihm gegründete Tochtergesellschaft verlagerte und so den Kontrollrechten der Hauptversammlung entzog. In diesem Fall hatte der Aktionär einen Anspruch nicht nur gegen die Gesellschaft, sondern auch gegen den Vorstand (Hübner, S. 22).

Die Haftung des Vorstandes gegenüber Gesellschaftsgläubigern

Hier kommen Ansprüche aus culpa in contrahendo und aus Delikt (§ 823 ff. BGB) in Betracht. Insofern kann auf die Ausführungen zur Haftung des GmbH-Geschäftsführers gegenüber Dritten verwiesen werden (vgl. S. 49 ff.)

Die Haftung des Vorstandes gegenüber dem Fiskus und den Sozialversicherungsträgern

Auch hier gibt es keine Unterschiede zur Haftung des GmbH-Geschäftsführers, so daß auf die Ausführungen auf S. 68 ff. verwiesen werden kann.

Die Haftung des AG-Vorstandes im Konzern

Allgemeines

Im Gegensatz zum GmbH-Konzernrecht ist das AG-Konzernrecht gesetzlich geregelt, §§ 308 ff. AktG. Soweit auch nur eine der beteiligten Gesellschaften in der Rechtsform der AG geführt wird, greifen diese Vorschriften ein. Ähnlich wie im GmbH-Konzernrecht ist zu differenzieren zwischen dem faktischen und dem Vertrags-Konzern sowie der Haftung des Vorstandes der beherrschten und der herrschenden Aktiengesellschaft.

Die Haftung des Vorstandes der beherrschten AG

Haftung im faktischen Konzern

Der Vorstand der beherrschten AG haftet nach § 318 Abs. 1 AktG für Verletzungen der Berichtspflichten. Diese Vorschrift begründet die Verpflichtung zur Erstattung eines Abhängigkeitsberichtes. In § 318 Abs. 4 AktG wird auf § 309 Abs. 3 bis 5 AktG verwiesen. Demnach besteht die Haftung auch gegenüber Aktionären und Gläubigern der abhängigen Gesellschaft. Im Normalfall wird eine derartige Pflichtenverletzung aus § 318 Abs. 1 AktG gleichzeitig eine Pflichtverletzung des Vorstandes gegenüber »seiner« abhängigen Gesellschaft darstellen und deshalb eine Haftung auch aus § 93 AktG begründen.

Im faktischen Konzern bleibt die eigenverantwortliche Leitungspflicht des Vorstandes der abhängigen Gesellschaft immer bestehen. § 93 AktG hat daher eine besondere Bedeutung. Jeder

Vorstand muß, bevor er einer Weisung des herrschenden Unternehmens Folge leistet, prüfen:

- Ist die Weisung für die eigene Gesellschaft nachteilig?
- Sind eventuelle Nachteile ausgleichsfähig?
- Ist das herrschende Unternehmen zum Ausgleich bereit und willens?

Liegen diese Voraussetzungen nicht vor, so darf der Vorstand des beherrschten Unternehmens der Weisung keine Folge leisten. Nur bei einem tatsächlichen Ausgleich oder einem durchsetzbaren Rechtsanspruch auf Ausgleich darf der Vorstand die Weisung beachten, ansonsten macht er sich »seiner« Gesellschaft gegenüber aus § 93 AktG schadensersatzpflichtig.

Haftung im AG-Vertrags-Konzern

Einschlägig ist § 310 Abs. 1 Satz 1 AktG (vgl. S. 130). Danach haften die Mitglieder des Vorstandes (und des Aufsichtsrates) der Gesellschaft als Gesamtschuldner, wenn sie unter Verletzung ihrer Pflichten gehandelt haben. Diese Haftung setzt Verschulden voraus, wobei insoweit das in Anspruch genommene Vorstandsmitglied die Beweislast bezüglich des Verschuldens hat.

Weiterhin gilt für den Vorstand der abhängigen Gesellschaft, daß er sich »seiner« Gesellschaft gegenüber aus § 93 AktG schadensersatzpflichtig machen kann. Trotz Weisungsbefugnis hat er grundsätzlich die Pflicht zur eigenverantwortlichen Unternehmensleitung. § 93 AktG hat deshalb besondere Bedeutung für Schadensersatzansprüche im weisungsfreien Bereich.

Gesetzlich nicht geregelt ist, ob der Vorstand der beherrschten Gesellschaft auch gegenüber der herrschenden Gesellschaft unmittelbar haftet. Diese Haftung könnte dann gegeben sein, wenn er rechtmäßige Weisungen nicht befolgt. Hier ist eine unmittelbare Haftung aus § 308 Abs. 2 Satz 2 AktG denkbar (vgl. S. 129).

In jedem Fall ist aber eine mittelbare Haftung möglich: Die

Nichtbefolgung von rechtmäßigen Weisungen wird der abhängigen Gesellschaft nach § 31 BGB zugerechnet. Diese macht sich wegen Verletzung der Pflichten aus dem Beherrschungsvertrag der Muttergesellschaft gegenüber schadensersatzpflichtig. Diesen Schaden kann die Tochtergesellschaft im Regreßwege aus § 93 AktG gegenüber ihrem Vorstand geltend machen, weil dieser eine rechtmäßige Weisung nicht beachtet hat. Die Muttergesellschaft kann nun diesen Anspruch der Tochtergesellschaft gegen ihren Vorstand pfänden und sich überweisen lassen, so daß der Vorstand zumindest mittelbar auch der Obergesellschaft gegenüber zum Schadensersatz verpflichtet ist.

Die Haftung des Vorstandes der herrschenden AG

Haftung im faktischen Konzern

Anspruchsgrundlage ist § 317 Abs. 3 AktG (vgl. S. 131). Der Vorstand ist neben dem herrschenden Unternehmen dem abhängigen Unternehmen gegenüber für nachteilige Weisungen verantwortlich, sofern bis zum Ende des Geschäftsjahres kein Ausgleich der Schäden erfolgt oder der abhängigen Gesellschaft kein Rechtsanspruch auf Ausgleich gewährt wird. Die Aktionäre des abhängigen Unternehmens haben nach § 317 Abs. 1 Satz 2 AktG einen unmittelbaren Anspruch gegen den Vorstand auf Ersatz ihrer unmittelbaren Schäden. Aus § 317 Abs. 4 in Verbindung mit § 309 Abs. 3 bis 5 AktG folgt, daß jeder einzelne Aktionär auch seine mittelbaren Schäden ersetzt verlangen kann, allerdings nicht an sich, sondern nur in Form der Leistung an die abhängige Gesellschaft. Auch Gläubiger der abhängigen Gesellschaft können nach § 309 Abs. 4 AktG Schadensersatz verlangen.

Daneben gilt für die Haftung des Vorstandes der herrschenden Gesellschaft § 93 AktG, der dann zum Tragen kommt, wenn das

Vorstandsmitglied seine Konzernleitungspflichten schuldhaft verletzt hat.

Haftung im AG-Vertrags-Konzern

Nach § 309 Abs. 1 AktG hat der Vorstand des herrschenden Unternehmens die Sorgfalt eines ordentlichen und gewissenhaften Geschäftsleiters anzuwenden. Bei Verletzung dieser Pflichten haften die Vorstandsmitglieder als Gesamtschuldner gegenüber der abhängigen Gesellschaft. Die Haftung besteht, wenn die Weisungen pflichtwidrig sind. Dies gilt insbesondere für folgende Fälle:

- Verstoß gegen zwingende gesetzliche Vorschriften,
- Eingriff in die Satzung des beherrschten Unternehmens,
- Sittenwidrigkeit der Weisung,
- nicht durch das Konzerninteresse gerechtfertigte Weisungen,
- Weisungen, die die Existenz der abhängigen Gesellschaft gefährden.

Die Schadensersatzpflicht des Vorstandes bei Erteilung rechtswidriger Weisungen setzt Verschulden voraus. Hierzu genügt jede Fahrlässigkeit. § 309 AktG gewährt den Aktionären der abhängigen Gesellschaft einen unmittelbaren Anspruch gegen den Vorstand, sie können jedoch nach § 309 Abs. 4 Satz 1 und 2 AktG Schadensersatz nur an »ihre« Gesellschaft verlangen. Das gleiche gilt für Schadensersatzansprüche von Gläubigern.

Neben der Haftung gegenüber der abhängigen Gesellschaft, haftet der Vorstand auch »seiner« herrschenden AG gegenüber bei fehlerhaften Weisungen nach § 93 AktG.

Die wichtigsten Vorschriften des AG-Konzernrechtes

§ 308 AktG – Leitungsmacht

»(1) *Besteht ein Beherrschungsvertrag, so ist das herrschende Unternehmen berechtigt, dem Vorstand der Gesellschaft hinsichtlich der Leitung der Gesellschaft Weisungen zu erteilen. Bestimmt der Vertrag nichts anderes, so können auch Weisungen erteilt werden, die für die Gesellschaft nachteilig sind, wenn sie den Belangen des herrschenden Unternehmens oder der mit ihm und der Gesellschaft konzernverbundenen Unternehmen dienen.*

(2) *Der Vorstand ist verpflichtet, die Weisungen des herrschenden Unternehmens zu befolgen. Er ist nicht berechtigt, die Befolgung einer Weisung zu verweigern, weil sie nach seiner Ansicht nicht den Belangen des herrschenden Unternehmens oder der mit ihm und der Gesellschaft konzernverbundenen Unternehmen dient, es sei denn, daß sie offensichtlich nicht diesen Belangen dient.*

(3) *Wird der Vorstand angewiesen, ein Geschäft vorzunehmen, das nur mit Zustimmung des Aufsichtsrats der Gesellschaft vorgenommen werden darf, und wird diese Zustimmung nicht innerhalb einer angemessenen Frist erteilt, so hat der Vorstand dies dem herrschenden Unternehmen mitzuteilen. Wiederholt das herrschende Unternehmen nach dieser Mitteilung die Weisung, so ist die Zustimmung des Aufsichtsrats nicht mehr erforderlich; die Weisung darf, wenn das herrschende Unternehmen einen Aufsichtsrat hat, nur mit dessen Zustimmung wiederholt werden.«*

§ 309 AktG – Verantwortlichkeit der gesetzlichen Vertreter des herrschenden Unternehmens

»(1) *Besteht ein Beherrschungsvertrag, so haben die gesetzlichen Vertreter (beim Einzelkaufmann der Inhaber) des herrschenden Unternehmens gegenüber der Gesellschaft bei der Erteilung von Weisungen an diese die Sorgfalt eines ordentlichen und gewissenhaften Geschäftsleiters anzuwenden.*

(2) *Verletzen sie ihre Pflichten, so sind sie der Gesellschaft zum Ersatz des daraus entstehenden Schadens als Gesamtschuldner ver-*

pflichtet. Ist streitig, ob sie die Sorgfalt eines ordentlichen und gewissenhaften Geschäftsleiters angewandt haben, so trifft sie die Beweislast.

(3) *Die Gesellschaft kann erst drei Jahre nach der Entstehung des Anspruchs und nur dann auf Ersatzansprüche verzichten oder sich über sie vergleichen, wenn die außenstehenden Aktionäre durch Sonderbeschluß zustimmen und nicht eine Minderheit, deren Anteile zusammen den zehnten Teil des bei der Beschlußfassung vertretenen Grundkapitals erreichen, zur Niederschrift Widerspruch erhebt. Die zeitliche Beschränkung gilt nicht, wenn der Ersatzpflichtige zahlungsunfähig ist und sich zur Abwendung oder Beseitigung des Konkursverfahrens mit seinen Gläubigern vergleicht.*

(4) *Der Ersatzanspruch der Gesellschaft kann auch von jedem Aktionär geltend gemacht werden. Der Aktionär kann jedoch nur Leistung an die Gesellschaft fordern. Der Ersatzanspruch kann ferner von den Gläubigern der Gesellschaft geltend gemacht werden, soweit sie von dieser keine Befriedigung erlangen können. Den Gläubigern gegenüber wird die Ersatzpflicht durch einen Verzicht oder Vergleich der Gesellschaft nicht ausgeschlossen. Ist über das Vermögen der Gesellschaft das Konkursverfahren eröffnet, so übt während dessen Dauer der Konkursverwalter das Recht der Aktionäre und Gläubiger, den Ersatzanspruch der Gesellschaft geltend zu machen, aus.*

(5) *Die Ansprüche aus diesen Vorschriften verjähren in fünf Jahren.«*

§ 310 AktG – Verantwortlichkeit der Verwaltungsmitglieder der Gesellschaft

»(1) *Die Mitglieder des Vorstands und des Aufsichtsrats der Gesellschaft haften neben dem Ersatzpflichtigen nach § 309 als Gesamtschuldner, wenn sie unter Verletzung ihrer Pflichten gehandelt haben. Ist streitig, ob sie die Sorgfalt eines ordentlichen und gewissenhaften Geschäftsleiters angewandt haben, so trifft sie die Beweislast.*

(2) *Dadurch, daß der Aufsichtsrat die Handlung gebilligt hat, wird die Ersatzpflicht nicht ausgeschlossen.*

(3) *Eine Ersatzpflicht der Verwaltungsmitglieder der Gesellschaft besteht nicht, wenn die schädigende Handlung auf einer Weisung beruht, die nach § 308 Abs. 2 zu befolgen war.*

(4) *§ 309 Abs. 3 bis 5 ist anzuwenden.«*

§ 311 AktG – Schranken des Einflusses

»(1) *Besteht kein Beherrschungsvertrag, so darf ein herrschendes Unternehmen seinen Einfluß nicht dazu benutzen, eine abhängige Aktiengesellschaft oder Kommanditgesellschaft auf Aktien zu veranlassen, ein für sie nachteiliges Rechtsgeschäft vorzunehmen oder Maßnahmen zu ihrem Nachteil zu treffen oder zu unterlassen, es sei denn, daß die Nachteile ausgeglichen werden.*

(2) *Ist der Ausgleich nicht während des Geschäftsjahrs tatsächlich erfolgt, so muß spätestens am Ende des Geschäftsjahrs, in dem der abhängigen Gesellschaft der Nachteil zugefügt worden ist, bestimmt werden, wann und durch welche Vorteile der Nachteil ausgeglichen werden soll. Auf die zum Ausgleich bestimmten Vorteile ist der abhängigen Gesellschaft ein Rechtsanspruch zu gewähren.*«

§ 317 AktG – Verantwortlichkeit des herrschenden Unternehmens und seiner gesetzlichen Vertreter

»(1) *Veranlaßt ein herrschendes Unternehmen eine abhängige Gesellschaft, mit der kein Beherrschungsvertrag besteht, ein für sie nachteiliges Rechtsgeschäft vorzunehmen oder zu ihrem Nachteil eine Maßnahme zu treffen oder zu unterlassen, ohne daß es den Nachteil bis zum Ende des Geschäftsjahrs tatsächlich ausgleicht oder der abhängigen Gesellschaft einen Rechtsanspruch auf einen zum Ausgleich bestimmten Vorteil gewährt, so ist es der Gesellschaft zum Ersatz des ihr daraus entstehenden Schadens verpflichtet, soweit sie, abgesehen von einem Schaden, der ihnen durch Schädigung der Gesellschaft zugefügt worden ist, geschädigt worden sind.*

(2) *Die Ersatzpflicht tritt nicht ein, wenn auch ein ordentlicher und gewissenhafter Geschäftsleiter einer unabhängigen Gesellschaft das Rechtsgeschäft vorgenommen oder die Maßnahme getroffen oder unterlassen hätte.*

(3) *Neben dem herrschenden Unternehmen haften als Gesamtschuldner die gesetzlichen Vertreter des Unternehmens, die die Gesellschaft zu dem Rechtsgeschäft oder der Maßnahme veranlaßt haben.*

(4) *§ 309 Abs. 3 bis 5 gilt sinngemäß.*«

§ 318 AktG – Verantwortlichkeit der Verwaltungsmitglieder der Gesellschaft

»(1) *Die Mitglieder der Gesellschaft haften neben den nach § 317 Ersatzpflichtigen als Gesamtschuldner, wenn sie es unter Verletzung ihrer Pflichten unterlassen haben, das nachteilige Rechtsgeschäft oder die nachteilige Maßnahme in dem Bericht über die Beziehungen der Gesellschaft zu verbundenen Unternehmen aufzuführen oder anzugeben, daß die Gesellschaft durch das Rechtsgeschäft oder die Maßnahme benachteiligt wurde und der Nachteil nicht ausgeglichen worden war. Ist streitig, ob sie die Sorgfalt eines ordentlichen und gewissenhaften Geschäftsleiters angewandt haben, so trifft sie die Beweislast.*

(2) *Die Mitglieder des Aufsichtsrats der Gesellschaft haften neben den nach § 317 Ersatzpflichtigen als Gesamtschuldner, wenn sie hinsichtlich des nachteiligen Rechtsgeschäfts oder der nachteiligen Maßnahme ihre Pflicht, den Bericht über die Beziehungen zu verbundenen Unternehmen zu prüfen (§ 314), verletzt haben; Absatz 1 Satz 2 gilt sinngemäß.*

(3) *Der Gesellschaft und auch den Aktionären gegenüber tritt die Ersatzpflicht nicht ein, wenn die Handlung auf einem gesetzmäßigen Beschluß der Hauptversammlung beruht.*

(4) *§ 309 Abs. 3 bis 5 gilt sinngemäß.*«

Die »kleine« Aktiengesellschaft

Am 10.08.1994 ist das »Gesetz für kleine Aktiengesellschaften und zur Deregulierung des Aktienrechts« in Kraft getreten. Es bezweckt hauptsächlich, die Aktiengesellschaft auch für mittelständische Unternehmen attraktiv zu machen.

Das deutsche Kapitalgesellschaftsrecht geht von der Vorstellung aus, daß kleinere und mittelständische Unternehmen in der Rechtsform der GmbH geführt werden sollten, große Unternehmen hingegen in der Rechtsform der AG. Formalien und Satzungszwänge des Aktiengesetzes, die dem berechtigten Interesse des Aktionärsschutzes bei der Publikums-AG entsprachen, hatten zur Folge, daß die Rechtsform der Aktiengesellschaft von mittelständischen Unternehmen weitgehend gemieden wurde. Folge dieser Flucht in die Rechtsform der GmbH war, daß die Eigenkapitalausstattung deutscher Unternehmen insgesamt im internationalen Vergleich zu gering ist. Die Ursache hierfür ist darin zu sehen, daß der GmbH der Zugang zur Börse und damit zum Eigenkapitalmarkt verwehrt ist (Kindler, NJW 1994, S. 3041). Mit der »kleinen« AG sollen deshalb für mittelständische Unternehmen Anreize geschaffen werden, in die Rechtsform der Aktiengesellschaft zu wechseln und sich so den Zugang zur Börse zu erschließen. Im folgenden sollen deshalb die wichtigsten Sonderregelungen für die »kleine« Aktiengesellschaft vorgestellt werden:

Begriff

Die »kleine« Aktiengesellschaft ist keine neue Rechtsform, sondern erweitert die bisher bestehenden Gesellschaftsformen. Es ist eine spezielle Form der Aktiengesellschaft, die im AktG geregelt ist.

Gründungsvorschriften

Nach der alten Rechtslage mußten an der Gründung der Aktiengesellschaft mindestens fünf Personen beteiligt sein. Dieses Formerfordernis wurde in der Praxis häufig dadurch umgangen, daß man »Strohmänner« eingeschaltet hat. Dabei wurden nach der Entstehung der AG sämtliche Aktien auf einen der Gründer oder einen Dritten übertragen. Analog dem GmbH-Recht läßt nunmehr auch das Aktiengesetz eine »Einmann-Gründung« zu. Damit sind Risiken verbunden, die in § 36 Abs. 2 AktG geregelt sind. Bei Bargründungen und gemischten Bar- und Sachgründungen kann die Gesellschaft erst dann zur Eintragung in das Handelsregister angemeldet werden, wenn auf jede Aktie der eingeforderte Betrag ordnungsgemäß gezahlt worden ist. Wer über die Werthaltigkeit derartiger Sicherungen falsche Angaben macht oder dabei erhebliche Umstände verschweigt, macht sich nach § 399 Abs. 1 Nr. 1 AktG strafbar.

Diese Norm ist gleichzeitig Schutzgesetz im Sinne des § 823 Abs. 2 BGB (Kindler, NJW 1994, S. 3042) und kann somit Schadensersatzansprüche auslösen.

Die »Ein-Personen-AG« ist beim Handelsregister anzumelden. Nach § 42 AktG hat die Gesellschaft die Tatsache der Übernahme aller Aktien durch eine Person sowie deren Identität dem Handelsregister anzumelden.

Des weiteren erleichtert das Gesetz die Aufsichtsratsbestellung und verzichtet auf die Pflicht zur Hinterlegung des Gründungsberichts bei der IHK (§ 34 Abs. 3 AktG).

Einberufung und Ablauf der Hauptversammlung

Die stringenten Formvorschriften im Zusammenhang mit der Einberufung und dem Ablauf der Hauptversammlung wurden gelockert. So kann nach § 121 Abs. 4 AktG die Hauptversammlung mit eingeschriebenem Brief einberufen werden. Entsprechendes gilt für die Bekanntmachung der Tagesordnung und der Minderheitsverlangen.

Auch die eigentliche Durchführung der Hauptversammlung ist weit weniger an Formvorschriften gebunden. Kleinere AGs sollen ohne größeren Zeit-, Verwaltungs- und Kostenaufwand an jedem beliebigen Ort und zu jeder Zeit Hauptversammlungsbeschlüsse herbeiführen können. Auch die kostenintensiven notariellen Beurkundungen sämtlicher Hauptversammlungsbeschlüsse bestehen hier nur eingeschränkt, nämlich bei sog. Grundlagenbeschlüssen, für die das Gesetz eine 3/4 – oder größere Mehrheit bestimmt. Im wesentlichen geht es hier um Beschlüsse über Satzungsänderungen, Kapitalerhöhung, Kapitalherabsetzung, Auflösung der Gesellschaft, wesentliche konzernrechtliche Entscheidungen und Verschmelzung, Vermögensübertragung und Umwandlung.

Mitbestimmung

Aktiengesellschaften mit weniger als 500 Arbeitnehmern, die ab dem 10.08.1994 ins Handelsregister eingetragen werden, werden mitbestimmungsrechtlich der GmbH gleichgestellt (vgl. S. 102 f.).

Daneben gibt es noch weitere Vereinfachungsvorschriften. Zur Vertiefung wird auf die Ausführungen von Kindler (NJW 1994, S. 3041 – 3048) verwiesen.

Haftung der Vorstands- und Aufsichtsratsmitglieder

Die Haftung von Vorstands- und Aufsichtsratsmitgliedern »kleiner« AGs ist mit denen der »normalen« AG identisch. Auf die dortigen Ausführungen wird verwiesen.

Entwicklung

Erste Bewertungen und Ausblicke über die praktische Effizienz dieser Neuregelungen haben sich als zu optimistisch erwiesen. Bis heute verzeichnet die »kleine« AG keine nennenswerte Anzahl von Gründungen. Es bleibt daher abzuwarten, ob mit den genannten gesetzgeberischen Initiativen die beabsichtigten Ziele erreicht werden.

Dritter Teil

Die zivilrechtliche Haftung des Aufsichtsrates

Allgemeines

Jede Aktiengesellschaft muß einen Aufsichtsrat haben. Zwar schreibt dies das Aktiengesetz nicht ausdrücklich vor, seine Notwendigkeit ergibt sich aber eindeutig aus der gesetzlichen Organisation der AG und aus den gesetzlichen Vorschriften über den Aufsichtsrat. Sie gehen von einem Vorhandensein aus. Eine ausdrückliche Bestimmung über seine Notwendigkeit bedurfte es deshalb nicht (Geßler, § 95 Rdnr. 2). Im AktG sind die Aufgaben des Aufsichtsrats an unterschiedlichen Stellen gesetzlich fixiert. Der Gesetzgeber hat eine echte Aufsicht gefordert, eine Aufsicht, die Unabhängigkeit, Objektivität und Integrität voraussetzt, die Macht hat, sich Einblick zu verschaffen und die Fähigkeit voraussetzt, schwierige rechtliche wie wirtschaftliche und technische Zusammenhänge zu erkennen und ihre Auswirkung auf die Gesellschaft zu beurteilen (Saage, DB 1973, S. 115 f.).
Zu den Hauptaufgaben des Aufsichtsrats gehören:

- Der Aufsichtsrat hat die Geschäftsführung zu überwachen, § 111 AktG, wobei sich die Überwachungspflicht sowohl auf die Vergangenheit als auch in die Zukunft erstreckt.
- Der Aufsichtsrat hat die Mitglieder des Vorstandes zu bestellen, anzustellen und abzuberufen (§ 84 AktG) und die Gesellschaft gegenüber dem Vorstand zu vertreten, § 112 AktG.
- Der Aufsichtsrat hat auf die Erfüllung der dem Vorstand im Falle der Überschuldung bei Zahlungsunfähigkeit und Verlust des hälftigen Grundkapitals aus § 93 AktG ergebenden Pflichten hinzuwirken.
- Der Aufsichtsrat hat zu jedem Gegenstand der Tagesordnung, über den die Hauptversammlung beschließen soll, Vorschläge zur Beschlußfassung zu unterbreiten, § 124 AktG.
- Der Aufsichtsrat hat eine Hauptversammlung einzuberufen, wenn das Wohl der Gesellschaft es erfordert, § 111 Abs. 3 AktG.
- Der Aufsichtsrat hat den Jahresabschluß, den Geschäftsbericht

und den Vorschlag des Vorstandes über die Gewinnverwendung zu prüfen, zu dem Ergebnis der Prüfung durch den Abschlußprüfer Stellung zu nehmen und sich zu erklären, ob Einwendungen dagegen zu erheben sind, § 171 AktG.

- Der Aufsichtsrat einer abhängigen Aktiengesellschaft hat den vom Vorstand zu erstattenden Abhängigkeitsbericht zu prüfen, ihn zum Gegenstand einer besonderen Verhandlung zu machen und über das Ergebnis seiner Prüfung der Hauptversammlung zu berichten, § 314 AktG.

Haftung der Aufsichtsratsmitglieder

In § 116 AktG heißt es:

> *»Für die Sorgfaltspflicht und Verantwortlichkeit der Aufsichtsratsmitglieder gilt § 93 über die Sorgfaltspflicht und Verantwortlichkeit der Vorstandsmitglieder sinngemäß.«*

Insofern kann grundsätzlich auf die Ausführungen zu § 93 AktG und § 43 GmbHG verwiesen werden. Das Aufsichtsratsmitglied haftet demnach sinngemäß wie der Vorstand. Es ist zwar weder rechtlich noch tatsächlich »Geschäftsleiter«, dennoch hat es bei allen seinen Obliegenheiten die Sorgfalt eines ordentlichen und gewissenhaften Geschäftsleiters zu beachten. Darunter ist die Sorgfalt zu verstehen, die ein ordentlicher und gewissenhafter Geschäftsleiter anwenden würde, wenn er sein Geschäft einem Dritten zur selbständigen Leitung überlassen, sich aber wegen seines in dem Geschäft steckenden Kapitals die Überwachung der Geschäftsführung und die Prüfung des Jahresabschlusses vorbehalten hat (Geßler, § 116 Rdnr. 8).

Darin liegt der wesentliche Unterschied gegenüber der Sorgfaltspflicht der Vorstandsmitglieder. Diese müssen sich als Geschäftsleiter um alle Angelegenheiten der Gesellschaft kümmern, insbesondere auch die Angestellten bei der Erledigung der Geschäftsführung beaufsichtigen. Die Überwachungs- und Prüfungspflicht der Aufsichtsratsmitglieder ist dagegen auf **ihre Aufgaben beschränkt.** Außerdem ist aber auch der Umfang ihrer Überwachungs- und Prüfungspflicht begrenzt. Sie haben nicht alle Angelegenheiten der Gesellschaft von Grund auf zu prüfen und zu untersuchen. Der Umfang ihrer Pflichten bestimmt sich nach den ihnen zu erstattenden Berichten und nach den für die Beurteilung einzelner Aufgaben nötigen Unterlagen (Geßler, § 116 Rdnr. 9). Allerdings sind sie immer dann verpflichtet, die ihnen vorgelegten Angelegenheiten tiefer zu prüfen, wenn die ihnen übermittelten Unterlagen und Berichte nicht ordnungsgemäß sind oder sonst Anlaß zum Nachprüfen geben.

Ein weiterer wesentlicher Unterschied bei der Haftung der Aufsichtsratsmitglieder gegenüber Vorständen und Geschäftsführern ist darin zu sehen, daß beim Verschulden **kein objektiver Maßstab** anzulegen ist. Dies liegt im wesentlichen darin begründet, daß man – im Gegensatz zum Vorstand und Geschäftsführer – von einem »typischen« Aufsichtsratsmitglied nicht ausgehen kann. Dazu sind die Aufsichtsratsgremien – insbesondere bei Publikumsgesellschaften – zu heterogen besetzt. Wenn sich die Frage der Sorgfaltspflichtsverletzung und des Verschuldens stellt, so ist immer von den persönlichen Fähigkeiten und Kenntnissen des betroffenen Aufsichtsratsmitglieds auszugehen.

Allerdings gilt hinsichtlich des Verschuldens auch für das Aufsichtsratsmitglied eine **Umkehr der Beweislast,** d.h., bei einer Inanspruchnahme muß es beweisen, daß es seine Pflichten nicht schuldhaft verletzt hat, also wie ein ordentlicher und gewissenhafter Geschäftsleiter gehandelt (überwacht) hat. Die Mitglieder des Aufsichtsrats haben dabei die Möglichkeit, sich dadurch zu entlasten, daß sie die Einhaltung dieser Pflichten beweisen. Dies ist in der Praxis häufig schwierig. Die Gründe liegen auf der Hand: Die Aufsichtsratstätigkeit wird in Deutschland in der Regel nur nebenberuflich und zudem oft bei mehreren Gesellschaften gleichzeitig ausgeübt. Die Gefahr, sich zu verzetteln oder die ihm obliegenden Sorgfaltspflichten aus Zeitgründen nicht mit der erforderlichen Intensität wahrzunehmen, ist für den Aufsichtsrat offenkundig.

Aufgrund des im Aufsichtsrat herrschenden Kollegialsystems, werden gegebenenfalls mehrere oder alle Aufsichtsratsmitglieder ihre Sorgfaltspflicht verletzt haben. Sie haften dann untereinander als Gesamtschuldner (Geßler, § 116 Rdnr. 23). Denkbar – und in der Praxis nicht selten – ist auch eine gemeinsame Inanspruchnahme von Aufsichtsrats- und Vorstandsmitgliedern. Die Haftung aus § 116 in Verbindung mit § 93 AktG besteht gegenüber der Gesellschaft. Dabei tritt die Ersatzpflicht nicht ein, wenn die schädigende Handlung auf einem Beschluß der

Hauptversammlung beruht. Der Ersatzanspruch kann nach § 93 Abs. 5 AktG auch von den Gläubigern der Gesellschaft geltend gemacht werden, soweit sie von dieser keine Befriedigung erlangen können. Eine Haftung gegenüber den einzelnen Aktionären besteht nicht. Das ist eine wesentliche Einschränkung. Die in ihrem Vermögen benachteiligten Aktionäre sind nicht berechtigt, einen Ausgleich für einen erlittenen Nachteil zu verlangen.

Schadensersatzansprüche gegen Aufsichtsratsmitglieder wegen Verletzung ihrer Beratungs- und Überwachungspflichten verjähren in fünf Jahren.

Beispiele zur Haftung der Aufsichtsratsmitglieder

Haftung wegen Bestellung oder unterlassener Abberufung eines ungeeigneten Vorstandsmitglieds

Der Aufsichtsrat bestellt die Mitglieder des Vorstands. Er haftet für die Schäden aus der Bestellung eines fachlich nicht ausreichend qualifizierten Vorstandsmitglieds. Vor, insbesondere aber nach der Bestellung des Vorstandsmitglieds, besteht die Pflicht zur persönlichen Urteilsbildung über dessen Eignung. Wird diese Eignung verneint und die Bestellung nicht widerrufen bzw. nicht gegen eine Verlängerung der Amtszeit gestimmt, besteht eine Haftung für die daraus resultierenden Schäden.

Haftung bei Entsendung ungeeigneter Aufsichtsratsmitglieder

Widerspricht die durch die Hauptversammlung vorgenommene Entsendung einer persönlich oder fachlich ungeeigneten Person in den Aufsichtsrat Treu und Glauben, machen sich die übrigen Mitglieder des Aufsichtsrats ersatzpflichtig, wenn sie diese Entsendung nicht anfechten.

Haftung bei Verstoß gegen Gründungsvorschriften

Bei der Gründung der AG sind die Aufsichtsratsmitglieder zur selbständigen Prüfung der Einhaltung der gesetzlichen Vorschriften verpflichtet. Sie müssen Zweifeln nachgehen, die in einem Revisionsbericht bezüglich der Einhaltung der Gründungsvorschriften geäußert werden.

Haftung bei Ressortaufteilung

Jedes einzelne Aufsichtsratsmitglied hat die Pflicht, alles ihm Mögliche und Zumutbare zu tun, um Schaden von der Gesellschaft abzuwenden. Unabhängig von der konkreten Aufgabenverteilung hat das einzelne Mitglied die Pflicht, auf Verstöße hinzuweisen und selbständig Bericht beim Vorstand anzufordern.

Neben der Pflicht zur Überwachung der Vorstandsmitglieder besteht auch die Pflicht zur Überwachung der »Kollegen« im Aufsichtsrat. Werden Ausschüsse bestellt, haften dessen Mitglieder zusätzlich zur allgemeinen Haftung für ihre Ausschußtätigkeit. Eine Ressortaufteilung innerhalb des Aufsichtsrats führt weder zu einer Haftungsbeschränkung auf das jeweilige Ressort, noch entbindet sie von der Pflicht zur Kontrolle der übrigen Aufsichtsratsmitglieder. Dies ist die Pflicht zur Kontrolle der Kontrolleure als Teil der Organisations- und Mitarbeitspflicht.

Verschärfte Haftung bei Gefährdung des Gesellschaftsvermögens

Die Aufsichtsratsmitglieder sind schadensersatzpflichtig, wenn sie von einer gesetzwidrigen Handlung des Vorstands bei sorgfältiger und gewissenhafter Kontrolle hätten Kenntnis haben müssen. Dies gilt insbesondere, wenn der Vorstand

- Einlagen an die Aktionäre zurückgewährt hat,
- den Aktionären Zinsen oder Gewinnanteile gezahlt hat,
- eigene Aktien der Gesellschaft oder einer anderen Gesell-

schaft gezeichnet, erworben, als Pfand genommen oder eingezogen hat,
- Aktien vor der vollen Leistung des Nennbetrages oder des höheren Ausgabebetrages ausgegeben hat,
- Gesellschaftsvermögen verteilt hat,
- Zahlungen geleistet hat, nachdem die Zahlungsunfähigkeit der Gesellschaft eingetreten war oder sich ihre Überschuldung ergeben hatte,
- Vergütungen oder Kredite an Mitglieder des Aufsichtsrats oder Vorstandes gewährt hat oder
- bei der bedingten Kapitalerhöhung außerhalb des festgesetzten Zweckes oder vor der vollen Leistung des Gegenwertes Bezugsaktien ausgegeben hat.

Haftung des Aufsichtsratsmitglieds bei fehlerhaftem Jahresabschluß

Ist der von einer Wirtschaftsprüfungsgesellschaft erstellte Jahresabschluß fehlerhaft und entsteht hierdurch ein Schaden, so haftet auch der Aufsichtsrat. Die Mitglieder des Aufsichtsrats haben eine selbständige Pflicht zur vollständigen Nachprüfung der Angaben im Geschäftsbericht. Wird beispielsweise die finanzielle Situation der Gesellschaft »schöngefärbt«, so haften die Aufsichtsratsmitglieder gegenüber der Gesellschaft. Im Konkursfall ist auch eine Haftung gegenüber Gläubigern der Gesellschaft für einen daraus entstandenen Schaden denkbar.

Haftung gegenüber Gläubigern bei Überschuldung

Ist die Gesellschaft überschuldet, so muß das Aufsichtsratsmitglied überwachen, daß der Vorstand fristgemäß die Eröffnung des Konkursverfahrens oder Vergleichsverfahrens beantragt. Geschieht dies nicht rechtzeitig und haben die Mitglieder des Aufsichtsrats diese Überwachungspflicht schuldhaft verletzt, haften sie den Gläubigern der Gesellschaft unmittelbar für den daraus entstandenen Schaden.

Haftung für Beeinflussungsfehler

- Hätte ein Aufsichtsrat bei ausreichender Kontrolle verhindern können, daß der Vorstand auf Weisung eines Hauptaktionärs Aktien unter Zeitdruck unter Preis veräußert, so haftet er für einen der Gesellschaft daraus entstehenden Schaden.
- Eine Schadensersatzpflicht besteht auch dann, wenn ein Aufsichtsratsmitglied ohne rechtliche oder kaufmännische Rechtfertigung dem Vorstand den Abschluß eines für die Gesellschaft schädlichen Rechtsgeschäfts nahelegt.
- Überschreitet das Aufsichtsratsmitglied seine Kompetenz zur Überwachung und Beratung und erteilt konkrete Weisungen zur Vornahme bestimmter Geschäfte, so liegt in dieser Kompetenzüberschreitung selbst ein Pflichtenverstoß. Dies gilt auch dann, wenn die Weisung im Moment der Erteilung fachlich korrekt erschien. Führt das Geschäft dann später zu einem Verlust für die Gesellschaft, haftet der Aufsichtsrat selbst dann, wenn die Weisung inhaltlich keinen Verstoß gegen den Haftungsmaßstab der »Sorgfalt eines ordentlichen und gewissenhaften Geschäftsleiters« darstellt.

Haftung bei Verletzung der Informationspflichten

- Die Mitglieder des Aufsichtsrats haften, wenn sie Informationen über die negative Geschäftsentwicklung nicht rechtzeitig an den Vorstand weiterleiten und hierdurch der Aktiengesellschaft ein Schaden entsteht.
- Der Aufsichtsrat haftet, wenn er Informationen über Unregelmäßigkeiten in der Gesellschaft nicht weiterleitet und nicht in gehörigem Umfang überprüft.
- Die Mitglieder des Aufsichtsrats sind verpflichtet, den Vorstand zu ausreichender Berichterstattung anzuhalten und sich rechtzeitig und umfassend über die Geschäftslage zu informieren.
- Der Aufsichtsrat muß nicht nur bei klar erkannten Mißständen entsprechende Untersuchungen anstellen, sondern immer dann, wenn der Verdacht von Unregelmäßigkeiten auftaucht, aktiv nachforschen.

Haftung bei Verletzung der Verschwiegenheitspflicht

- Die Mitglieder des Aufsichtsrats haben die Pflicht, über vertrauliche Angaben und Geheimnisse der Gesellschaft Stillschweigen zu bewahren. Gelangen derartige Betriebsinterna nach außen und entsteht dadurch der Gesellschaft ein Schaden, ist das Aufsichtsratsmitglied schadensersatzpflichtig.

Exkurs: Die zivilrechtliche Haftung leitender Angestellter

(Überblick)

Exkurs deshalb, weil – vgl. die Einleitung S. 15 – nur die Haftung der Organmitglieder behandelt werden soll. Auf sie sind die spezifischen Haftungsnormen des GmbHG und AktG zugeschnitten. Vielfach, besonders bei sehr großen Unternehmen, werden aber wichtige und für die Gesellschaft bedeutsame Aufgaben von Mitarbeitern wahrgenommen, die nicht gesetzliche Vertreter ihrer Gesellschaft sind, aber hinsichtlich ihrer faktischen Machtbefugnisse mit diesen durchaus vergleichbar sind. Die Rede ist von **leitenden Angestellten,** die häufig Titel haben wie: **Generalbevollmächtigter, Prokurist** oder **Mitglied der Geschäftsleitung.**

Die Haftung der leitenden Angestellten unterscheidet sich grundlegend von der der Organe – sie haften nur wie »normale« Arbeitnehmer. Zwischen ihnen und ihrer Gesellschaft besteht kein Organ-, sondern ein Arbeitsverhältnis; von daher werden Streitigkeiten zwischen leitenden Angestellten und Organen vor Arbeitsgerichten ausgetragen.

Im **Innenverhältnis** hat das Unternehmen gegenüber leitenden Angestellten dann Schadensersatzansprüche, wenn arbeitsvertragliche Pflichten schuldhaft verletzt werden. Anspruchsgrundlage ist eine positive Vertragsverletzung des Arbeitsverhältnisses (Schlechtleistung).

Wichtig ist die Ermittlung des Pflichtenkreises des betroffenen leitenden Angestellten. Dieser ergibt sich aus dem Arbeitsvertrag sowie der tatsächlich ausgeübten Fuktion. Neben der Verpflichtung zur ordnungsgemäßen Arbeitsleistung obliegen dem leitenden Angestellten Loyalitäts-, Obhuts- und Verschwiegenheitspflichten. Er hat ebenso wie der Vorstand oder Geschäftsführer die Vermögensinteressen des Unternehmens in dem Bereich zu wahren, auf den sich seine Zuständigkeit bezieht und auf den er Einfluß hat (Thümmel, Rdnr. 40). Die Haftung des leitenden Angestellten setzt voraus, daß er seine Pflichten **schuldhaft** verletzt hat. Sorgfaltsmaßstab ist § 276 BGB, d.h., die im Verkehr erforderliche Sorgfalt ist zu beachten. Ebenso wie bei der Organhaftung gilt ein objektiver Verschuldensmaßstab.

Der wesentliche Unterschied zwischen Organhaftung und allgemeiner Arbeitnehmerhaftung liegt darin, daß für Arbeitnehmer **arbeitsrechtliche Haftungsmilderungen** gelten (vgl. S. 34). Dieses Haftungsprivileg galt bis zu einem Beschluß des Großen Senats des Bundesarbeitsgerichtes vom 27.09.1994 (NJW 1995, S. 210 ff.) nur für die sog. **gefahrgeneigte Arbeit.** Darunter verstand man eine Arbeit, die es nach ihrer Eigenart mit großer Wahrscheinlichkeit mit sich bringt, daß auch dem sorgfältigen Arbeitnehmer gelegentlich Fehler unterlaufen, die – für sich allein betrachtet – zwar jedes Mal vermeidbar sind, mit denen aber angesichts der menschlichen Unzulänglichkeit erfahrungsgemäß zu rechnen ist. Seit dieser Entscheidung gelten die Haftungsprivilegien für alle Arbeitnehmer, also auch für leitende Angestellte, die keine gefahrgeneigte Arbeit ausüben. Die Haftung ist abhängig vom Grad seines Verschuldens:

Vorsatz: Volle Haftung des Arbeitnehmers

Leichte Fahrlässigkeit: Keine Haftung des Arbeitnehmers

Bei **grober Fahrlässigkeit** haftet üblicherweise der Arbeitnehmer voll, wobei in Extremsituationen eine Quotelung möglich ist.

Bei **mittlerer Fahrlässigkeit** wird der Schaden immer zwischen Arbeitgeber und Arbeitnehmer gequotelt. Dabei kommt es auf den Einzelfall an, also auf die Gesamtumstände von Schadenanlaß und -folge. Grundsätze der Billigkeit und Zumutbarkeitsgesichtspunkte sind in die Abwägung miteinzubeziehen. Insgesamt liegt in der vom Grad des Verschuldens abhängigen Einstandspflicht eine erhebliche Erleichterung auch für den leitenden Angestellten, da mittlere und grobe Fahrlässigkeit im Regelfall schwerwiegende Fehlleistungen erfordern.

Im Unterschied zur Organhaftung obliegt dem Unternehmen bei der Arbeitnehmerhaftung die volle Darlegungs- und Beweislast für Pflichtverletzung, Verschulden, Kausalität und Schaden. Wenn auch dem Unternehmen gelegentlich der zivilprozessuale »Beweis des ersten Anscheins« zur Hilfe kommen mag, so liegt doch auch hierin eine wichtige Erleichterung für den leitenden Angestellten im Vergleich zu Vorstand und Geschäftsführer (Thümmel, Rdnr. 43). Die Haftung des leitenden Angestellten birgt daher ein deutlich geringeres Risiko – auch in den Fällen, in denen seine Tätigkeit durchaus vergleichbar mit der des Vorstandes oder Geschäftsführers ist.

Hinsichtlich der Haftung im **Außenverhältnis** gelten die gleichen Haftungsgrundsätze wie bei den Organen. Der Unterschied liegt lediglich darin, daß einige der für Organe geltende Schutzgesetze im Sinne des § 823 Abs. 2 BGB bei leitenden Angestellten nicht greifen, da es sich um originäre Pflichten der Organmitglieder handelt. Zu erwähnen sind hier die Konkursantragspflicht oder die Abgabe von Steuererklärungen. Dennoch hat auch hier der leitende Angestellte im Vergleich zum Organ ein Haftungsprivileg. Wird er von Dritten in Anspruch genommen, so hat er gegenüber seinem Arbeitgeber einen **Freistellungsanspruch.** Das Ausmaß des Freistellungsanspruchs bemißt sich danach, inwieweit bei unmittelbarer Schädigung des Arbeitgebers dessen Schadensersatzanspruch nach obigen Grundsätzen entfiele. Das bedeutet volle Freistellung, falls der Arbeitgeber keinen Anspruch hätte (bei leichter Fahrlässigkeit des leitenden Angestellten), ansonsten ein quotenmäßiger Freistellungsanspruch. Die Freistellung entfiele erst bei grober Fahrlässigkeit und Vorsatz (Thümmel, Rdnr. 45). Zu bedenken ist aber, daß dieser interne Freistellungsanspruch nur solange und soweit zum Tragen kommt, wie der Arbeitgeber leistungsfähig ist. Bei einer Insolvenz läuft der Freistellungsanspruch ins Leere und der leitende Angestellte haftet Dritten gegenüber in voller Höhe.

Vierter Teil

Strafrechtliche Verantwortung im Unternehmen

Allgemeines

Im Bereich unternehmerischer Risiken gewinnt das **Strafrecht** immer mehr an Bedeutung. Insbesondere in Fällen der
- strafrechtlichen **Umweltverantwortung,**
- strafrechtlichen **Produktverantwortung** und der
- strafrechtlichen **Betriebsstättenverantwortung**

ist seit Jahren ein kontinuierlicher – im Umweltstrafrecht sogar drastischer – Anstieg der Ermittlungsverfahren zu verzeichnen. Immer mehr Bedeutung haben auch Ermittlungs-, Straf- und Ordnungswidrigkeitenverfahren aus den Bereichen
- Steuerrecht,
- Außenwirtschaftsrecht,
- Wettbewerbsrecht,
- Wertpapierrecht (Insider-Verstöße).

Eine an Risikovermeidung und -minimierung orientierte Unternehmenspolitik wird sich deshalb immer mehr auch mit dem Strafrecht, strafrechtlichen Sanktionen und entsprechenden Vermeidungsstrategien auseinandersetzen müssen. Dies gilt in besonderem Maße für Mitglieder der Geschäftsleitung, also **AG-Vorstände** und **GmbH-Geschäftsführer,** aber auch für alle sonstigen Führungskräfte. Es ist eine immer stärker zunehmende Tendenz zu erkennen, sie in strafrechtliche Ermittlungen miteinzubeziehen, ja sogar die Ermittlungen von Anfang an auf die Leitungsebene zu konzentrieren.

Dabei ist eines von besonderer Bedeutung:

Das deutsche Kernstrafrecht ist gekennzeichnet durch die Straffähigkeit ausschließlich natürlicher Personen, d. h., Kriminalstrafen können sich nur gegen Menschen richten, während gegen das Unternehmen als solches keine Sanktionen verhängt werden können. Strafrechtliche Verantwortung ist deshalb eine höchstpersönliche Verantwortung.

Es würde den Rahmen dieses Buches sprengen, das gesamte

Spektrum des Strafrechts aufzuzeigen. Im folgenden sollen deshalb nur die aus Unternehmenssicht wichtigsten Aspekte näher betrachtet werden.

Grundzüge der Strafbarkeit

Eine Straftat liegt dann vor, wenn drei Merkmale erfüllt sind:

1. Verstoß gegen Straftatbestand
2. Rechtswidrigkeit des Tuns (bzw. Unterlassens)
3. Verschulden

Verstoß gegen Straftatbestand

Straftaten sind Verhaltensweisen, die in Gesetzen beschrieben und mit Strafe bedroht sind. Die in Frage stehende Handlung muß alle im Strafgesetz abstrakt beschriebenen Merkmale erfüllen. In diesem Zusammenhang ist die durch das Grundgesetz gesicherte »Berechenbarkeitsfunktion des Strafrechts« von Bedeutung. Nach Art. 103 Abs. 2 GG kann eine Tat nur bestraft werden, wenn die Strafbarkeit gesetzlich bestimmt war, bevor die Strafe begangen wurde. Hieraus folgt zunächst die Verpflichtung des Gesetzgebers, die Voraussetzungen der Strafbarkeit so konkret zu umschreiben, daß Inhalt und Ausmaß der strafrechtlichen Bestimmungen für jeden erkennbar sind. Das Gesetz muß eine »konkretisierbare Aussage darüber treffen, welche Verhaltensweisen mit Strafe bedroht sein sollen und wo die Grenze des Strafbaren verläuft« (BVerfG wistra 1989, S. 139).

Der Gesetzesverstoß kann sich sowohl in einem **positiven Tun** als auch in einem pflichtwidrigen **Unterlassen** realisieren. Gerade Unterlassungsdelikte spielen im Unternehmensstrafrecht eine bedeutsame Rolle.

Man unterscheidet bei Unterlassungsdelikten echte und unechte Unterlassungsdelikte.

Echte Unterlassungsdelikte sind diejenigen Tatbestände, bei denen die Nichtbefolgung eines Gebotes mit Strafe bedroht ist. Das Unterlassen selbst ist im Straftatbestand umschrieben (»Wer es unterläßt . . .«).

Beispiele:

- Unterlassene Hilfeleistung, § 323 c StGB
- Unterlassene Buchführung, § 283 b StGB
- Unterlassene Konkursantragsstellung, § 64 Abs. 1 GmbHG, § 401 AktG

In der (Unternehmens-)Praxis wesentlich bedeutsamer sind die **unechten Unterlassungsdelikte.** Auch bei Tatbeständen, die üblicherweise nur durch aktives Tun verwirklicht werden können, kann im Einzelfall der Deliktserfolg durch Unterlassen herbeigeführt werden, **§ 13 StGB:**

> *»Wer es unterläßt, einen Erfolg abzuwenden, der zum Tatbestand eines Strafgesetzes gehört, ist nach diesem Gesetz nur dann strafbar, wenn er rechtlich dafür einzustehen hat, daß der Erfolg nicht eintritt, und wenn das Unterlassen der Verwirklichung des gesetzlichen Tatbestandes durch ein Tun entspricht . . .«*

Die Tat wird also dadurch verwirklicht, daß der Täter nichts getan hat, obwohl er etwas hätte tun müssen. Das Unterlassen ist strafrechtlich also dann relevant, wenn eine **Pflicht zum Tätigwerden** bestand. Sie besteht für den sog. Garanten.

Die Garantenstellung bei unechten Unterlassungsdelikten

Die Garantenstellung kann sich aus den unterschiedlichsten Gründen ergeben. Man unterscheidet den Beschützer- und den Überwachergaranten. Der **Beschützergarant** hat die Pflicht zum Schutz eines bestimmten Rechtsguts vor unbestimmt vielen Gefahren aus

- natürlicher Verbundenheit
  Beispiel: Ehegatten, Eltern / Kinder
- enger Gemeinschaftsbeziehung
  Beispiel: Vertrauensgemeinschaft (z. B. Arbeitskollegen); die bewußt eingegangene Gefahrengemeinschaft (z. B. Expeditionen) und enge, auf Treu und Glauben gegründete Geschäftsbeziehungen (Kredit-, Bank- und Versicherungsgeschäfte)
- tatsächlicher Gewährübernahme
  Beispiel: Überwachung einer Anlage
- Rechtssatz
  Beispiel: Gesetze, Rechtsverordnungen, Gewohnheitsrecht

Der **Überwachergarant** hat die Pflicht zum Schutz unbestimmt vieler Rechtsgüter vor einer bestimmten Gefahr aus

- Ingerenz
  d. h. vorausgegangenes gefährdendes Tun.

Wer durch sein Handeln oder pflichtwidriges Unterlassen die Gefahr für den Eintritt schädlicher Erfolge begründet oder gestaltet hat, ist verpflichtet, die drohenden Schäden zu verhindern. Nach ständiger Rechtsprechung des BGH muß das vorangegangene gefährdende Tun pflichtwidrig bzw. rechtswidrig gewesen sein.

Beispiele aus der Unternehmenspraxis:
- Nichtabsichern einer Baugrube,
- Nichtdurchführen der Rückrufaktion eines als gefährlich erkannten Produktes,
- Nichtentsorgen eines Bodens, über den Gefahrstoffe durch einen leckgeschlagenen Tank das Grundwasser zu verseuchen drohen.

- Beherrschung einer Gefahrenquelle

Eine im eigenen Herrschaftsgebiet liegende Gefahrenquelle verpflichtet zur Kontrolle und zur Abwehr von Schäden. Diese Fallgruppe spielt insbesondere bei Unternehmensdelikten eine besondere Rolle. Prinzipiell trifft diese Garantenstellung jeden

Betreiber einer gefährlichen Anlage hinsichtlich Emissionen, Immissionen und insbesondere der Anlagensicherheit.

Rechtswidrigkeit

Die tatbestandsmäßige Handlung muß rechtswidrig sein, d.h. mit der Rechtsordnung im ganzen in Widerspruch stehen. Grundsätzlich ergibt sich die Rechtswidrigkeit der Tat aus der Normverletzung als solcher (Indizwirkung). Mit der Verwirklichung des Tatbestandes wird demzufolge die Rechtswidrigkeit indiziert – als allerdings widerlegbare Vermutung. Eine Rechtswidrigkeit liegt immer dann nicht vor, wenn Rechtfertigungsgründe vorliegen.

Als solche kommen in Betracht:

- Notwehr, § 32 StGB
- Rechtfertigender Notstand, § 34 StGB
- Festnahmerecht, § 127 StPO
- Rechtfertigende Einwilligung
- Allgemeine Selbsthilfe, § 229 BGB

Verschulden

Weitere Voraussetzung einer Strafbarkeit ist das Verschulden. Ein Verschulden liegt nur dann vor, wenn die Tat dem speziellen Täter vorgeworfen werden kann: **Schuld ist Vorwerfbarkeit.** Die Schuld setzt folgende Merkmale voraus:

- Der Täter muß schuldfähig sein, d.h. aufgrund seines Alters und seines geistig-seelischen Zustandes einsichtsfähig sein (**Schuldfähigkeit**).
- Der Täter wußte, was er tat (**Vorsatz**) oder er hätte wissen müssen, was er tat (**Fahrlässigkeit**).
- Der Täter wußte oder hätte zumindest wissen müssen, daß sein Tun unrecht ist (**Unrechtsbewußtsein**).
- Fehlen von Schuldausschließungsgründen.

Schuldfähigkeit

Schuldunfähig sind Kinder unter 14 Jahren (§ 19 StGB). Jugendliche zwischen 14 und 18 Jahren sind bedingt schuldfähig, § 3 JGG. Erwachsene hingegen sind grundsätzlich schuldfähig. Eine Ausnahme bildet § 20 StGB. Danach handelt ohne Schuld, wer bei Begehung der Tat wegen einer krankhaften seelischen Störung, wegen einer tiefgreifenden Bewußtseinsstörung oder wegen Schwachsinns oder einer schweren anderen seelischen Abartigkeit unfähig ist, das Unrecht der Tat einzusehen oder nach dieser Einsicht zu handeln. Ist aus diesen Gründen die Einsichtsfähigkeit zwar nicht ausgeschlossen, aber doch erheblich gemindert, so kommt eine Schuldminderung in Betracht, § 21 StGB.

Vorsatz und Fahrlässigkeit

Unter Vorsatz versteht man ein bewußtes und gewolltes Herbeiführen einer Straftat. Der Vorsatz setzt voraus, daß der Täter bei der Handlung sämtliche Tatbestandsmerkmale entweder **kennt** oder sich ihren Eintritt **vorstellt** und sämtliche Tatbestandsmerkmale **verwirklichen** will. Es gibt verschiedene Stufen des Vorsatzes.

- **Absicht:**
  Dem Täter kommt es auf den als möglich vorgestellten Erfolg an.
- **Direkter Vorsatz:**
  Der Täter weiß oder sieht als sicher voraus, daß er den Tatbestand verwirklicht.
- **Eventualvorsatz:**
  Der Täter hält die Verletzung des Gesetzes für möglich und nimmt sie billigend in Kauf.

Fahrlässig handelt, wer einen Tatbestand rechtswidrig verwirklicht, ohne dies zu wollen oder zu erkennen, und wenn ihm dies vorzuwerfen ist. Dabei ist auf die subjektiven Kenntnisse und Fähigkeiten des Täters abzustellen. Man unterscheidet die

- **bewußte Fahrlässigkeit:**
  Sie liegt vor, wenn der Täter zwar erkennt, daß er den Tatbestand möglicherweise verwirklicht, aber pflichtwidrig darauf vertraut, dies werde nicht geschehen;
- **unbewußte Fahrlässigkeit:**
  Sie liegt vor, wenn der Täter nicht voraussieht, daß er den Tatbestand verwirklicht, dies hätte aber erkennen können.

Beide Schuldformen reichen zur Strafbarkeit aus. Manche Straftatbestände sprechen von einem leichtfertigen Handeln, was in etwa der groben Fahrlässigkeit im Zivilrecht entspricht.

Wichtig:

Eine fahrlässige Begehungsweise kann gemäß § 15 StGB nur dann zur Strafbarkeit führen, wenn dies im Gesetz ausdrücklich bestimmt ist. Dies ist bei den meisten Straftatbeständen aus dem Bereich Umwelt-, Produkt- und Betriebsstättenrisiko der Fall.

Unrechtsbewußtsein

Neben dem Vorliegen von Vorsatz und Fahrlässigkeit ist das Unrechtsbewußtsein gesondert zu überprüfen. Bei Vorsatzdelikten muß der Täter demnach wissen, daß sein Handeln rechtswidrig war, bei Fahrlässigkeit hätte er dies zumindest erkennen müssen.

Schuldausschließungsgründe

Im Unternehmensstrafrecht spielen Schuldausschließungsgründe (z.B. entschuldigender Notstand nach § 35 StGB) keine besondere Rolle.

Irrtum

Der Täter kann sich irren. Dabei ist zu prüfen, worüber sich der Täter irrt: Kennt der Täter die Umstände nicht, die zum gesetzlichen Tatbestand gehören, so spricht man von **Tatbestandsirrtum.** Weiß er hingegen, was er tut, aber nicht, daß sein Tun strafbar ist, so liegt ein **Verbotsirrtum** vor. Wer sich in einem Tatbestandsirrtum befindet, kann nach § 16 StGB allenfalls noch wegen einer Fahrlässigkeitstat bestraft werden. Der Verbotsirrtum nach § 17 StGB läßt die Schuld nur dann entfallen, wenn er für den Täter unvermeidbar war. Im Bereich des Unternehmensstrafrechts sind folgende Fälle von besonderer Bedeutung (vgl. Schmidt-Hieber in: Müller-Gugenberger, § 8 Rdnr. 4 ff.).

- **Subsumtionsirrtum**

Ein Täter handelt bereits dann vorsätzlich, wenn er ein Tatbestandsmerkmal zwar nicht nach seiner gesetzlichen Bezeichnung, wohl aber nach seinem Wesen kennt. Die rechtlich richtige Subsumtion ist für den Vorsatz unerheblich. Ausreichend ist eine zutreffende »Parallelwertung in der Laiensphäre«. In solchen Fällen liegt ein Verbotsirrtum in Form des Subsumtionsirrtums vor.

- **Irrtum bei Blankettgesetzen**

Gerade im Bereich des Unternehmensstrafrechts gibt es viele sog. **Blankettgesetze.** Bei diesen ergibt sich die Beschreibung der strafbaren Handlung nicht allein und ausschließlich aus dem Straftatbestand, sondern erst im Zusammenhang mit weiteren Vorschriften. Bei einem großen Teil der Konkursstraftatbestände (§ 283 ff. StGB) handelt es sich um Blankettgesetze. Blankettausfüllende Normen hierzu finden sich im HGB, AG, GmbHG und anderen Vorschriften. Um Blankett-Tatbestände handelt es sich auch bei der Steuerhinterziehung und dem Subventionsbetrug. § 370 AO (Steuerhinterziehung) wird durch steuerrechtliche Vorschriften, § 264 StGB (Subventionsbetrug) durch die einschlägigen subventionsrechtlichen Bestimmungen ausgefüllt.

Die Rechtsprechung geht davon aus, daß zum Tatbestand auch die Merkmale einer blankettausfüllenden Norm gehören. Das bedeutet: Das Blankettgesetz ist so zu lesen, als stünde die Ausfüllungsnorm im Strafgesetz. Daraus folgt: Kennt der Täter die Existenz der blankettausfüllenden Norm nicht, so liegt nur ein nach § 17 StGB zu beurteilender Verbotsirrtum vor. Irrt er hingegen über ein Tatbestandsmerkmal der Ausfüllungsnorm, so fehlt es am Vorsatz. Der Täter befindet sich hier in einem Tatbestandsirrtum.

Beispiel:

Dem Geschäftsführer einer in Konkurs gegangenen GmbH wird vorgeworfen, Bilanzen nicht innerhalb von drei Monaten nach Ablauf des Geschäftsjahres erstellt zu haben. Beruft er sich darauf, er habe von der Bilanzierungspflicht nichts gewußt, befindet er sich in einem Irrtum über die Existenz einer blankettausfüllenden Norm (hier: § 242 HGB). Es liegt also nur ein Verbotsirrtum nach § 17 StGB vor. Trägt der Geschäftsführer hingegen unwiderlegbar vor, er sei davon ausgegangen, sein Steuerberater werde die Bilanzen rechtzeitig erstellen, so fehlt es wegen eines Tatbestandsirrtums an einem vorsätzlichen Handeln. Hier kommt nur noch eine Bestrafung wegen einer Fahrlässigkeitstat in Betracht.

- **Nichtkennen einer Verbotsnorm**

Bei der Vielfalt und Komplexität bestehender Normen, kann es nicht ausbleiben, daß die Betreffenden nicht jede Vorschrift kennen. Dies insbesondere deshalb, da viele Straftatbestände in Nebengesetzen geregelt sind, die häufig auch Juristen unbekannt sind. In diesen Fällen ist **§ 17 StGB** anwendbar:

»Fehlt dem Täter bei Begehung der Tat die Einsicht, Unrecht zu tun, so handelt er ohne Schuld, wenn er diesen Irrtum nicht vermeiden konnte. Konnte der Täter den Irrtum vermeiden, so kann die Strafe nach § 49 Abs. 1 gemildert werden.«

Zu prüfen ist demnach, ob der Irrtum vermeidbar oder unvermeidbar war. War er unvermeidbar, führt dies zum Schuldausschluß. Die Rechtsprechung verlangt hierbei eine Gewissensanspannung und entscheidet danach, inwieweit die Gewissensanspannung zumutbar ist. Vermeidbar ist demnach ein Verbotsirrtum dann, wenn der Täter das Unrecht der Tatbestandsverwirklichung »bei der ihm zumutbaren Anspannung des Gewissens hätte erkennen können und sich trotzdem in Freiheit zu ihr entschloß«. Unvermeidbar und damit zum Schuldausschluß führend, ist der Verbotsirrtum nur, wenn er unüberwindlich ist (BGH St 2, 194, 209).

Das Maß der erforderlichen Gewissensanspannung hängt vom Einzelfall und dem Lebens- und Berufskreis des Betroffenen ab. Es ist heute anerkannt, daß insbesondere Geschäftsführer und Vorstände, aber auch hochrangige Führungskräfte die Pflicht haben, sich im Zweifel durch Befragung kompetenter Personen oder Institutionen kundig zu machen. Diese Pflicht ist eine Holschuld. In Rechtsfragen sind kompetente Rechtsanwälte zu konsultieren, in Steuerfragen qualifizierte Steuerberater, bei unternehmensbezogenen Risikobereichen die entsprechenden Behörden oder Verbände. Hierbei ist ein Verbotsirrtum allerdings nicht schon dann vermeidbar, wenn es der Betroffene generell unterlassen hat, derartige Auskünfte einzuholen. Vielmehr bedarf es der weiteren Feststellung, daß die Einholung von Auskünften dem Betroffenen tatsächlich auch die Erkenntnis verschafft hätte, sein Handeln könne rechtswidrig sein.

Insbesondere für die Mitglieder der Geschäftsleitung besteht nach dem »Lederspray-Urteil« (S. 177 ff.) und dem »Holzschutzmittel-Prozeß« (S. 197 ff.) eine gesteigerte Pflicht – auch unabhängig von der Ressortzuständigkeit –, schon bei geringsten Zweifeln aktiv zu werden und alles ihnen Mögliche und Zumutbare zu tun, um die Rechts- und Sachlage umfassend zu klären. So formuliert das **Bundesverfassungsgericht:**

»Die Kenntnis der Regelungen im StGB, das die wesentlichen Straftatbestände zusammenfaßt, darf im allgemeinen erwartet werden. Darüber hinaus ist von Betreibern gewisser technischer Anlagen zu verlangen, daß sie über die einschlägigen Vorschriften unterrichtet sind.« (**BVerfG, 75 Bd., S. 329 ff.**)

Versuch

Sofern der Betroffene nicht alle Tatbestandsmerkmale einer Strafnorm erfüllt, kommt eine Strafbarkeit wegen Versuchs in Betracht. Der Versuch einer Straftat liegt vor, wenn jemand nach seiner Vorstellung von der Tat zur Verwirklichung des Tatbestandes unmittelbar angesetzt hat, § 22 StGB.

Der Versuch eines Verbrechens ist stets strafbar, der Versuch eines Vergehens nur dann, wenn das Gesetz es ausdrücklich bestimmt.

Im Unternehmensstrafrecht sind fast ausschließlich Vergehen relevant, so daß immer im Einzelfall geprüft werden muß, ob eine versuchte Tathandlung zur Strafbarkeit führt.

Täter und Teilnehmer

Täter einer Straftat ist, wer sämtliche Tatbestandsmerkmale in seiner Person verwirklicht. Zu differenzieren ist noch zwischen:

- **Alleintäter:**
  Erfüllt in seiner Person alle Tatbestandsmerkmale.
- **Mittäter:**
  Begeht zusammen mit einem anderen eine Straftat. Erforderlich ist ein bewußtes und gewolltes Zusammenwirken mehrerer Personen.
- **Nebentäter:**
  Begeht unabhängig von einem anderen dieselbe Straftat.
- **mittelbarer Täter:**
  Begeht die Straftat durch einen anderen.

Beispiel:

Ein Werksleiter weist einen völlig ahnungslosen Mitarbeiter

an, ein Ventil aufzudrehen. Dadurch gelangen kontaminierte Stoffe in das Grundwasser. Hier wird wegen Gewässerverunreinigung nach § 324 StGB nicht der ahnungslose Mitarbeiter bestraft, sondern der Werksleiter als mittelbarer Täter.

Teilnehmer einer Straftat ist, wer zu dieser angestiftet oder Beihilfe geleistet hat.

Unter **Anstiftung** versteht man das vorsätzliche Veranlassen zu einer vorsätzlichen Tat, § 26 StGB.

Unter **Beihilfe** versteht man die vorsätzliche Hilfeleistung zu einer vorsätzlichen rechtswidrigen (fremden) Tat, § 27 StGB.

Sowohl der Gehilfe wie der Anstifter werden wie ein Täter bestraft.

Zur Strafbarkeit von AG-Vorständen und GmbH-Geschäftsführern

Hier ist grundsätzlich zu unterscheiden zwischen Strafvorschriften, deren Normadressat

- das Organ selbst,
- die Gesellschaft ist.

Schließlich kann sich eine strafrechtliche Verantwortung auch aus allgemeinen Vorschriften des Straf- oder Ordnungswidrigkeitenrechtes ergeben.

Es würde zu weit führen, wollte man die einzelnen Strafvorschriften hier näher kommentieren. Auf die im Literaturverzeichnis aufgeführten Kommentare von Kohlmann und Tiedemann wird verwiesen. Hier deshalb nur eine Übersicht:

Spezielle Strafvorschriften für Organe

Es gibt Vorschriften, deren ausschließlicher Normadressat das Organ ist. Diese Straftatbestände können nur von gesetzlichen Vertretern der juristischen Person verwirklicht werden. Die wichtigsten Vorschriften sind:

- **§§ 82 GmbHG, 399 AktG**
  Falsche Angaben
- **§§ 84 GmbHG, 401 AktG, 55 KWG**
  Pflichtverletzung bei Verlust, Zahlungsunfähigkeit oder Überschuldung
- **§§ 85 GmbHG, 404 AktG**
  Verletzung der Geheimhaltungspflicht

- **§ 283 Abs. 1 Nr. 5 u. 7 StGB**
  Bankrott

- **§ 283 b StGB**
  Verletzung der Buchführungspflicht

Strafrechtliche Verantwortung gemäß § 14 StGB

Es gibt Sonderdelikte, deren Normadressat in erster Linie die Gesellschaft selbst ist. Da diese als solche deliktsunfähig ist, richtet sich die strafrechtliche Verantwortung des Organs nach § 14 StGB. Man spricht hier von der sog. **Organhaftung.**

§ 14 StGB (Handeln für einen anderen)

»(1) Handelt jemand

1. *als vertretungsberechtigtes Organ einer juristischen Person oder als Mitglied eines solchen Organs,*
2. *als vertretungsberechtigter Gesellschafter einer Personenhandelsgesellschaft oder*
3. *als gesetzlicher Vertreter eines anderen, so ist ein Gesetz, nach dem besondere persönliche Eigenschaften, Verhältnisse oder Umstände (besondere persönliche Merkmale) die Strafbarkeit begründen, auch auf den Vertreter anzuwenden, wenn diese Merkmale zwar nicht bei ihm, aber bei dem Vertretenen vorliegen.*

(2) Ist jemand von dem Inhaber eines Betriebes oder einem sonst dazu Befugten

1. *beauftragt, dem Betrieb ganz oder zum Teil zu leiten oder*
2. *ausdrücklich beauftragt, in eigener Verantwortung Aufgaben wahrzunehmen, die dem Inhaber des Betriebes obliegen, und handelt er aufgrund dieses Auftrages, so ist ein Gesetz, nach dem besondere persönliche Merkmale die Strafbarkeit begründen, auch auf den Beauftragten anzuwenden, wenn diese*

Merkmale zwar nicht bei ihm, aber bei dem Inhaber des Betriebes vorliegen. Dem Betrieb im Sinne des Satzes 1 steht das Unternehmen gleich. Handelt jemand aufgrund eines entsprechenden Auftrages für eine Stelle, die Aufgaben der öffentlichen Verwaltung wahrnimmt, so ist Satz 1 sinngemäß anzuwenden.

(3) Die Absätze 1 und 2 sind auch dann anzuwenden, wenn die Rechtshandlung, welche die Vertretungsbefugnis oder das Auftragsverhältnis begründen sollte, unwirksam ist.«

Der Grundgedanke dieser Vorschrift besteht darin, im Rahmen des kriminalpolitischen Bedürfnisses den Anwendungsbereich solcher Tatbestände, die sich an bestimmte Normadressaten richten, auch auf deren Vertreter zu erstrecken, soweit diese tatsächlich oder rechtlich die Erfüllung der den Normadressaten obliegenden Sonderpflichten übernommen haben (Lackner, § 14 Nr. 1).

Im Bereich des Unternehmensstrafrechts liegt der Hauptanwendungsbereich bei folgenden Delikten

- **§ 283 StGB**
  (Gesellschaft als Schuldner bei Konkursstraftaten)
- **§ 288 StGB**
  (Gesellschaft als Schuldner beim Vereiteln der Zwangsvollstreckung)
- **§ 323 StGB**
  (Gesellschaft als Bauleiter bei der Baugefährdung)
- **§ 266 a StGB**
  (Gesellschaft als Arbeitgeber beim Vorenthalten und Veruntreuen von Arbeitsentgelt)
- **§ 21 StVG**
  (Gesellschaft als Kfz-Halter)
- **§ 34 DepotG**
  (Kaufmannseigenschaft der Gesellschaft bei der Depotunterschlagung)
- **§ 25 LadenschlußG**
  (Gesellschaft als Inhaber einer Verkaufsstelle)

- **§ 34 AußenwirtschaftsG**
  (Gesellschaft als Teilnehmer am Außenwirtschaftsverkehr)
  (vgl. Kohlmann, Rdnr. 24)

Die strafrechtliche Verantwortung bei allgemeinen Delikten

Hier handelt es sich um Straftatbestände, die grundsätzlich von **jedermann** begangen werden können, also tatbestandlich keine besondere Tätereigenschaft voraussetzen. Im Bereich des Unternehmensstrafrechts sind folgende Bereiche von besonderer Bedeutung:

Umweltstrafrecht

Das Umweltstrafrecht ist eine vergleichsweise neue Rechtsmaterie. Zwar gab es immer schon Strafvorschriften, die Verstöße gegen Umweltschutzgüter unter Strafe stellten, diese waren jedoch nicht im Kernstrafrecht (= Strafgesetzbuch), sondern in einzelnen Nebengesetzen verstreut, z. B.

- Wasserhaushaltsgesetz (WHG),
- Bundes-Immissionsschutzgesetz (BImschG),
- Abfallbeseitigungsgesetz (AbfbesG),
- Atomgesetz (AtG).

Allerdings war die Zahl entsprechender Ermittlungs- oder Strafverfahren sehr gering. Nachdem die Umweltthematik im Laufe der Jahre immer mehr an Bedeutung gewonnen hat, hat der Gesetzgeber mit Wirkung zum 01. 07. 1980 ein eigenständiges Umweltstrafrecht geschaffen. In das Strafgesetzbuch wurde der 28. Abschnitt (»Straftaten gegen die Umwelt«) integriert.

Dieses Gesetz übernahm die früher in den genannten verwaltungsrechtlichen Spezialgesetzen enthaltenen Strafvorschriften. Neben einigen strukturellen Änderungen wurden die Höchststrafen zum Teil kräftig erhöht. Damit sind die zentralen und unmittelbar dem Umweltschutz dienenden Strafdrohungen im Kernstrafrecht konzentriert. Weniger bedeutsame Umwelt-Strafvorschriften finden sich nach wie vor in allerdings zahlreichen Nebengesetzen, u. a.

- § 180 Gewerbeordnung,
- §§ 40, 42 Sprenggesetz,
- §§ 63 ff. Bundesseuchengesetz,
- §§ 51, 52 Lebensmittel- und Bedarfsgegenständegesetz u.a.m.

Mit der Übernahme der zentralen Normen des Umweltstrafrechts in das StGB wollte der Gesetzgeber folgende Ziele erreichen:

- Schärfung des Bewußtseins der Öffentlichkeit für die Sozialschädlichkeit von Umwelteinwirkungen,
- Förderung der Anerkennung selbständiger Umweltschutzgüter,
- Vereinheitlichung der Rechtsmaterie,
- Erhöhung generalpräventiver Wirkung.

Seit Inkrafttreten des Umweltstrafrechts zum 01. 07. 1980 hat sich die Zahl der polizeilich entdeckten und verfolgten Umweltdelikte stark nach oben entwickelt. Die folgende Tabelle mag dies verdeutlichen:

Anstieg der verfolgten Umweltdelikte in Deutschland 1974 bis1995

1974	**2 800 Ermittlungsverfahren**
1980	**5 151 Ermittlungsverfahren**
1985	**12 875 Ermittlungsverfahren**
1989	**22 816 Ermittlungsverfahren**
1993	**29 732 Ermittlungsverfahren**
1994	**32 082 Ermittlungsverfahren**
1995	**35 643 Ermittlungsverfahren**

Tabelle 2

Hinsichtlich der wichtigsten Umweltstraftatbestände ist folgende Entwicklung festzuhalten:

Straftatbestand	**Anzahl der Verfahren**				
	1982	**1986**	**1989**	**1994**	**1995**
Verunreinigung eines Gewässers (§ 324 StGB)	5352	9294	11827	8207	7075
Luftverunreinigung (§ 325 StGB)	148	338	466	349	377
Lärmverursachung (§ 325 StGB)	24	35	66	45	60
Umweltgefährdende Abfallbeseitigung (§ 326 StGB)	859	3682	8559	21587	24619
Unerlaubtes Betreiben von Anlagen (§ 327 StGB)	257	1161	1590	1608	1526
Schwere Umweltgefährdung (§ 330 StGB)	64	232	227	163	108

Tabelle 3

Diese Tabelle verdeutlicht eindrucksvoll, daß insbesondere die Straftatbestände der

- umweltgefährdenden Abfallbeseitigung, § 326 StGB,
- Gewässerverunreinigung, § 324 StGB

in der Praxis von besonderer Bedeutung sind. Vermutlich wird eine ähnliche Entwicklung der erst seit dem 01.10.1993 neu eingeführte Straftatbestand der »Bodenverunreinigung« erfahren. Immerhin gab es im Jahr 1995 bereits 1632 Fälle von Bodenverunreinigung (§ 324 a StGB)

Straftaten im Zusammenhang mit Exporten

Grundsätzlich ist der Waren-, Dienstleistungs-, Kapital- und Zahlungsverkehr mit dem Ausland unbeschränkt. Zur Erfüllung zwischenstaatlicher Vereinbarungen, zur Abwehr schädigender wirtschaftlicher Einwirkungen aus dem Ausland sowie zum Schutz der Sicherheit und der auswärtigen Beziehungen Deutschlands und des friedlichen Zusammenlebens der Völker können aber nach dem Außenwirtschaftsgesetz (AWG) bestimmte Einschränkungen vorgenommen werden. Das AWG ist ein Rahmengesetz, das die Bundesregierung ermächtigt, den Außenwirtschaftsverkehr im Verordnungswege zu regeln. Hiervon wurde mit der Außenwirtschaftsverordnung (AWV) Gebrauch gemacht. Es gibt kaum ein Rechtsgebiet, das so häufig und in so schneller Zeitabfolge Änderungen unterworfen ist und war wie das Außenwirtschaftsgesetz mit seinen Durchführungsbestimmungen. Von daher bestehen auch besondere strafrechtliche Risiken, die als Ordnungswidrigkeit oder als Straftatbestand verfolgt werden. Wichtigster Straftatbestand ist

§ 34 AWG

»(1) Mit Freiheitsstrafe bis zu fünf Jahren oder mit Geldstrafe wird bestraft, wer eine in § 33 Abs. 1 bezeichnete Handlung begeht, die geeignet ist,

1. *die äußere Sicherheit der Bundesrepublik Deutschland,*
2. *das friedliche Zusammenleben der Völker oder*
3. *die auswärtigen Beziehungen der Bundesrepublik Deutschland erheblich*

zu gefährden.

(2) Der Versuch ist strafbar.

(3) In besonders schweren Fällen ist die Strafe Freiheitsstrafe von sechs Monaten bis zu zehn Jahren. Ein besonders schwerer Fall liegt in der Regel vor, wenn der Täter

1. *gewerbsmäßig oder als Mitglied einer Bande, die sich zur fortgesetzten Begehung solcher Straftaten verbunden hat, unter Mitwirkung eines anderen Bandenmitglieds handelt oder*
2. *durch eine in Absatz 1 Nr. 1 bezeichnete Tat die Gefahr eines*

schweren Nachteils für die äußere Sicherheit der Bundesrepublik Deutschland herbeiführt.

(4) Handelt der Täter in den Fällen des Absatzes 1 fahrlässig, so ist die Strafe Freiheitsstrafe bis zu zwei Jahren oder Geldstrafe.«

Ein besonderes Risiko im Zusammenhang mit dem Außenwirtschaftsverkehr besteht für den sog. **Ausfuhrverantwortlichen,** der in bestimmten Fällen, insbesondere bei Exporten von Kriegswaffen und rüstungsrelevanten Gütern, bestellt werden muß.

Ausfuhrverantwortlicher kann nur sein,

- der Unternehmer selbst, je nach Rechtsform des Unternehmens:
  - ein verantwortliches Mitglied des Vorstandes,
  - ein Geschäftsführer oder
  - ein vertretungsberechtigter Gesellschafter.

Grundsätzlich ist die Geschäftsleitung für die Einhaltung der Bestimmungen nach dem Außenwirtschaftsrecht verantwortlich. Für Anträge auf Genehmigung zum Zwecke der Ausfuhr nach dem Kriegswaffenkontrollgesetz (KWKG) oder auf Genehmigung nach dem AWG übernimmt diese Verantwortung nach außen die Person des Ausfuhrverantwortlichen.

Unterzeichnet er die Anträge auf Ausfuhrgenehmigung nicht selbst, so übernimmt er zugleich auch die Verantwortung für die Richtigkeit aller von dem Dritten in seinem Namen für das Unternehmen unterzeichneten Anträge.

Bei Vorliegen tatsächlicher Anhaltspunkte für Verstöße gegen einschlägige Vorschriften kann bis zur Klärung des Sachverhaltes von einer Entscheidung über Exportanträge abgesehen werden. Darüber hinaus ist der Ausfuhrverantwortliche erster Adressat, wenn im Zusammenhang mit Exportverstößen ein Ordnungswidrigkeiten- oder Strafverfahren eingeleitet wird.

Unlauterer Wettbewerb

Ein freier und fairer Wettbewerb ist ein tragendes Grundprinzip der Marktwirtschaft, die ihrerseits das Gesellschaftssystem der westlichen Industriestaaten maßgeblich prägt. Dieser Wettbewerb bedarf des Schutzes gegen den Mißbrauch durch die Wettbewerbsteilnehmer selbst. Der Schutz der Wettbewerbsordnung wird im wesentlichen durch zwei Normbereiche gewährleistet, nämlich

- der Schutz des fairen Wettbewerbs durch das »Gesetz gegen unlauteren Wettbewerb« (UWG),
- der Schutz des freien Wettbewerbs durch das »Gesetz gegen Wettbewerbsbeschränkungen« (GWB) sowie
- durch europäische Normen mit gleicher Zielrichtung.

Die wichtigsten Vorschriften sind:

§ 17 UWG – Verrat von Geschäfts- oder Betriebsgeheimnissen

»(1) Mit Freiheitsstrafe bis zu drei Jahren oder mit Geldstrafe wird bestraft, wer als Angestellter, Arbeiter oder Lehrling eines Geschäftsbetriebs ein Geschäfts- oder Betriebsgeheimnis, das ihm vermöge des Dienstverhältnisses anvertraut worden oder zugänglich geworden ist, während der Geltungsdauer des Dienstverhältnisses unbefugt an jemand zu Zwecken des Wettbewerbs, aus Eigennutz, zugunsten eines Dritten oder in der Absicht, dem Inhaber des Geschäftsbetriebs Schaden zuzufügen, mitteilt.

(2) Ebenso wird bestraft, wer zu Zwecken des Wettbewerbs, aus Eigennutz, zugunsten eines Dritten oder in der Absicht, dem Inhaber des Geschäftsbetriebs Schaden zuzufügen,

1. sich Geschäfts- oder Betriebsgeheimnis durch

a) Anwendung technischer Mittel,

b) Herstellung einer verkörperten Wiedergabe des Geheimnisses oder

c) Wegnahme einer Sache, in der das Geheimnis verkörpert ist, unbefugt verschafft oder sichert oder

2. ein Geschäfts- oder Betriebsgeheimnis, das er durch eine der in Absatz 1 bezeichneten Mitteilungen oder durch eine eigene oder fremde Handlung nach Nummer 1 erlangt oder sich sonst unbefugt verschafft oder gesichert hat, unbefugt verwertet oder jemandem mitteilt.

(3) Der Versuch ist strafbar.

(4) In besonders schweren Fällen ist die Strafe Freiheitsstrafe bis zu fünf Jahren oder Geldstrafe. Ein besonders schwerer Fall liegt in der Regel vor, wenn der Täter bei der Mitteilung weiß, daß das Geheimnis im Ausland verwertet werden soll, oder wenn er es selbst im Ausland verwertet.«

§ 18 UWG – Verwertung von Vorlagen

»Mit Freiheitsstrafe bis zu zwei Jahren oder mit Geldstrafe wird bestraft, wer die ihm im geschäftlichen Verkehr anvertrauten Vorlagen oder Vorschriften technischer Art, insbesondere Zeichnungen, Modelle, Schablonen, Schnitte, Rezepte, zu Zwecken des Wettbewerbes oder aus Eigennutz unbefugt verwertet oder an jemand mitteilt.«

Steuerliche Verfehlungen

Unter Steuerstrafrecht werden alle Rechtsnormen verstanden, die wegen Zuwiderhandlungen gegen Steuergesetze Strafe oder Buße androhen. Die zentrale Regelung des Steuerstrafrechts findet sich in der Abgabenordnung (AO), und zwar im achten Teil: »Straf- und Bußgeldvorschriften, Straf- und Bußgeldverfahren«.

§ 369 AO gibt die **Legaldefinition der Steuerstraftaten:**

»Steuerstraftaten (Zollstraftaten) sind

1. *Taten, die nach den Steuergesetzen strafbar sind,*
2. *der Bannbruch,*
3. *die Wertzeichenfälschung und deren Vorbereitung, soweit die Tat Steuerzeichen betrifft,*
4. *die Begünstigung einer Person, die eine Tat nach den Nrn. 1 bis 3 begangen hat.«*

Die Steuerstraftat umfaßt demnach auch Zollstraftaten.

Geschütztes Rechtsgut im Steuerstrafrecht ist das öffentliche

Interesse am vollständigen und rechtzeitigen Aufkommen der einzelnen Steuern (Küster in: Müller-Gugenberger, § 36 Rdnr. 4).

Zentrale Vorschrift des Steuerstrafrechts ist die **Steuerhinterziehung** nach § 370 AO. Sie ist der mit Abstand wichtigste Tatbestand im Steuerstrafrecht, während die weiteren Straftatbestände eine vergleichsweise geringe Bedeutung haben (Küster, a.a.O.).

§ 370 AO

»(1) *Mit Freiheitsstrafe bis zu fünf Jahren oder mit Geldstrafe wird bestraft, wer*

1. *den Finanzbehörden oder anderen Behörden über steuerlich erhebliche Tatsachen unrichtige oder unvollständige Angaben macht,*
2. *die Finanzbehörden pflichtwidrig über steuerlich erhebliche Tatsachen in Unkenntnis läßt oder*
3. *pflichtwidrig die Verwendung von Steuerzeichen oder Steuerstemplern unterläßt*

und dadurch Steuern verkürzt oder für sich oder einen anderen nicht gerechtfertigte Steuervorteile erlangt.

(2) *Der Versuch ist strafbar...*«

Täter einer Steuerhinterziehung kann jedermann sein, und zwar im Fall der Nr. 1 jede Person, die Angaben macht, in den Fällen Nr. 2 und 3 jede Person, die pflichtwidrig das gebotene Tun unterläßt. Als steuerlich Verpflichtete führt die Abgabenordnung besonders auf: Steuerpflichtige, gesetzliche Vertreter, Vermögensverwalter und Verfügungsberechtigte.

Ein besonderes Risiko besteht für Organe. Gemäß § 34 AO haben die gesetzlichen Vertreter natürlicher und juristischer Personen deren steuerliche Pflichten zu erfüllen. Sie haben insbesondere dafür zu sorgen, daß die Steuern aus den Mitteln entrichtet werden, die sie verwalten. Neben der Gefahr einer zivilrechtlichen Inanspruchnahme durch den Fiskus (vgl. S. 68 ff.) besteht also für die gesetzlichen Vertreter auch ein unmittelbares strafrechtliches Risiko, dies auch unabhängig von einer möglichen Ressortteilung. Auch der technische Geschäftsführer, der ansonsten mit Steuern nichts zu tun hat, ist hier in der Verpflichtung.

Die Steuerhinterziehung setzt bei allen Begehungsweisen Vorsatz voraus. Handelt der Täter lediglich fahrlässig, so kommt allenfalls eine Bestrafung nach § 378 AO in Betracht, wenn er leichtfertig, d. h. grob fahrlässig handelt. **§ 378 AO** ist eine Ordnungswidrigkeit (**leichtfertige Steuerverkürzung**).

»(1) Ordnungswidrig handelt, wer als Steuerpflichtiger oder bei der Wahrnehmung der Angelegenheiten eines Steuerpflichtigen eine der in § 370 Abs. 1 bezeichneten Taten leichtfertig begeht . . .

(2) Die Ordnungswidrigkeit kann mit einer Geldbuße bis zu 100 000,– DM geahndet werden . . .«

Straftaten wegen Insider-Verstößen

Die Strafbarkeit bei Insider-Verstößen ist relativ neu. Zum 01. 08. 1994 traten wesentliche Teile des zweiten Finanzmarktförderungsgesetzes in Kraft, insbesondere die sog. »Insider-Vorschriften«.

Ziel des Gesetzes ist es, das Vertrauen der Anleger in die Funktionsfähigkeit der Finanzmärkte zu stärken. Niemand soll aufgrund besonderer, meist berufsbedingter Kenntnisse von Unternehmensdaten für sich oder andere daraus materielle Vorteile ziehen. Deshalb stellt das Gesetz für Insider im Wertpapierhandelsgesetz (WpHG) bestimmte »Spielregeln« auf.

Unter einer **Insider-Tatsache** versteht man jede »nicht öffentlich bekannte Tatsache, die sich auf einen oder mehrere Emittenten von Insider-Papieren oder auf Insider-Papiere bezieht und die geeignet ist, im Fall ihres öffentlichen Bekanntwerdens den Kurs der Insider-Papiere erheblich zu beeinflussen.«

Insider ist jeder, der aufgrund seines Berufes, seiner Funktion oder Tätigkeit bestimmungsgemäß Kenntnis von Insider-Tatsachen hat und diese sich oder Dritten nutzbar macht. Also: Nicht nur Vorstands- und Aufsichtsratsmitglieder (diese aber in erster Linie!) sowie Führungskräfte börsennotierter Aktiengesellschaften, sondern auch Organe und Führungskräfte anderer, nicht börsennotierter Unternehmen – aber auch Externe wie Wirtschaftsprüfer, Steuerberater, Rechtsanwälte, Makler oder Unternehmensberater.

Einem Insider ist es nach § 14 WpHG verboten,

- »unter Ausnutzung seiner Kenntnis von einer Insider-Tatsache Insider-Papiere für eigene oder fremde Rechnung oder für einen anderen zu erwerben oder zu veräußern;
- einem anderen eine Insider-Tatsache unbefugt mitzuteilen oder zugänglich zu machen;
- einem anderen auf der Grundlage seiner Kenntnis von einer Insider-Tatsache den Erwerb oder die Veräußerung von Insider-Papieren zu empfehlen ...«

Verstöße gegen § 14 WpHG können mit einer Freiheitsstrafe bis zu fünf Jahren oder mit Geldstrafe geahndet werden.

Produktstrafrecht

Hier geht es darum, daß der Hersteller und / oder Vertreiber von Produkten, die einen Personenschaden verursachen, strafrechtlich wegen (meist fahrlässiger) Körperverletzung oder Tötung bestraft werden können. Der Bundesgerichtshof hat in den wegweisenden Entscheidungen »Lederspray-Verfahren« (S. 177 ff.) und »Holzschutzmittel-Prozeß« (S. 197 ff.) die strafrechtliche Verantwortlichkeit für Geschäftsführer und Vorstände wesentlich verschärft.

Organisationsverschulden

In der unternehmerischen Praxis gewinnen Strafverfahren, die unter dem Vorwurf eines Organisationsverschuldens eingeleitet und durchgeführt werden, immer mehr an Bedeutung. Der Begriff des Organisationsverschuldens ist gesetzlich nicht definiert. Allerdings hat sich in den letzten Jahren eine umfangreiche Rechtsprechung zu diesem Themenkomplex entwickelt. Organisationsverschulden liegt dann vor, wenn sich das Organ aufgrund seiner exponierten Verantwortung im Unternehmen und der sich daraus ergebenden organisatorischen Verantwortung einen Fehler in seinem Organisationsbereich »zurechnen« lassen muß. Die Frage des Organisationsverschuldens gewinnt immer dann an Bedeutung, wenn Aufgaben verteilt oder delegiert werden. Insofern ist zu unterscheiden zwischen der Aufgaben- bzw. Ressortverteilung auf Geschäftsleitungsebene (horizontale Ebene) und der Aufgabenverteilung in der Linienverantwortung (vertikale Linie). Die entscheidende Frage ist:

- Bewirkt eine Aufgabenverteilung auch eine Teilung der strafrechtlichen Verantwortlichkeit? Oder
- Bewirkt eine Aufgabenverteilung eine Vervielfältigung der strafrechtlichen Verantwortlichkeit?

Aufgabenverteilung auf horizontaler Ebene

Hier ist das Problem angesprochen, daß eine Geschäftsführung aus mehreren Organmitgliedern besteht und jedes Organmitglied ein eigenständiges Ressort verantwortlich begleitet. Zu diesem Themenkomplex hat der Bundesgerichtshof in seiner »Lederspray-Entscheidung« (BGH St 37, 106 ff.) am 06.07.1990 ein Grundsatzurteil gefällt. Es ist die erste Grundsatzentscheidung des Bundesgerichtshofs zur strafrechtlichen Produkthaftung.

Sachverhalt: Der BGH verurteilte die Geschäftsführer eines Unternehmens, das Lederspray herstellte, und die Geschäfts-

führer der betroffenen Vertriebsunternehmen (Töchter des Herstellerunternehmens) zu Freiheits- und drastischen Geldstrafen wegen fahrlässiger und vorsätzlicher Körperverletzung. Grundlage der Verurteilung waren Verbraucherbeschwerden, wonach bei Anwendung des Sprays Anfälle von Atemnot, Erbrechen, Schüttelfrost, hohes Fieber etc. aufgetreten seien.
Die Geschäftsführer wurden verurteilt, da sie nach Auffassung des Gerichts notwendige Maßnahmen zur Gefahr- und Schadensabwendung (Produktionsstopp, Vertriebsstopp, Rückruf) nicht bzw. nicht rechtzeitig ergriffen hätten.

Der BGH hat diesen Fall zum Anlaß genommen, in Form von Leitsätzen zur strafrechtlichen Verantwortung in Unternehmen Stellung zu nehmen.

Die Leitsätze des Urteils lauten:

1. »Der Ursachenzusammenhang zwischen der Beschaffenheit eines Produkts und Gesundheitsbeeinträchtigungen seiner Verbraucher ist auch dann rechtsfehlerfrei festgestellt, wenn offenbleibt, welche Substanz den Schaden ausgelöst hat, aber andere in Betracht kommende Schadensursachen auszuschließen sind.
2. Wer als Hersteller oder Vertriebshändler Produkte in den Verkehr bringt, die derart beschaffen sind, daß deren bestimmungsgemäße Verwendung für die Verbraucher – entgegen ihren berechtigten Erwartungen – die Gefahr des Eintritts gesundheitlicher Schäden begründen, ist zur Schadensabwendung verpflichtet (Garantenstellung aus vorangegangenem Gefährdungsverhalten). Kommt er dieser Pflicht schuldhaft nicht nach, so haftet er für dadurch verursachte Schäden strafrechtlich unter dem Gesichtspunkt der durch Unterlassen begangenen Körperverletzung.
3. Aus Garantenstellung des Herstellers oder Vertriebshändlers ergibt sich die Verpflichtung zum Rückruf bereits in den Handel gelangter, gesundheitsgefährdender Produkte.
4. Haben in einer GmbH mehrere Geschäftsführer gemeinsam über die Anordnung des Rückrufs zu entscheiden, so ist jeder

Geschäftsführer verpflichtet, alles ihm Mögliche und Zumutbare zu tun, um diese Entscheidung herbeizuführen.

5. Beschließen die Geschäftsführer einer GmbH einstimmig, den gebotenen Rückruf zu unterlassen, so haften sie für die Schadensfolgen der Unterlassung als Mittäter.
6. Jeder Geschäftsführer, der es trotz seiner Mitwirkungskompetenz unterläßt, seinen Beitrag zum Zustandekommen der gebotenen Rückrufentscheidung zu leisten, setzt damit eine Ursache für das Unterbleiben der Maßnahme. Dies begründet seine strafrechtliche Haftung auch dann, wenn er mit seinem Verlangen, die Rückrufentscheidung zu treffen, am Widerstand der anderen Geschäftsführer gescheitert wäre.
7. Führt die Verletzung desselben Handlungsgebotes nacheinander zu mehreren Schadensfällen, so liegt insgesamt nur eine einzige Unterlassungstat vor.«

Bei der Haftung der einzelnen Geschäftsführer knüpft der BGH an die von ihnen betreuten Geschäfts- und Verantwortungsbereiche an. Grundsätzlich gilt das **Prinzip der Generalzuständigkeit bzw. Allzuständigkeit.** Danach ist jeder Geschäftsführer grundsätzlich für alle Belange der Gesellschaft verantwortlich. Diese Generalzuständigkeit kann allerdings bei einer mehrköpfigen Geschäftsführung durch Ressortaufteilung (Ressortierung) modifiziert werden. Daraus folgt:

- Die primäre haftungsrechtliche Verantwortung trägt der einzelne Geschäftsführer für den ihm zugewiesenen Ressortbereich.
- Es verbleibt allerdings eine sekundäre Verantwortung, denn diese Ressortverteilung verhindert nicht, daß jedes einzelne Mitglied der Geschäftsleitung für die Gesamtgeschäftsführung verantwortlich bleibt. Immer, wenn Belange des Unternehmens als Ganzes betroffen sind (z. B. in Krisen- und Ausnahmesituationen), lebt der Grundsatz der Allzuständigkeit wieder auf, d. h., die Geschäftsführung als solche (= jedes einzelne Mitglied) ist zum Handeln aufgerufen.
- An dieser Verantwortung des einzelnen Geschäftsführungsmitglieds ändert sich auch nicht dadurch etwas, daß durch

innerbetriebliche Organisationsmaßnahmen ein Über-/Unterordnungsverhältnis zwischen den einzelnen Geschäftsführern besteht (zum Beispiel bei tatsächlicher oder faktischer Weisungsbefugnis).

Was der BGH im Leitsatz Nr. 4 mit »alles ihm Mögliche und Zumutbare« meint, ist jeweils eine Einzelfallfrage. Klar ist allerdings eines: Der Geschäftsführer darf jedenfalls nicht untätig und passiv bleiben. Was der einzelne Geschäftsführer oder Vorstand innerhalb eines mehrköpfigen Gremiums konkret tun muß, hängt jeweils vom Einzelfall und der möglicherweise drohenden Rechtsgutsverletzung ab.

Beispiel:

In einer Gesellschaft mit vier Geschäftsführern soll abgestimmt werden, ob ein gesundheitsschädigendes Produkt zurückgerufen wird. Drei Geschäftsführer stimmen gegen eine Rückrufaktion; der vierte Geschäftsführer hat Bedenken. Was muß er tun, um – sollte es tatsächlich zu Gesundheitsschäden bei Verbrauchern kommen – strafrechtlich nicht belangt werden zu können? Denkbar sind vier, auch von der Wertigkeit her abgestufte Alternativen:

1. Entgegen dem Votum der übrigen Geschäftsführer für eine Rückrufaktion stimmen,
2. Information über den Sachverhalt an die Gesellschafter bzw. den Aufsichtsrat weiterleiten,
3. Information über den Sachverhalt an Behörden bzw. die Öffentlichkeit richten oder
4. Rückgabe des Mandats.

Was ist – gemäß BGH – dem Geschäftsführer »möglich und zumutbar«? Möglich sind sicherlich alle vier Handlungsalternativen, soweit sich aus gesellschaftsrechtlichen Gründen nichts anderes ergibt. Entscheidend ist demnach die Frage der Zumutbarkeit. Insofern dürfte die Ziffer 4.) der Handlungsalternativen (Rückgabe des Mandats) ausscheiden. Es würde sicherlich den Haftungsrahmen auch exponierter Verantwortungsträger sprengen, wollte man ihnen zumuten, ihr Mandat niederzulegen, um einer Haftung zu entgehen. Dies insbesondere deshalb, weil es weniger gravierende und effizientere Methoden zur Gefahrenabwehr gibt.

Allerdings reicht wohl auch die 1.) Handlungsalternative (Stimmabgabe für Rückrufaktion) hier alleine nicht aus. Diese interne Meinungskundgebung entfaltet keine Wirkung nach außen und ist von daher nicht geeignet, den am Erfolg orientierten Zweck (Vermeidung von Gesundheitsschädigungen bei Dritten) zu verhindern. Stimmt also ein Organmitglied bei einer Abstimmung lediglich entgegen dem Votum der übrigen Geschäftsführungsmitglieder, so kann es strafrechtlich belangt werden, wenn tatsächlich ein Schaden bei Dritten eintritt.

Es verbleiben somit die Handlungsalternativen 2.) und 3.). Ob es im Einzelfall ausreicht, lediglich den Aufsichtsrat bzw. die Gesellschafter zu informieren (zum Beispiel durch Übersendung des Protokolls mit entsprechendem Hinweis) oder ob man noch einen Schritt weitergehen muß und auch die Behörden oder die Öffentlichkeit informiert, hängt sicherlich von Faktoren wie z. B. der Schwere des gefährdeten Rechtsguts oder der Nähe des Verletzungserfolges ab. Wichtig ist jedenfalls, daß in derartigen Situationen der Geschäftsführer bzw. Vorstand eine nach außen hin orientierte Handlung vornimmt, von der er bei normalem Verlauf der Dinge annehmen kann, daß sie entsprechende Aktivitäten zur Vermeidung von Schäden bei Dritten zur Folge hat.

Dieses »Lederspray-Urteil« des BGH ist eine konsequente Weiterentwicklung des Produkthaftungsrechts mit Auswirkung nicht nur auf das Straf-, sondern auch auf das Zivilrecht. Die Bedeutung des auch vom BGH als Grundsatzentscheidung aufgefaßten Urteils liegt vor allem darin, daß dieses Urteil in künftigen Fällen als eine Art Leitfaden für die strafrechtlichen Verfolgungsbehörden dient. Der zunehmende Trend, in Haftungsfragen jeglicher Art auch strafrechtliche Untersuchungen vorzunehmen, wird sich verstärken. Dabei sind insbesondere die GmbH-Geschäftsführer und AG-Vorstände betroffen. Denn die Strafverfolgungsbehörden werden künftig

- primär nach ihrer persönlichen Verantwortung fragen und

- erst in zweiter Linie nach der Verantwortung sonstiger Mitarbeiter.

Auch eine Ressortverteilung auf Geschäftsleitungsebene wird die grundsätzliche Gesamtverantwortung aller Mitglieder der Geschäftsleitung nicht aufheben; sie wird nur inhaltlich verändert, quasi beschränkt.

Aufgabenverteilung in vertikaler Hinsicht

Verantwortlichkeiten können delegiert werden. In unserem arbeitsteiligen Leben ist es nicht mehr möglich, daß alle betrieblichen Aufgaben in einer Person konzentriert werden. Eines ist aber wichtig: Mit der Delegation geht die strafrechtliche Verantwortung nicht vollständig auf den Dritten über!

Zwar wird mit der Delegation der betreffende Mitarbeiter persönlich verantwortlich für die ihm übertragenen Aufgaben, beim Delegierenden verbleibt jedoch eine Restverantwortung, und zwar:

- Mitarbeiter sorgsam **auszuwählen,**
- Mitarbeiter richtig und vollständig zu **instruieren,**
- Mitarbeiter zu **kontrollieren,** zu überwachen und
- gegebenenfalls **einzugreifen.**

Wird eine dieser Pflichten verletzt, so haftet neben dem Mitarbeiter auch der Delegierende, meist, weil er eine rechtlich gebotene Handlung unterlassen hat (Strafbarkeit durch Unterlassen). In der Praxis bedeutet dies, daß eine vertikale Delegation von Verantwortlichkeiten nicht zur vollständigen Verlagerung, sondern zur Vermehrung von Haftungsverantwortung führt.

Anknüpfend an Handlungen von Mitarbeitern kann es sein, daß nur der letzte Verursacher (»kleiner Mann am Hebel«) durch sein Tun oder pflichtwidriges Unterlassen strafrechtlich relevant handelt und damit die alleinige Ursache setzt (Monokausalität). Es kann aber auch sein – und dies ist häufig der Fall –, daß sich der Straftatbestand nur im Zusammenwirken mit Dritten realisiert hat (Multikausalität), zum Beispiel wenn eine Tätigkeit aufgrund eines konkreten Auftrages oder allgemeiner Richtlinien (Arbeitsanweisungen) verrichtet wurde.

Damit bewirkt jede Delegation zwangsläufig eine Vervielfältigung der Verantwortlichkeit. Die übertragene Aufgabe führt zu einer originären Verantwortlichkeit für den Auftragnehmer und zu einer derivativen für den Aufgabenverteiler. Seine Organisationspflichten (Auswahl, Instruktion, Kontrolle, Eingreifen) verbleiben bei ihm. Verwirklicht der Mitarbeiter einen Straftatbestand unmittelbar, und ist dies kausal auf Organisationsfehler zurückzuführen, so stehen beide in der strafrechtlichen Verantwortung. Es kann also sein, daß sich aufgrund eines tatsächlichen Vorgangs eine Verantwortlichkeit in strafrechtlicher Hinsicht auf mehreren Hierarchieebenen ergibt.

Beispiel:

Ein Mitarbeiter wird beauftragt, einen mit Restchemikalien gefüllten Behälter zu reinigen. Er spritzt diesen Behälter aus und leitet das jetzt mit diesen Chemikalien verunreinigte Spülwasser ohne die erforderliche Einleitungsbefugnis in die Kanalisation. Damit hat er objektiv den Tatbestand der Gewässerverunreinigung erfüllt.

Die Ermittlungen ergeben, daß er aufgrund einer Arbeitsanweisung gehandelt hat. In dieser Arbeitsanweisung ist zwar der Reinigungsvorgang detailliert beschrieben, der Sonderfall, daß durch die Vermischung von Restchemikalien mit reinem Spülwasser eine Substanz entsteht, die nicht ohne Erlaubnis in die Kanalisation abgeführt werden darf, ist jedoch nicht geregelt. Damit steht auch der Verfasser der Arbeitsanweisung strafrechtlich in der Verantwortung.

Aber auch dessen Vorgesetzter kann zur Verantwortung gezogen werden, wenn er es pflichtwidrig unterlassen hat, zu prüfen, ob die in seinem Zuständigkeitsbereich befindlichen Arbeitsanweisungen aktuell und vollständig sind sowie alle Eventualitäten berücksichtigt haben.

In diesem Fall können Mitarbeiter auf allen drei Hierarchieebenen in strafrechtlich relevanter Weise betroffen sein.

Besonderheiten des Unternehmensstrafrechts

Aufsichtspflichtverletzung gemäß § 130 OWiG

§ 130 OWiG ist eine gesetzlich normierte Form des Organisationsverschuldens:

»(1) *Wer als Inhaber eines Betriebes oder Unternehmens vorsätzlich oder fahrlässig die Aufsichtsmaßnahmen unterläßt, die erforderlich sind, um in dem Betrieb oder Unternehmen Zuwiderhandlungen gegen Pflichten zu verhindern, die den Inhaber als solchen treffen und deren Verletzung mit Strafe oder Geldbuße bedroht ist, handelt ordnungswidrig, wenn eine solche Zuwiderhandlung begangen wird, die durch gehörige Aufsicht verhindert oder wesentlich erschwert worden wäre. Zu den erforderlichen Aufsichtsmaßnahmen gehören auch die Bestellung, sorgfältige Auswahl und Überwachung von Aufsichtspersonen.*

(2) *Betrieb oder Unternehmen im Sinne des Absatzes 1 ist auch das öffentliche Unternehmen.*

(3) *Die Ordnungswidrigkeit kann, wenn die Pflichtverletzung mit Strafe bedroht ist, mit einer Geldbuße bis zu einer Million Deutsche Mark geahndet werden. Ist die Pflichtverletzung mit Geldbuße bedroht, so bestimmt sich das Höchstmaß der Geldbuße wegen der Aufsichtspflichtverletzung nach dem für die Pflichtverletzung angedrohten Höchstmaß der Geldbuße.*«

§ 130 OWiG ist im Kontext mit **§ 9 OWiG (»Handeln für einen anderen«)** zu sehen:

»(1) *Handelt jemand*

1. *als vertretungsberechtigtes Organ einer juristischen Person oder als Mitglied eines solchen Organs,*
2. *als vertretungsberechtigter Gesellschafter einer Personenhandelsgesellschaft oder*
3. *als gesetzlicher Vertreter eines anderen,*

so ist ein Gesetz, nach dem besondere persönliche Eigenschaften, Verhältnisse oder Umstände (besondere persönliche Merkmale) die Möglichkeit der Ahndung begründen, auch auf den Vertreter anzuwenden, wenn diese Merkmale zwar nicht bei ihm, aber bei dem Vertretenen vorliegen.

(2) Ist jemand von dem Inhaber eines Betriebes oder einem sonst dazu Befugten
1. beauftragt, den Betrieb ganz oder zum Teil zu leiten, oder
2. ausdrücklich beauftragt, in eigener Verantwortung Aufgaben wahrzunehmen, die dem Inhaber des Betriebes obliegen, und handelt er auf Grund dieses Auftrages, so ist ein Gesetz, nach dem besondere persönliche Merkmale die Möglichkeit der Ahndung begründen, auch auf den Beauftragten anzuwenden, wenn diese Merkmale zwar nicht bei ihm, aber bei dem Inhaber des Betriebes vorliegen. Dem Betrieb im Sinne des Satzes 1 steht das Unternehmen gleich. Handelt jemand auf Grund eines entsprechenden Auftrages für eine Stelle, die Aufgaben der öffentlichen Verwaltung wahrnimmt, so ist Satz 1 sinngemäß anzuwenden.

(3) Die Absätze 1 und 2 sind auch dann anzuwenden, wenn die Rechtshandlung, welche die Vertretungsbefugnis oder das Auftragsverhältnis begründen sollte, unwirksam ist.«

Nach § 130 OWiG haftet der Inhaber eines Betriebes oder Unternehmens umfassend für alle Personen, die er zur Verrichtung von betrieblichen Aufgaben einsetzt. Sie unterliegen seiner besonderen Aufsicht, durch die zu verhindern ist, daß von ihnen Verletzungen von Pflichten begangen werden, die ihn als Inhaber unmittelbar treffen. Die Vorschrift **gilt** für den Betriebsinhaber und – seit der Neufassung vom 27.06.1994 – auch für die in § 9 OWiG genannten Personen, also auch **für Geschäftsführer und Vorstände.** Beide sind dem Inhaber aufgrund ihrer Funktion als Organ der Gesellschaft gleichgestellt. Ihre Funktion stützt sich auf die ihnen gesetzlich übertragene und umfassende Geschäftsführungs- und Vertretungsbefugnis. Aus der daraus abgeleiteten Weisungsbefugnis obliegt ihnen die Pflicht zur erforderlichen Aufsicht. Für die Organe besteht – unabhängig von einer etwaigen Ressortaufteilung – eine Gesamtverantwortung.

Nur ausnahmsweise haften sie im Fall einer wirksamen Aufgabenteilung nicht, wenn die Beaufsichtigung nicht direkt in ihren Zuständigkeitsbereich fällt. Dies dürfte in der Praxis eher selten der Fall sein. Selbst wenn die Aufgabenteilung in bezug auf die Aufsicht wirksam vorgenommen sein sollte, entfällt sie wieder, wenn eine Verletzung der Verantwortung für das Gesamtunternehmen vorliegt. Insofern gelten die im »Lederspray-Urteil« aufgestellten Grundsätze (vgl. S. 177 ff.). Wenn also ein an sich unzuständiges Organ positiv die Verletzung der Aufsichtspflicht kennt oder es unterläßt, sich zu informieren und nichts zu ihrer Behebung unternimmt, steht er in der Verantwortung.

Aufsichtsperson ist jeder Arbeitnehmer, der Angelegenheiten des Betriebes oder Unternehmens ausführt. Aber auch ein Dritter, der nicht Arbeitnehmer ist, kann Aufsichtsperson sein (z. B. Steuerberater, der die Buchführung durchführt).

Auch hier spielt die Frage der Delegation eine entscheidende Rolle. Sie entlastet das Organ nur, wenn alle Organisationspflichten beachtet worden sind.

Es kommt also bei der Delegation darauf an,

- Mitarbeiter sorgsam **auszuwählen,**
- Mitarbeiter richtig und vollständig zu **instruieren,**
- Mitarbeiter zu **kontrollieren,** zu überwachen und
- gegebenenfalls **einzugreifen.**

Auch hier besteht eine permanente Pflichtenanspannung. Insbesondere die Überwachungspflicht ist eine Daueraufgabe, die während der gesamten Zeit sorgsam zu erfüllen ist. Sie ist kein Akt des Mißtrauens, sondern dient sowohl dem Interesse der Gesellschaft an der Rechtmäßigkeit ihrer Betätigung als auch dem Organ, aus Versäumnissen und Zuwiderhandlungen des Delegierten nicht zu haften. Die Überwachung sichert auch die Tätigkeit des Delegierten. Sie ist so durchzuführen, daß das Organ über alle Angelegenheiten zeitnah informiert ist, damit es jedederzeit korrigierend eingreifen kann. Art und Umfang der Überwachung hängen vom Einzelfall ab. Kriterien sind die Bedeutung der übertragenen Aufgabe und die fachliche Qualifikation des Delegierten. Je schwieriger die Aufgabe, desto höher sind die Anforderungen an das delegierende Organ.

Die Tathandlung wird durch Unterlassen der erforderlichen Aufsicht begangen. Durch sie muß verhindert werden, daß Personen, die der Aufsicht des Betriebsinhabers unterstellt sind, Zuwiderhandlungen gegen Pflichten begehen, die ihm unmittelbar auferlegt sind und die im Falle des Verstoßes mit Strafe oder Geldbuße bedroht sind. Die Pflichtverletzung kann bei § 130 OWiG sowohl eine Straftrat als auch eine Ordnungswidrigkeit sein.

Zur Tathandlung gehört weiter, daß die Zuwiderhandlung durch die mangelnde Aufsicht nicht verhindert oder **wesentlich erschwert worden wäre.**

Die letztere Alternative ist neu und durch die Gesetzesänderung vom 27.06.1994 eingeführt worden. Bis dahin gab es bei der praktischen Anwendung des § 130 OWiG große Anwendungsschwierigkeiten, den Kausalzusammenhang zwischen Aufsichtspflichtverletzung und Zuwiderhandlung nachzuweisen. Von daher dürfte § 130 OWiG, der bisher keine sonderlich große Rolle gespielt hat, in seiner Bedeutung erheblich zunehmen.

§ 130 OWiG fordert vom Geschäftsführer oder Vorstand ein **aktives Handeln.** Sie müssen durch die gebotene Aufsicht Sorge tragen, daß Zuwiderhandlungen festgestellt und verhindert werden, indem sie korrigierend in das Geschehen eingreifen oder durch geeignete Maßnahmen Pflichtverletzungen erschweren.

Die Bedeutung des § 130 OWiG ergibt sich auch aus der erheblichen **Bußgeldandrohung bis zu 1 Mio. DM** bei Straftaten sowie dem entsprechenden Bußgeld bei Ordnungswidrigkeiten.

Umfang der betrieblichen Aufsichts- und Überwachungsmaßnahmen

Der Rechtsprechung ist zu entnehmen, daß es eine der Hauptfehlerquellen ist, die zu einer Verantwortlichkeit unter dem Gesichtspunkt der Aufsichtspflichtverletzung i. S. v. § 130 OWiG führen, wenn die betriebliche Organisation nicht stimmt. Auswahl, Ermahnung, Zurechtweisung, Überwachung u. ä. des Betriebspersonals sind Sekundärmaßnahmen, die nichts oder zu wenig fruchten, wenn die Organisation Mängel hat. Ein anschauliches Beispiel hierzu liefert die Entscheidung des OLG Koblenz (LRE 22, 69, 73):

> In den Fällen, in denen eine Kontrollperson im Lebensmittelbereich überfordert ist, die notwendigen Kontrollen hinreichend wahrzunehmen, muß der Aufsichtspflichtige durch einen vermehrten Personaleinsatz dafür Sorge tragen, daß die Vorschriften des Lebensmittelsrechts eingehalten werden. In solchen Fällen kann im übrigen nicht nur der Tatbestand der Aufsichtspflichtverletzung gegeben sein, sondern auch der einer fahrlässigen oder sogar vorsätzlichen Tatbegehung: Wer sich um die Einhaltung der bestehenden gesetzlichen Bestimmungen bewußt nicht kümmert und es unterläßt, die erforderlichen und geeigneten Maßnahmen zur Gewährleistung deren Einhaltung zu treffen, »nimmt damit die voraussehbaren Verstöße auch dann billigend in Kauf, wenn ihm der Verstoß im Einzelfall vor seiner Begehung nicht zur Kenntnis gelangt« (OLG Düsseldorf v. 25.7.1989 – 5 Ss – OWi – 263 / 89).

Ordnungswidrigkeit der juristischen Person, § 30 OWiG

»§ 30 OWiG – Geldbuße gegen juristische Personen und Personenvereinigungen

»(1) Hat jemand

1. *als vertretungsberechtigtes Organ einer juristischen Person oder als Mitglied eines solchen Organs,*
2. *als Vorstand eines nicht rechtsfähigen Vereins oder als Mitglied eines solchen Vorstandes,*
3. *als vertretungsberechtigter Gesellschafter einer Personenhandelsgesellschaft oder*

4. als Generalbevollmächtigter oder in leitender Stellung als Prokurist oder Handlungsbevollmächtigter einer juristischen Person oder einer in Nummer 2 oder 3 genannten Personenvereinigung

eine Straftat oder Ordnungswidrigkeit begangen, durch die Pflichten, welche die juristische Person oder die Personenvereinigung treffen, verletzt worden sind oder die juristische Person oder die Personenvereinigung bereichert worden ist oder werden sollte, so kann gegen diese eine Geldbuße festgesetzt werden.

(2) Die Geldbuße beträgt

1. im Falle einer vorsätzlichen Straftat bis zu einer Million Deutsche Mark,

2. im Falle einer fahrlässigen Straftat bis zu fünfhunderttausend Deutsche Mark.

Im Falle einer Ordnungswidrigkeit bestimmt sich das Höchstmaß der Geldbuße nach dem für die Ordnungswidrigkeit angedrohten Höchstmaß der Geldbuße.

(3) § 17 Abs. 4 und § 18 gelten entsprechend.

(4) Wird wegen der Straftat oder Ordnungswidrigkeit ein Straf- oder Bußgeldverfahren nicht eingeleitet oder wird es eingestellt oder wird von Strafe abgesehen, so kann die Geldbuße selbständig festgesetzt werden. Dies gilt jedoch nicht, wenn die Straftat oder Ordnungswidrigkeit aus rechtlichen Gründen nicht verfolgt werden kann; § 33 Abs. 1 Satz 2 bleibt unberührt.

(5) Die Festsetzung einer Geldbuße gegen die juristische Person oder Personenvereinigung schließt es aus, gegen sie wegen derselben Tat den Verfall nach den §§ 73 oder 73 a des Strafgesetzbuches oder nach § 29 a anzuordnen.«

§ 30 OWiG ist eine Ausnahme von dem Grundsatz, daß nur die natürliche Person strafbar ist. Es handelt sich hier um die einzige Möglichkeit, auch ein Unternehmen als solches mit Sanktionen zu belegen. Nach § 30 Abs. 1 OWiG kann gegen die juristische Person eine Geldbuße festgesetzt werden, wenn die dort genannten Organe und Personen persönlich gegen eine Pflicht verstoßen haben, die der vertretenden juristischen Person obliegt. Sie müssen den objektiven und subjektiven Tatbestand einer Straftat oder einer Ordnungswidrigkeit erfüllt haben.

§ 30 Abs. 4 OWiG regelt die sog. **Verbandsgeldbuße.** Diese kann gegen eine juristische Person oder Personengesellschaft verhängt werden, und zwar unabhängig von Individualsanktionen, welche die Organe der juristischen Personen oder Personengesellschaft treffen. Dies gilt auch, wenn gegen den Täter kein Straf- oder Bußgeldverfahren eingeleitet worden ist oder das eingeleitete Straf- oder Bußgeldverfahren eingestellt oder von der Strafe abgesehen wurde.

Auch § 30 OWiG wurde durch das Strafrechtsänderungsgesetz vom 27.06.1994 in seinem Anwendungsbereich erweitert. Bisher konnte die sog. Verbandsgeldbuße nur bei schuldhaftem Verhalten des Organs einer juristischen Person bzw. eines gleichgestellten Vertreters verhängt werden. Diese Anknüpfung an eine formale Rechtsstellung wurde der Organisationsstruktur von Unternehmen mit Arbeitsteilung, Delegation von Aufgaben und Trennung von Verantwortung, Entscheidung und Handeln in der Praxis nicht gerecht. Mit der Verlagerung der eigentlichen Geschäftsführung auf bestimmte leitende Angestellte, konnte die Anwendung des § 30 OWiG umgangen werden. Nunmehr wird an das **Verhalten aller Personen** angeknüpft, die in leitender Stellung und Funktion verantwortlich handeln. Voraussetzung ist, daß jemand als Generalbevollmächtigter oder in leitender Stellung als Prokurist oder Handlungsbevollmächtigter einer juristischen Person oder einer Personenvereinigung gehandelt hat.

Exkurs: Verantwortlichkeit auf Geschäftsleitungsebene

Jahrelang hat man dem Gesetzgeber, aber auch Gerichten und Strafverfolgungsbehörden, den Vorwurf gemacht, sie würden im Bereich des Unternehmensstrafrechts nach dem Motto verfahren: **»Die Kleinen hängt man, die Großen läßt man laufen.«** Ein Blick auf die Statistik zeigt, daß dieser Vorwurf zumindest im Kern zutreffend war.

Es gibt jedoch deutliche Anzeichen dafür, daß sich dies geändert hat. Im Umweltstrafrecht ist es statistisch nachgewiesen, daß dort seit Inkrafttreten des 28. Abschnitts des StGB »Straftaten gegen die Umwelt« verstärkt auf der »Chef-Etage« ermittelt wird. Überwiegend gehen Staatsanwälte bei ihren Ermittlungen nach der »top-down-Methode« vor, d. h., sie ermitteln von oben (Geschäftsleitung) nach unten (vgl. Franzheim, S. 117). Man hat dort also auf Ermittlungsebene antizipiert, was der BGH im »Lederspray-Urteil« festgeschrieben hat: die Allzuständigkeit der Geschäftsleitung.

Auch auf seiten des Gesetzgebers finden sich verstärkt Tendenzen, Verantwortlichkeiten der Geschäftsleitung in Gesetzen direkt festzuschreiben. Musterbeispiel ist § 52 a BImSchG:

§ 52 a BImSchG – Mitteilungen zur Betriebsorganisation

»(1) *Besteht bei Kapitalgesellschaften das vertretungsberechtigte Organ aus mehreren Mitgliedern oder sind bei Personengesellschaften mehrere vertretungsberechtigte Gesellschafter vorhanden, so ist der zuständigen Behörde anzuzeigen, wer von ihnen nach den Bestimmungen über die Geschäftsführungsbefugnis für die Gesellschaft die Pflichten des Betreibers der genehmigungsbedürftigen Anlage wahrnimmt, die ihm nach diesem Gesetz und nach den auf Grund dieses Gesetzes erlassenen Rechtsverordnungen und allgemeinen Verwaltungsvorschriften obliegen. Die Gesamtverantwortung aller Organmitglieder oder Gesellschafter bleibt hiervon unberührt.*

(2) *Der Betreiber der genehmigungsbedürftigen Anlage oder im Rah-*

> *men ihrer Geschäftsführungsbefugnis die nach Absatz 1 Satz 1 anzuzeigende Person hat der zuständigen Behörde mitzuteilen, auf welche Weise sichergestellt ist, daß die dem Schutz vor schädlichen Umwelteinwirkungen und vor sonstigen Gefahren, erheblichen Nachteilen und erheblichen Belästigungen dienenden Vorschriften und Anordnungen beim Betrieb beachtet werden.«*

Danach muß ein Mitglied der Geschäftsleitung (= Vorstand, Geschäftsführer oder Unternehmensleiter) der zuständigen Behörde namhaft gemacht werden, das die Pflichten des Betreibers der genehmigungsbedürftigen Anlage nach dem BImSchG wahrnimmt. § 52 a Abs. 2 BImSchG befaßt sich mit der Organisation. Das benannte Mitglied der Geschäftsleitung hat der Behörde mitzuteilen, auf welche Weise sichergestellt ist, daß die dem Schutz vor schädlichen Umwelteinwirkungen und vor sonstigen Gefahren, erheblichen Nachteilen und erheblichen Belästigungen dienenden Vorschriften und Anordnungen beim Betrieb beachtet werden. Hier muß also die **Organisation** des Umweltschutzes im Betrieb **schlüssig dokumentiert** werden. Dies hat zur Folge, daß jedes betroffene Unternehmen auch eine längst vorhandene, ausgefeilte Organisation noch einmal überprüfen muß, um sie sicherer zu machen. Die Ergebnisse solcher Tätigkeiten prägen als eine Art »Stand der Technik der Unternehmensorganisation« die künftigen Anforderungen. Der strafrechtliche Sorgfaltsmaßstab, maßgebend für die Beurteilung von Fahrlässigkeitsdelikten, wird damit naturgemäß erhöht. Zwar gilt § 52 a BImSchG »nur« für den Bereich der genehmigungsbedürftigen Anlagen nach dem BImSchG, der faktische Anwendungsbereich ist dennoch viel größer. Der Staatsanwalt und das Strafgericht werden bei einem durch Organisationsmängel verwirklichten Straftatbestand nicht differenzieren, ob es sich um eine genehmigungsbedürftige oder nicht genehmigungsbedürftige Anlage gehandelt hat. Mit ziemlicher Sicherheit kann man erwarten, daß insbesondere die Strafverfolgungsbehörden im Hinblick auf die Vermeidung von Straftatbeständen in Zukunft erhöhte Anforderungen an die Unternehmensorganisation stellen werden.

Diese Normanforderung wird im übrigen auch künftig im **Bereich des Abfallrechts** gelten, d. h., auch dort muß ein Mitglied der Geschäftsleitung benannt werden (§ 53 des Kreislaufwirtschafts- und Abfallgesetzes).

Eine ähnliche gesetzliche Verantwortlichkeit findet sich auch im Außenwirtschaftsgesetz (AWG), wo ein Mitglied der Geschäftsleitungsebene als »Ausfuhrverantwortlicher« (vgl. S. 173) die entsprechenden gesetzlichen Bestimmungen zu beachten hat, sowie im Strahlenschutzrecht (§ 9 StrahlenschutzVO).

Man wird davon ausgehen können, daß bei einschlägigen Verstößen die dort benannten Mitglieder der Geschäftsleitung zumindest in das Ermittlungsverfahren eingebunden werden.

Ausgewählte Einzelfälle der strafrechtlichen Verantwortung von Organen

- **Contergan-Fall**

Ende der fünfziger Jahre traten bei Neugeborenen, deren Mütter während der Schwangerschaft Thalidomidpräparate (Contergan) genommen hatten, schwere Mißbildungen auf. In dem ersten großen und spektakulären Strafprozeß der Nachkriegsgeschichte wurden wegen Körperverletzung und fahrlässiger Tötung drei Mitglieder der Geschäftsführung angeklagt:

- der geschäftsführende Gesellschafter,
- der Geschäftsführer, zuständig für die kaufmännische Leitung,
- der Geschäftsführer, zuständig für Produktion und Forschung.

Daneben wurden noch drei Ressort- und zwei Abteilungsleiter sowie ein Sachbearbeiter »Präparatebetreuung« angeklagt.

Dem Ressortleiter »Forschung« warf man vor, die Erklärung des Wirkstoffs Thalidomid als »atoxisch und uneingeschränkt harmlos« sei unvertretbar gewesen. Gegenstand des strafrechtlichen Vorwurfs war insoweit ein Instruktionsfehler.

Den übrigen Angeklagten, darunter die drei Mitglieder der Geschäftsleitung, wurde vorgeworfen, sie hätten zumindest ab dem Zeitpunkt, als sie aufgrund eigener Erkenntnisse von den möglichen Schadensauswirkungen der von ihnen in den Vertrieb gebrachten Medikamente Kenntnis erlangt hatten, entsprechende Gefahrenabwehrmaßnahmen ergreifen müssen (z. B. gezielte Tierversuche, vorläufiger Vertriebsstopp, Warnung der Ärzte und Verbraucher, Rückruf der im Handel befindlichen Medikamente). Sie hätten es schuldhaft unterlassen, diese ihnen zumutbaren Abwehrmaßnahmen zu ergreifen. Die Anklage ging davon aus, daß derjenige, der eine Gefahrenquelle schafft (durch Inverkehrbringen gefährlicher Medikamente), die Pflicht hat, den Eintritt von Schäden zu verhindern. Die Schuld der Angeklagten wurde durch das Strafgericht festgestellt. Das Verfahren wurde nach zweieinhalbjähriger Dauer lediglich aus prozessualen Gründen eingestellt, weil eine Fortsetzung zur Klärung des individuellen Schuldumfangs im Verhältnis zu der zu erwartenden Strafe unverhältnismäßig gewesen wäre. Die betroffene Herstellerfirma hatte sich zur Zahlung von Entschädigungen in Millionenhöhe verpflichtet (vgl. Schmidt-Salzer, Produkthaftung Rdnr 1094 ff.).

- **Monza-Steel-Fall**

Eine Reifenfirma brachte einen neu entwickelten Stahlgürtel-Hochgeschwindigkeitsreifen auf den Markt. Bei längerer Hochgeschwindigkeitsfahrt kam es zu Laufflächenablösungen, wobei es in einigen Fällen zu Verletzungen und Todesfällen kam.

Wegen fahrlässiger Tötung wurden neben dem Abteilungsleiter »Reifentechnische Entwicklung« der Vorstandsvorsitzende des Unternehmens und das für die Technik zuständige Vorstandsmitglied angeklagt.

Gegenstand des strafrechtlichen Schuldvorwurfs gegen das Vorstandsmitglied »Technik« und den Abteilungsleiter war, daß seinerzeit die Voraussetzungen für eine Freigabe des neu entwickelten Stahlgürtelreifens zur Serienfertigung nicht gegeben waren, also ein Konstruktionsfehler vorlag. Dem Vorstandsvorsitzenden und dem anderen Vorstandsmitglied wurde eingeräumt, sie hätten bis zu einem bestimmten Zeitpunkt berechtigterweise darauf vertrauen dürfen, daß das für die Entwicklung zuständige Vorstandsmitglied und der Abteilungsleiter ihre Aufgaben ordnungsgemäß erfüllen, also keine Freigabe zur Serienfertigung erteilen würden, wenn nicht aufgrund sachgerecht angelegter, ordnungsgemäß durchgeführter und befriedigender Typenprüfungen die Voraussetzung dafür gegeben wären. Spätestens aber zu dem Zeitpunkt, als sich Meldungen über ein Ablösen von Laufflächen häuften und es dadurch bedingt zu schweren Unfällen kam, hätten auch der Vorstandsvorsitzende und das für den Vertrieb zuständige Vorstandsmitglied sich um die Angelegenheiten kümmern und adäquate Abwehrmaßnahmen treffen müssen (z. B. Anordnung weiterer Typenprüfungen, vorläufiger Vertriebsstopp, Waren- und Rückrufaktionen) (vgl. Schmidt-Salzer, Produkthaftung, Rdnr. 1099 ff.)

- **Mandelbienenstich-Fall**

Der BGH hat die Verurteilung des Geschäftsführers einer GmbH wegen Körperverletzung aufrechterhalten, da dieser es in seiner Stellung als Geschäftsführer eines Lebensmittelgroßhandels schuldhaft unterlassen hatte, bereits ausgelieferten verdorbenen Mandelbienenstich zurückzurufen (Dreher, S. 44).

- **Pumpenprozeß-Fall**

Dieses Verfahren befaßte sich mit der Lieferung von etwa 300 Hochleistungspumpen an den Irak. Dieses zunächst als nicht genehmigungspflichtig eingestufte Geschäft wurde nach dem Export von 35 Pumpen später durch das Bundesamt für Wirtschaft unterbunden, nachdem dieses Amt Hinweise erhalten hatte, daß die Pumpen für Raketenantriebe im Irak bestimmt sind. Die Anklage warf dem Vorstandsmitglied des Unternehmens und zwei seiner Mitarbeiter vor, sie hätten aufgrund der technischen Gegebenheiten erkennen müssen, daß diese Pumpen – nicht wie vom irakischen Besteller angegeben – für den Einsatz in der Petrochemie gedacht gewesen sind. Durch die Lieferung von Teilen für den militärischen Einsatz hätten der Vorstand und seine Mitarbeiter gegen das Außenwirtschaftsgesetz verstoßen. Aufgrund eindeutiger Indizien hätten sie die geplante militärische Nutzung der Pumpen erkennen müssen.

Das Vorstandsmitglied des Unternehmens wurde wegen Billigung des fortgesetzten Verstoßes gegen das Außenwirtschaftsgesetz zu einer Freiheitsstrafe von einem Jahr verurteilt. Die Freiheitsstrafe wurde zur Bewährung ausgesetzt. Aufgrund des Urteils ist das Vorstandsmitglied von seinen Pflichten entbunden worden (Frankfurter Allgemeine Zeitung, Ausgabe vom 22.09.1982, S. 19).

- **Fall Herborn**

Ein mit 36 000 Liter Kraftstoff beladener Tanklastzug raste am

Ende einer Gefällstrecke am Ortseingang von Herborn in eine Eisdiele. 5 Menschen starben, 38 wurden verletzt, 8 Häuser brannten nieder, 44 Herborner Bürger wurden vorübergehend obdachlos. Der Schaden belief sich auf ca. 45 Mio. DM.

Angeklagt wurden der Fahrer des Tanklastzuges, die Disponentin und der Werkstattleiter der Spedition sowie der Spediteur selbst. Während der Werkstattleiter und die Disponentin freigesprochen wurden, wurde der Fahrer zu eineinhalb Jahren Freiheitsstrafe (auf Bewährung) und der Spediteur zu zweieinhalb Jahren Haft verurteilt.

Dem Spediteur wurde vorgeworfen, die Mängel am Druckluft- und Bremssystem des Tankwagens gekannt und trotzdem den weiteren Einsatz des Tankzuges nicht unterbunden zu haben (vom BGH bestätigtes Urteil des Landgerichts Limburg vom 17.01.1990).

- **Holzschutzmittel-Fall**

In diesem Verfahren wurden der technische und kaufmännische Geschäftsführer eines Chemie-Unternehmens angeklagt, die giftige Holzschutzmittel auch dann noch verkauft haben sollen, als bereits der konkrete Verdacht bestand, daß die bestimmungsgemäße Verwendung bestimmter Holzschutzmittel zum Innenanstrich in Wohnräumen bei den Bewohnern zu schweren Gesundheitsschädigungen geführt hat. Zunächst hatten die Richter der zuständigen Umweltstrafkammer die Eröffnung der Hauptverhandlung abgelehnt – u. a. mit der Begründung, der Nachweis der Kausalität sei »... nicht mit der für eine strafrechtliche Verurteilung zu fordernden Sicherheit zu erbringen«.

Nachdem der BGH im »Lederspray-Urteil« (vgl. S. 177 ff.) festgeschrieben hat, daß es auf den letzten naturwissenschaftlichen Beweis nicht mehr ankommt, es viel mehr genügt, wenn in »rechtsfehlerfreier Weise« festgestellt wird, daß die Beschaffenheit eines Produktes schadensursächlich war, wurde der Beschwerde der Staatsanwaltschaft stattgegeben und die Anklage zugelassen. Das Landgericht Frankfurt/Main hat nach 66 Verhandlungstagen am 25.05.1993 die beiden Geschäftsführer zu einer Freiheitsstrafe von jeweils einem Jahr auf Bewährung sowie zu einer Geldstrafe von jeweils 120 000,– DM verurteilt. Gegen dieses Urteil haben sowohl die beiden Angeklagten als auch die Staatsanwaltschaft Revision eingelegt.

Mit Urteil vom 02.08.1995 (wistra 1995, S. 303 ff.) hat der BGH das Urteil aufgehoben und wegen Verfahrensfehler an die Vorinstanz zurückverwiesen. Die Verfahrensfehler lagen zum einen darin, daß einer der Gutachter, auf den sich die erstinstanzliche Urteilsgründe stützen, als befangen angesehen wurde, zum anderen, daß das LG Frankfurt sich nicht intensiv mit den kontradiktorischen Sachverständigengutachten auseinandergesetzt hat.

Von besonderer Bedeutung sind allerdings die Ausführungen des Bundesgerichtshofes zur Frage der Kausalität. Hierzu macht der BGH grundsätzliche Ausführungen:

- Das erkennende Gericht ist nicht beschränkt auf die Berücksichtigung naturwissenschaftlich geklärter Kausalzusammenhänge. Es darf und muß sich vielmehr auch mit wissenschaftlich umstrittenen Meinungen auseinandersetzen.
- Aufgabe des Gerichts ist es nicht, neue naturwissenschaftliche Erkenntnisse oder Erfahrungssätze zu entwickeln oder zu widerlegen, sondern es hat nach den Regeln des Prozeßrechts und mit den dafür vorgesehenen Beweismitteln bestimmte Sachverhalte zu ermitteln und zu beurteilen. Die Feststellung der für das Strafverfahren bedeutsamen Tatsachen – hier: Nachweis der Kausalität – verlangt keine absolute, von niemandem anzweifelbare Gewißheit. Es genügt vielmehr, ein mit den Mitteln des Strafverfahren gewonnenes, nach der Lebenserfahrung ausreichendes Maß an Sicherheit, daß keine vernünftigen Zweifel bestehen läßt.
- Das Gericht ist auch nicht gehindert, sich nach Anhörung von Sachverständigen auf Untersuchungsergebnisse zu stützen, die Gegenstand eines wissenschaftlichen Meinungsstreits sind. Im Gegenteil: Die Pflicht zu einer umfassenden Aufklärung kann dem Gericht sogar gebieten, sich auch über Methoden und Verfahren zu unterrichten, die noch nicht allgemein anerkannt sind (z.B. Alternativmedizin). Bei der Beweiswürdigung hat es dann aber alle für und gegen die noch nicht allge-

mein erkannten Methoden und Ergebnisse sprechenden Gesichtspunkte in besonderer Weise mitzuberücksichtigen. Dabei darf es auch zu Ergebnissen kommen, die in Fachkreisen als »Mindermeinung« gelten, also z.B. der tradierten Schulmedizin widersprechen. Hierzu führt der BGH wörtlich aus: *»Selbst wenn unter den Naturwissenschaftlern keine Einigkeit darüber besteht, ob und auf welche Weise die Gifte, denen die Geschädigten ausgesetzt waren, eine Gesundheitsschädigung verursachen, kann der Tatrichter aufgrund einer Bewertung aller relevanten Indizien und der wissenschaftlichen Meinungen rechtsfehlerfrei zu der Überzeugung gelangen, daß die Holzschutzmittel-Exposition in bestimmten Fällen zu Gesundheitsschäden geführt hat. Ein Ursachenzusammenhang zwischen einer Holzschutzmittel-Exposition und einer Erkrankung ist nicht etwa nur dadurch nachweisbar, daß entweder die Wirkungsweise der Holzschutzmittel-Inhaltsstoffe auf den menschlichen Organismus naturwissenschaftlich nachgewiesen oder alle anderen möglichen Ursachen einer Erkrankung aufgezählt und ausgeschlossen werden ...«*

Damit fügt sich das Holzschutzmittel-Urteil bei der Frage der Beweiswürdigung von Indizien bei naturwissenschaftlich nicht positiv klärbaren Ursachenzusammenhängen nahtlos an das »Lederspray-Urteil« an.

Das Holzschutzmittel-Verfahren geht damit in sein 13. Jahr. Vermutlich wird erst Anfang 1997 das Landgericht Frankfurt auf Basis der jetzt getroffenen Feststellung des BGH erneut entscheiden, zumal zwischenzeitlich der Versuch gescheitert ist, zu einer außergerichtlichen Lösung (Einstellung gegen Auflagen nach § 153 a StPO) zu gelangen (Frankfurter Rundschau vom 17.04.1996).

- **Salzsäure-Fall**

In einem Ermittlungsverfahren gegen Mitarbeiter eines Unternehmens wegen Verdachts der unbefugten Gewässerverunreinigung wurden bei einer Durchsuchung im Werk umfangreiche Unterlagen beschlagnahmt. Im Rahmen der Auswertung dieser Unterlagen ergab sich der Verdacht der verunreinigenden Einleitung von als Sonderabfall zu behandelnden Säuren in den Main.

Die beabsichtigte wirtschaftliche Verwertung der im Unternehmen anfallenden Salzsäure gelang nur teilweise, so daß zeitweise die nicht unterzubringenden Salzsäureüberschußmengen auftraten. Eine Drosselung der Produktion der Salzsäure durch die technisch mögliche Produktionseinstellung erfolgte nicht. Vielmehr wurden Salzsäureüberschußmengen in den firmeneigenen Kanal geleitet, der in den Main einmündet. Dies geschah auf Anweisung des Betriebsführers oder auch ohne ausdrückliche Anweisung auf der Grundlage überlieferter Handhabung durch den Schichtführer. Aufgrund dieses Sachverhaltes wurde ein Ermittlungsverfahren wegen Gewässerverunreinigung, § 324 StGB, gegen drei Mitarbeiter eingeleitet sowie gegen

- den Vorstandsvorsitzenden,
- das zuständige Vorstandsmitglied.

Dem Vorstandsvorsitzenden wurde vorgeworfen, seiner Verpflichtung, eine Beschlußfassung über die Vermeidung der gesetzwidrigen Einleitung zu koordinieren und herbeizuführen, schuldhaft nicht nachgekommen zu sein.

Die Anklagebehörde vertrat die Auffassung, das zuständige Vorstandsmitglied habe die Pflicht, die Abgabe der Salzsäure in den Betriebskanal und damit letztlich in den Main zu unterbinden und hierüber einen Vorstandsbeschluß herbeizuführen. Dies habe er schuldhaft nicht getan. Dadurch bedingt sei es zu der Gewässerverunreinigung gekommen.

Aus prozessualen Gründen wurde das Verfahren nach § 153 a StPO eingestellt, wobei der Vorstandsvorsitzende 250 000,– DM und das zuständige Vorstandsmitglied 750 000,– DM an Auflagen zu erbringen hatte (Natur + Recht 1982, S.114 ff.).

- **Falisan-Fall**

Der Geschäftsführer einer GmbH verpflichtete seine Firma vertraglich, von einem anderen Unternehmen Quecksilberbeize (Falisan) zu übernehmen und einer entsprechenden Behandlung und Verwertung gemäß den gesetzlichen Vorschriften zuzuführen. Die Verwertung bestand darin, daß die rund 54 Tonnen Beize an die Fa. O. weitergegeben wurde, die die Entsorgung vornehmen sollte. Die Fa. O. wiederum exportierte den giftigen Abfall nach einer Zwischenlagerung in einem deutschen Schweinestall nach Polen, wo er in einem ehemaligen Hühnerstall gelagert wurde.

Das Landgericht Köln hatte den angeklagten GmbH-Geschäftsführer vom Vorwurf der fahrlässigen umweltgefährdenden Abfallbeseitigung nach § 326 Abs. 1 Nr. 2 StGB freigesprochen, da ihm die Zwischenlagerung in Deutschland und die Endlagerung in Polen nicht zugerechnet werden könne. In der Weitergabe des Stoffes an die Fa. O. liege keine Sorgfaltspflichtverletzung, da diese Firma Mitglied des einschlägigen Fachverbandes gewesen und von einem Sachverständigen für Chemie empfohlen worden sei. Bei dieser Sachlage habe für den Angeklagten GmbH-Geschäftsführer grundsätzlich keine Verpflichtung bestanden, weitere Erkundigungen über die Fa. O. einzuholen oder sich zu erkundigen, auf welche Weise sie den Abfall beseitigen wolle. Anhaltspunkte dafür, daß das Falisan exportiert werden solle, habe der Angeklagte nicht gehabt.

Dieses Urteil hat der BGH (AZ: 2 StR 620/93) mit Urteil vom 02.03.1994 aufgehoben. Es sieht in dem Verhalten des GmbH-Geschäftsführers einen Verstoß gegen § 326 StGB.

Bemerkenswert an dem Urteil sind insbesondere die Sorgfaltskriterien, die der BGH hinsichtlich der Auswahl eines Entsorgers aufstellt. Sie beziehen sich insbesondere auf die Auswahl des mit der Abfallbeseitigung beauftragten Unternehmens, das bestimmten Zuverlässigkeitskriterien entsprechen muß.

Der Auftraggeber genügt dieser Pflicht nicht schon dadurch, daß er mit der Entsorgung ein Unternehmen betraut, das überhaupt Abfallbeseitigung gewerblich betreibt, also zur Branche gehört, die nachgesuchte Leistung anbietet und in allgemeiner Form und ohne nähere Angaben ordnungsgemäße Erledigung zusagt. Vielmehr hat der Auftraggeber eine weit darüber hinausgehende **aktive** Erkundigungspflicht. Er hat sich davon zu überzeugen, daß das entsorgende Unternehmen zu der angebotenen Entsorgung tatsächlich imstande und rechtlich befugt ist. Allein die Tatsache, daß sich der Auftraggeber davon überzeugt hat, daß ein Unternehmen dem entsprechenden Fachverband angehört und von einem Sachverständigen empfohlen worden ist, reicht nicht aus. Auch entsteht die Sorgfaltspflicht nicht erst dann, wenn der Auftraggeber Anhaltspunkte für eine unvorschriftsmäßige Entsorgung hat. Vielmehr muß der Auftraggeber sich auch immer ohne derartigen Verdacht **positive Gewißheit** darüber verschaffen, daß eine ordnungsgemäße Entsorgung garantiert ist. Er muß den Nachweis oder zumindest die verbindliche und überprüfbare Bestätigung einholen, daß die Entsorgung in einer und in welcher geeigneten und behördlich zugelassenen Anlage erfolgt.

Die Rechtsfolgen einer Straftat

Allgemeines

Die Rechtsfolgen einer Straftat richten sich nach einem zweispurigen System. Als Ausgleich für die Schuld des Straftäters sieht das Gesetz die Strafe vor, und zwar in Form der

- Freiheitsstrafe,
- Geldstrafe,
- Vermögensstrafe,
- Nebenstrafe.

Daneben gibt es noch

- Maßregeln der Besserung und Sicherung sowie
- Nebenfolgen.

Beide setzen keinen Schuldvorwurf voraus.

In Ordnungswidrigkeiten ist die Geldbuße, die wiederum ein schuldhaftes Verhalten voraussetzt, einschlägige Rechtsfolge.

Strafen

Freiheitsstrafe

Die Dauer einer zeitigen Freiheitsstrafe beträgt mindestens einen Monat, höchstens fünfzehn Jahre, § 38 Abs. 2 StGB. Bei einigen Kapitalverbrechen (z.B. Mord, § 211 StGB) ist lebenslange Freiheitsstrafe angedroht.

Kurze Freiheitsstrafen

Nach § 47 Abs. 1 StGB verhängt das Gericht eine Freiheitsstrafe **unter sechs Monaten** nur dann, wenn besondere Umstände, die in der Tat oder der Persönlichkeit des Täters liegen, die Verhängung einer Freiheitsstrafe zur Einwirkung auf den Täter oder zur Verteidigung der Rechtsordnung unerläßlich machen. Damit wird das Anliegen des Gesetzgebers deutlich, kurze Freiheitsstrafen nach Möglichkeit zu verhindern. Liegen die Voraussetzungen des § 47 Abs. 1 StGB vor, wird in aller Regel die Freiheitsstrafe zur Bewährung ausgesetzt.

Bewährungsstrafe

Bei Verfahren aus dem Bereich des Unternehmensstrafrechts geht es in vielen Fällen um die Frage, ob eine Freiheitsstrafe zur Bewährung ausgesetzt werden kann. Die gesetzlichen Voraussetzungen finden sich in §§ 56, 57 StGB.

Freiheitsstrafe bis zu einem Jahr

Bei Verurteilung zur Freiheitsstrafe von **nicht mehr als einem Jahr** setzt das Gericht die Vollstreckung der Strafe zur Bewährung aus, wenn zu erwarten ist, daß der Verurteilte sich schon die Verurteilung zur Warnung dienen läßt und künftig auch ohne die Einwirkung des Strafvollzugs keine Straftaten mehr begehen wird, § 56 Abs. 1 S. 1 StGB. Voraussetzung für die Strafaussetzung ist vor allem eine **günstige Täterprognose** in bezug auf die künftige Lebensführung. Diese Täterprognose erfordert eine individuelle Würdigung aller Umstände, insbesondere sind zu berücksichtigen:

- die Persönlichkeit des Verurteilten,
- sein Vorleben,
- die Umstände seiner Tat,
- sein Verhalten nach der Tat,
- seine Lebensverhältnisse und die
- Wirkungen, die von der Aussetzung für ihn zu erwarten sind.

Die Praxis zeigt, daß hier insbesondere die Frage möglicher einschlägiger Vorstrafen eine besondere Rolle spielt.

Nach § 56 Abs. 3 StGB muß eine Freiheitsstrafe von **mindestens sechs Monaten** vollstreckt werden, wenn die Verteidigung der Rechtsordnung dies gebietet. Die Verteidigung der Rechtsordnung erfordert, die generalpräventive Wirksamkeit der Strafrechtsordnung durch gleichmäßigen, nicht schwächlichen Einsatz der strafrechtlichen Reaktionsmittel in einem Maß zu erhalten, daß die rechtliche Gesinnung der Bevölkerung nicht erschüttert wird (BGH, NStZ 1988, S. 126).

Freiheitsstrafe bis zu zwei Jahren

§ 56 Abs. 2 StGB erlaubt eine Aussetzung der Freiheitsstrafe **bis einschließlich zwei Jahre,** wenn nach der Gesamtwürdigung von Tat und Persönlichkeit des Verurteilten besondere Umstände vorliegen. Dies bedeutet, daß Milderungsgründe vorliegen müssen, die aus dem Durchschnitt herausragen (Schmidt-Hieber in: Müller-Gugenberger, § 10 Rdnr. 8).

Bei dieser Entscheidung ist besonders das Bemühen des Verurteilten, den durch die Tat verursachten Schaden wiedergutzumachen zu berücksichtigen, § 56 Abs. 2 Satz 2 StGB. Im übrigen hat die Rechtsprechung folgende Milderungsgründe anerkannt:

- beruflich nachteilige Folgen,
- lange zurückliegende Taten,
- familiäre und wirtschaftliche Schwierigkeiten,
- Stabilisierung der Lebensverhältnisse,
- positiv zu bewertendes Nachtatverhalten, z.B. Geständnis oder Aufklärungshilfe,
- unverschuldete finanzielle Notlage,
- erlittene Untersuchungshaft.

(zitiert nach Schmidt-Hieber in: Müller-Gugenberger, § 10 Rdnr. 10.)

Aussetzung der Restfreiheitsstrafe

Bei einer nicht zur Bewährung ausgesetzten Freiheitsstrafe besteht gemäß § 57 StGB die Möglichkeit, die restliche Strafverbüßung auszusetzen.

Hat der Verurteilte zwei Drittel der verhängten Strafe verbüßt, so kann nach § 57 Abs. 1 StGB bei günstiger Täterprognose die Vollstreckung des Strafrestes zur Bewährung ausgesetzt werden.

Nach § 57 Abs. 2 StGB besteht in Ausnahmefällen sogar die Möglichkeit, schon nach der Verbüßung der Hälfte der Freiheitsstrafe die Vollstreckung des Restes der Strafe zur Bewährung auszusetzen. Voraussetzung ist, daß entweder der Verurteilte erstmals eine Freiheitsstrafe verbüßt und diese zwei Jahre nicht übersteigt oder die Gesamtwürdigung von Tat, Persönlichkeit des Verurteilten und seine Entwicklung während des Strafvollzuges ergibt, daß besondere Umstände vorliegen.

Geldstrafe

Geldstrafen werden nach dem sog. **Tagessatzsystem** verhängt. Sie beträgt mindestens 5 und – wenn das Gesetz nichts anderes bestimmt – höchstens 360 volle Tagessätze, § 40 Abs. 1 StGB. Die Höhe der Tagessätze bestimmt sich nach dem Maß des individuellen Verschuldens.

Die Höhe eines Tagessatzes bestimmt das Gericht unter Berücksichtigung der persönlichen und wirtschaftlichen Verhältnisse des Täters. Dabei geht es in der Regel vom Nettoeinkommen aus, das der Täter durchschnittlich an einem Tag hat oder haben könnte. Ein Tagessatz wird auf mindestens 2,– DM und höchstens 10 000,– DM festgesetzt, § 40 Abs. 2 StGB.

Die Berechnung des Nettoeinkommens ist gesetzlich nicht geregelt und in den Einzelheiten umstritten. Einigkeit besteht allerdings darüber, daß das Nettoeinkommen im Sinne von § 40 StGB ein strafrechtlicher und kein steuerrechtlicher Begriff ist. Umfaßt werden alle Einkünfte aus selbständiger und unselbständiger Tätigkeit. Das Nettoeinkommen wird weder durch »Freibeträge« noch durch »Abschreibungen«, die zu keiner tatsächlichen Einkommensreduzierung führen, gemindert. Entscheidend ist vielmehr, was wirtschaftlich gesehen die Leistungsfähigkeit des Täters und seinen Lebenszuschnitt bestimmt (Schmidt-Hieber in: Müller-Gugenberger, § 10 Rdnr. 15).

Bei der Geldstrafe besteht die Möglichkeit, im Einzelfall Zahlungserleichterungen zu bewilligen. Ist die Geldstrafe uneinbringlich, so tritt an ihre Stelle Freiheitsstrafe, wobei einem Tagessatz ein Tag Freiheitsstrafe entspricht (§ 43 StGB). Neben der Freiheitsstrafe kann zusätzlich eine Geldstrafe verhängt werden. Hat der Täter sich durch die Tat bereichert oder zu bereichern versucht, so kann neben einer Freiheitsstrafe eine sonst nicht oder nur wahlweise angedrohte Geldstrafe nach § 41 StGB verhängt werden, wenn dies auch unter Berücksichtigung der persönlichen und wirtschaftlichen Verhältnisse des Täters angebracht ist. Dies gilt nicht, wenn das Gericht nach § 43 a StGB eine Vermögensstrafe verhängt hat.

Diese **Vermögensstrafe**, die mit Wirkung vom 15.07.1992 eingeführt wurde (§ 43 a StGB), besagt, daß das Gericht neben einer lebenslangen oder einer zeitigen Freiheitsstrafe von mehr als zwei Jahren auf Zahlung eines Geldbetrages erkennen kann, dessen Höhe jedoch durch den Wert des Vermögens des Täters begrenzt ist. Dabei kann der Wert des Vermögens geschätzt werden.

Die **Nebenstrafe** spielt im Bereich des Unternehmensstrafrechts eine untergeordnete Rolle. Typisches Beispiel einer Nebenstrafe ist das Fahrverbot als Folge von Verkehrsdelikten.

Zur Höhe der Strafe

Grundlage für die Strafzumessung ist nach § 46 Abs. 1 S. 1 StGB die Schuld des Täters. Die Strafe hat demnach in erster Linie Schuldausgleich zu sein, also Sühne und Vergeltung für das begangene Unrecht. Gleichzeitig soll die Strafe auch Mittel zum Zweck sein, sie soll präventiv wirken, also vorbeugend und verhütend.

§ 46 Abs. 2 StGB enthält einen Katalog von Strafzumessungsgründen, wie:

- Beweggründe und Ziele des Täters,
- Gesinnung, die aus der Tat spricht, und
- der bei der Tat aufgewendete Wille,
- das Maß der Pflichtwidrigkeit,
- die Art der Ausführung und die verschuldeten Auswirkungen der Tat,
- das Vorleben des Täters, seine persönlichen und wirtschaftlichen Verhältnisse und
- Verhalten nach der Tat, insbesondere das Bemühen, den Schaden wiedergutzumachen sowie das Bemühen des Täters einen Ausgleich mit dem Verletzten zu erreichen.

Durch Gesetz vom 28.10.1994 wurde § 46 a StGB neu in das Strafgesetzbuch eingeführt (Gedanke des **Täter-Opfer-Ausgleiches**).

»Hat der Täter

1. *in dem Bemühen, einen Ausgleich mit dem Verletzten zu erreichen (Täter-Opfer-Ausgleich), seine Tat ganz oder zum überwiegenden Teil wiedergutgemacht oder deren Wiedergutmachung ernsthaft erstrebt oder*
2. *in einem Fall, in welchem die Schadenswiedergutmachung von ihm erhebliche persönliche Leistungen oder persönlichen Verzicht erfordert hat, das Opfer ganz oder zum überwiegenden Teil entschädigt, so kann das Gericht die Strafe nach § 49 Abs. 1 mildern oder, wenn keine höhere Strafe als Freiheitsstrafe bis zu einem Jahr oder Geldstrafe bis zu 360 Tagessätzen verwirkt ist, von Strafe absehen.«*

Strafbemessungen bei mehreren Gesetzesverletzungen

Zu unterscheiden ist zwischen der Tateinheit und der Tatmehrheit.

Tateinheit liegt nach § 52 Abs. 1 StGB vor, wenn dieselbe Handlung mehrere Strafgesetze oder dasselbe Strafgesetz mehrmals verletzt. In diesem Fall wird die Strafe nach dem Gesetz bestimmt, das die schwerste Strafe androht.

Tatmehrheit liegt nach § 53 StGB vor, wenn der Täter mehrere Handlungen begeht, durch die entweder mehrere Strafgesetze oder ein Strafgesetz mehrfach verletzt werden. Werden diese Straftaten gleichzeitig abgeurteilt, so ist nach § 54 StGB eine **Gesamtstrafe** zu bilden. Sie wird durch Erhöhung der verwirkten höchsten (Einzel-)Strafe gebildet.

Maßregeln der Besserung und Sicherung

In § 61 StGB findet sich eine Übersicht über die Maßregeln der Besserung und Sicherung. Dies sind:

- die Unterbringung in einem psychiatrischen Krankenhaus,
- die Unterbringung in einer Entziehungsanstalt,
- die Unterbringung in der Sicherungsverwahrung,
- die Führungsaufsicht,
- die Entziehung der Fahrerlaubnis,
- das Berufsverbot.

In der Praxis des Unternehmensstrafrechts spielt insbesondere das **Berufsverbot** eine wichtige Rolle. Es setzt eine rechtswidrige – nicht unbedingt schuldhafte – Tat voraus, die der Täter unter Mißbrauch seines Berufes oder unter Verletzung der mit dem Beruf verbundenen Pflichten begangen hat, § 70 Abs. 1 S. 1 StGB. Die Straftat muß also immer mit der Berufsausübung in unmittelbarem Zusammenhang stehen. Die äußerliche Möglichkeit zur Begehung der Tat anläßlich der Berufsausübung genügt für die Anordnung eines Berufsverbotes nicht. Kein Zusammenhang zwischen Berufsausübung und Straftat besteht so etwa bei der Hinterziehung von Umsatz-, Einkommens- und Gewerbesteuern. Dagegen soll die Pflicht, Arbeitnehmerbeiträge an die Krankenkassen abzuführen, Berufspflicht im Sinne des § 70 StGB sein. Unzweifelhaft ist die Verlängerung eines Berufsverbots gerechtfertigt, wenn ein Kaufmann im Rahmen seines Gewerbes fortlaufend unter Verschweigen seiner Zahlungsunfähigkeit Waren bestellt hat (Schmidt-Hieber in: Müller-Gugenberger, § 10 Rdnr. 47).

Nach § 62 StGB ist bei der Verhängung eines Berufsverbotes besonders der Grundsatz der Verhältnismäßigkeit zu beachten. Es kann für die Dauer von einem bis zu fünf Jahren, in ganz seltenen Fällen sogar für immer angeordnet werden. Letzteres ist dann der Fall, wenn zu erwarten ist, daß die gesetzliche Höchstfrist zur Abwehr der von dem Täter drohenden Gefahr nicht ausreicht.

Schon vor dem Urteil kann ein **vorläufiges Berufsverbot** verhängt werden, wenn dringende Gründe für die Annahme vorhanden sind, daß das endgültige Berufsverbot angeordnet werden kann (§ 132 StPO). Die Dauer des endgültigen Berufsverbots verkürzt sich dann um die Zeit, in der das vorläufige Verbot wirksam war, § 70 Abs. 2 StGB.

Eine spezielle Form des Berufsverbotes findet sich in § 6 Abs. 2 Satz 2 GmbHG. Danach kann für die Dauer von fünf Jahren niemand Geschäftsführer einer GmbH sein, der wegen einer Konkursstraftat nach den §§ 283 – 283 d StGB verurteilt worden ist. Eine ähnliche Vorschrift findet sich in § 76 Abs. 3 AktG für den Vorstand einer AG.

Hinzuweisen ist auch auf § 35 GewO. Danach besteht für die zuständigen Verwaltungsbehörden die Möglichkeit, gegen unzuverlässige Gewerbetreibende ein Gewerbeverbot zu verhängen. Von besonderer Bedeutung sind hier insbesondere Eintragungen im Gewerbezentralregister (vgl. S. 212 ff.).

Verfall und Einziehung

Die **Anordnung des Verfalls** bezweckt die Beseitigung eines Vermögensvorteils, den der Täter oder Teilnehmer aus einer rechtswidrigen Tat erlangt hat. Der Verfall umfaßt auch gezogene Nutzungen und Ersatzgegenstände, § 73 Abs. 2 StGB. Die Anordnung des Verfalls kommt dann nicht in Betracht, wenn dem Verletzten aus der Tat ein Anspruch erwachsen ist, dessen Erfüllung den Vermögensvorteil beseitigen oder mindern würde, § 93 Abs. 1 Satz 2 StGB.

Beispiel:

Der Geschäftsführer einer GmbH hat Veruntreuungen zum Nachteil der Gesellschaft begangen. In diesem Fall kann das Gericht den Verfall des Erlangten nicht anordnen, da der GmbH Ersatzansprüche gegenüber dem Geschäftsführer zustehen.

Die **Einziehung** von Gegenständen hat zur Voraussetzung, daß diese durch eine vorsätzliche Straftat hervorgebracht oder zu ihrer Begehung oder Vorbereitung gebraucht worden oder bestimmt gewesen sind, § 74 Abs. 1 StGB. Für den Bereich des Unternehmensstrafrechts ist insbesondere § 75 StGB von Bedeutung:

»Hat jemand

1. *als vertretungsberechtigtes Organ einer juristischen Person oder als Mitglied eines solchen Organs,*
2. *als Vorstand eines nicht rechtsfähigen Vereins oder als Mitglied eines solchen Vorstandes,*
3. *als vertretungsberechtigter Gesellschafter einer Personenhandelsgesellschaft oder*
4. *als Generalbevollmächtigter oder in leitender Stellung als Prokurist oder Handlungsbevollmächtigter einer juristischen Person oder einer in Nr. 2 oder 3 genannten Personenvereinigung eine Handlung vorgenommen, die ihm gegenüber unter den übrigen Voraussetzungen der §§ 74 bis 74 c und 74 f StGB die Einziehung eines Gegenstandes oder des Wertersatzes zulassen oder den Ausschluß der Entschädigung begründen würde, so wird seine Handlung bei Anwendung dieser Vorschriften dem Vertretenden zugerechnet . . .«*

Die Einziehung kann sich also auch gegen die juristische Person richten.

Geldbußen bei Ordnungswidrigkeitenverfahren

Als Rechtsfolge eines Verstoßes gegen Ordnungswidrigkeiten sieht das Gesetz in erster Linie die Geldbuße vor. Die Bemessungskriterien finden sich in § 17 OWiG. Maßgeblich sind hier vor allem:

- die Bedeutung der Ordnungswidrigkeit,
- der Vorwurf, den der Täter trifft,
- die wirtschaftlichen Verhältnisse des Täters.

Eintragung in das Bundes- oder Gewerbezentralregister

Bundeszentralregister

In der Praxis ist die Eintragung ins Bundeszentralregister von nicht zu unterschätzender Bedeutung, da dadurch auch Dritte außerhalb des betroffenen Personenkreises von einer möglichen Verurteilung wegen einer Straftat Kenntnis erlangen können. Insbesondere für die berufliche Karriere können sich hier einschneidende Folgen ergeben. Rechtsgrundlage ist das Bundeszentralregistergesetz (BZRG) von 1985.

Das Bundeszentralregister wird vom Generalbundesanwalt beim BGH geführt. Sitz der Behörde ist Berlin. In das Register werden eingetragen u. a. alle Verurteilungen zu Strafen, Maßregeln der Besserung und Sicherung, Nebenstrafen und Nebenfolgen, die wegen einer mit Strafe bedrohten Handlung durch Urteil oder Strafbefehl eines deutschen Gerichts in Deutschland ausgesprochen worden sind. Alle Gerichte und Behörden sind verpflichtet, dem Bundeszentralregister die einzutragenden Entscheidungen und sonstigen Tatsachen mitzuteilen, § 20 BZRG.

Eintragungen über Verurteilungen werden nach Ablauf einer bestimmten Frist getilgt und aus dem Register entfernt. Die Tilgungsfristen richten sich nach der Höhe der Verurteilungen.

Die Länge der Tilgungsfrist beträgt nach § 46 BZRG zwischen fünf und fünfzehn Jahren, bei lebenslanger Freiheitsstrafe erfolgt keine Tilgung. Nach Tilgung darf die Verurteilung dem Betroffenen weder vorgehalten noch zu seinem Nachteil verwendet werden, § 51 Abs. 1 BZRG. Außerdem darf er sich als »nicht vorbestraft« bezeichnen und muß – z. B. bei einer Stellenbewerbung – den der Verurteilung zugrundeliegenden Sachverhalt nicht offenbaren. Letzteres gilt im übrigen bereits dann, wenn die Verurteilung nicht mehr in ein Führungszeugnis aufzunehmen ist, § 53 BZRG. Im übrigen dürfen getilgte Vorverurteilungen auch nicht als Beweisindiz gegen einen Angeklagten verwendet werden (BGH NJW 1990, S. 2264). Hinsichtlich der Auswirkungen einer Eintragung ins Bundeszentralregistergesetz ist für den Betroffenen zu unterscheiden zwischen dem Führungszeugnis und der unbeschränkten Auskunft aus dem Zentralregister. Führungszeugnisse können von Betroffenen und von Behörden angefordert werden. Geringfügigere Strafen – z. B. Geldstrafen von weniger als 90 Tagessätzen – werden nicht in das Führungszeugnis aufgenommen. Auch in diesen Fällen darf sich ein Verurteilter als unbestraft bezeichnen. Es ist deshalb von besonderer Bedeutung – sollte eine Verurteilung nicht zu vermeiden sein –, daß jedenfalls versucht wird, eine Verurteilung von über 90 Tagessätzen zu vermeiden.

In den §§ 41 – 43 BZRG ist geregelt, welche Behörden unbeschränkte Auskunft aus dem Bundeszentralregister erteilt wird. Hierzu gehören insbesondere Staatsanwaltschaften und Gerichte.

Gewerbezentralregister

Die Existenz des Gewerbezentralregisters, das ebenfalls beim Bundeszentralregister geführt wird, ist in der Praxis kaum bekannt. Das Gewerbezentralregister hat insbesondere Bedeutung

Das Bundeszentralregister

Eintragungen	• Strafgerichtliche Verurteilungen • Entscheidungen von Verwaltungsbehörden und Gerichten • Vermerke über Schuldunfähigkeit, Suchvermerke
Tilgung der Strafe	• nach 5 Jahren – Geldstrafen bis 90 Tagessätze – Freiheitsstrafen bis zu 3 Monaten – Jugendstrafen bis 1 Jahr bzw. bis 2 Jahren bei Strafaussetzung – Befristete Entziehung der Fahrerlaubnis • nach 10 Jahren – Geldstrafen bis 90 Tagessätze und Freiheitsstrafen bis zu 3 Monaten, wenn im Register weitere (Freiheits-)Strafe eingetragen ist. – Freiheitsstrafen von 3 Monaten bis 1 Jahr, falls Bewährung – Jugendstrafen mehr als 1 Jahr, wenn im Register weitere (Freiheits-)Strafe eingetragen ist. • nach 15 Jahren – alle übrigen Fälle
Keine Tilgung	• Lebenslange Freiheitsstrafe • Dauernde Entziehung der Fahrerlaubnis • Unterbringung in Sicherheitsverwahrung oder psychiatrischem Krankenhaus.

Tabelle 4

für Bußgeldentscheidungen wegen einer Ordnungswidrigkeit. Seit dem 01.01.1976 werden rechtskräftige Bußgeldentscheidungen, die bei oder im Zusammenhang mit der Ausübung eines Gewerbes oder dem Betrieb oder sonstigen wirtschaftlichen Unternehmung begangen worden sind, dort eingetragen. Die Eintragung erfolgt, wenn die Geldbuße **mehr als 200,– DM** beträgt, § 149 Abs. 3 GewO. Den Umfang der Auskunftserteilung sowie die Tilgung der Eintragungen regeln §§ 150 ff. GewO in enger Anlehnung an das BZRG. Da mehrere einschlägige Eintragungen insbesondere die gewerberechtliche **Zuverlässigkeit** eines Unternehmens oder eines Betriebes in Frage stellen können, ist gut zu überlegen, ob man Bußgeldbescheide über 200,– DM – wie dies in der Praxis üblich ist – aus der »Portokasse« bezahlt oder nicht die möglichen Rechtswege ausschöpft. Im Zweifel sollte zuvor ein fachkundiger Rechtsanwalt kontaktiert werden.

Sonderfragen

Anspruch des Arbeitnehmers auf Erstattung berufsbedingter Verfahrenskosten

In der Praxis stellt sich häufig die Frage: Wer hat die Kosten zu erstatten, wenn im Rahmen der beruflichen Tätigkeit ein Ermittlungsverfahren eingeleitet wird? Hat der Betroffene einen Rechtsanspruch auf Erstattung der bei ihm anfallenden Verfahrenskosten gegenüber dem Unternehmen?

Am 16.03.1995 hat das Bundesarbeitsgericht (BAG) ein bedeutendes Urteil (AZ: 8 AZR 260/94) zur Erstattung von bei Arbeitnehmern (nicht: Organen!) anfallenden berufsbedingten Verfahrenskosten gefällt.

In seinen Leitsätzen stellt das BAG fest:

- »*Verursacht ein Berufskraftfahrer in Ausübung seiner betrieblichen Tätigkeit unverschuldet einen schweren Verkehrsunfall und wird wegen dieses Unfalls gegen ihn ein staatsanwaltschaftliches Ermittlungsverfahren eingeleitet, hat ihm der Arbeitgeber die erforderlichen Kosten der Verteidigung zu ersetzen.*
- *Erforderliche Kosten der Verteidigung sind grundsätzlich die gesetzlichen Gebühren.*
- *Arbeitsrechtlich ist ein Berufskraftfahrer ohne besondere Vereinbarung und Vergütung nicht zum Abschluß einer Rechtsschutz-Versicherung verpflichtet.*«

Dem Urteil lag folgender Sachverhalt zugrunde:

Der Arbeitnehmer war bei seiner Firma als Kraftfahrer beschäftigt. Er wurde auf einem LKW eingesetzt. Im Juli 1991 kam es während einer Dienstfahrt zu einem Verkehrsunfall. Der vom Arbeitnehmer geführte LKW erfaßte einen anderen Verkehrsteilnehmer, als dieser unvermutet auf die Fahrbahn trat und überrollte ihn mit dem Zwillingsreifen. Einige Tage danach verstarb der Unfallbeteiligte an den Folgen seiner Verletzung. Die Staatsanwaltschaft leitete gegen den Arbeitnehmer ein Ermittlungsverfahren wegen fahrlässiger Tötung ein. Zu seiner Verteidigung zog der Arbeitnehmer einen Strafverteidiger hinzu, mit dem er eine Gebührenvereinbarung (150,– DM pro Stunde) traf. Im Februar 1992 wurde das Ermittlungsverfahren von der Staatsanwaltschaft nach § 170 Abs. 2 StPO eingestellt. Das Unternehmen weigerte sich, die angefallenen Verfahrenskosten zu erstatten. Die dagegen gerichtete Klage des Arbeitnehmers war – in Höhe der gesetzlichen Gebühren – erfolgreich.

Das Urteil stellt eine konsequente Weiterverfolgung der Grundsätze des BAG zum Aufwendungsersatzanspruch des Arbeitnehmers (früher: bei gefahrgeneigter Arbeit) dar und kann in seiner Bedeutung – zumindest für Arbeitnehmer – nicht hoch genug eingeschätzt werden. Insbesondere deshalb, weil das BAG ausdrücklich auch auf die Grundsätze der Schadens- bzw. Aufwendungsteilung bei schuldhaftem Verhalten hinweist. Insoweit können die Ausführungen des Urteils auch Bedeutung für Strafverfahren haben, die nicht im Zusammenhang mit Verkehrsunfällen stehen. Auch hier könnte der Arbeitnehmer – wenn das Verfahren gemäß § 170 Abs. 2 StPO eingestellt wird – einen Aufwendungsersatzanspruch gegenüber seinem Arbeitgeber geltend machen; im Einzelfall ist es sogar nicht auszuschließen, daß ein derartiger Aufwendungsersatzanspruch bei einer Einstellung mit Auflagen gemäß § 153 a StPO besteht. Hier bleibt abzuwarten, wie die Praxis und ihr folgend auch die künftige Rechtsprechung diese Thematik beurteilen. In jedem Fall ist zu erwarten, daß unter Berufung auf dieses Urteil selbst nicht rechtsschutzversicherte Arbeitnehmer entsprechend angefallene Verteidigungskosten gegenüber dem Arbeitgeber in Rechnung stellen. Abzuwarten bleibt auch, ob in einem ähnlichen Fall die Gerichte auch einem Geschäftsführer, Vorstand oder Aufsichtsrat einen entsprechenden Anspruch zubilligen. Während die Rechtsprechung des BAG traditionell eher arbeitnehmerfreundlich ist, kann dies von der ordentlichen Zivilgerichtsbarkeit bei Verfahren von Managern nicht unbedingt gesagt werden.

Das Urteil ist allerdings insofern sehr unbefriedigend, als lediglich die gesetzlichen Gebühren als erstattungsfähig angesehen werden. Die Ausführungen des BAG hierzu sind erschreckend wirklichkeitsfremd. Die Gebührenordnung für Rechtsanwälte (BRAGO) unterscheidet hinsichtlich der Honorierung der Anwälte nicht zwischen einfachsten Ordnungswidrigkeiten und größten Wirtschaftsstrafverfahren. Es ist heute üblich und gängige Praxis, bei Strafverfahren Gebührenvereinbarungen zu treffen. Dies hätte das BAG berücksichtigen müssen – auch ohne expliziten Parteivortrag. Das gilt um so mehr, als hier die wirklich unterste Grenze einer Gebührenvereinbarung zugrunde gelegt wurde (150,– DM). Noch weniger verständlich ist, daß nicht einmal die Höchstgebühr gemäß BRAGO zugestanden wird. Der hier gemachte Vorwurf der fahrlässigen Tötung war – wie auch das BAG sieht – von gravierender Bedeutung. Allein die Schwere des Vorwurfs hätte es gerechtfertigt, hier die Höchstgebühr als erstattungsfähig anzusehen, zumal das Verfahren fast ein halbes Jahr gedauert hat. Im Zweifel die bessere Lösung dürfte der Abschluß einer Straf-Rechtsschutz-Versicherung sein. (vgl. S. 265)

Erstattung der Geldstrafe durch den Arbeitgeber

In der Praxis ist es ein offenes Geheimnis: Es ist gang und gäbe, daß Geldstrafen, die bei einem im Unternehmensinteresse begangenen Straftatbestand den verantwortlichen Organen auferlegt werden, aus der Unternehmenskasse bezahlt oder zumindest erstattet werden. Unabhängig von einer rechtlichen und moralischen Bewertung wird diese Tatsache häufig als Grund angesehen, daß – anders als früher – heute vermehrt auch Freiheitsstrafen verhängt werden. Es stellt sich die Frage, ob die Bezahlung einer Geldstrafe durch das Unternehmen nicht eine Strafvollstreckungsvereitelung gemäß § 258 Abs. 2 StGB ist. Bis 1990 entsprach dies der ständigen Rechtsprechung und herrschenden Lehre (Schünemann, S. 171).

Zur Überraschung vieler hat der BGH am 07.11.1990 (BGH St 37, 226) entschieden, daß die Bezahlung fremder Geldstrafen nicht den Tatbestand der Strafvollstreckungsvereitelung erfüllt, weil § 258 Abs. 2 StGB nach seiner unübersteigbaren Wortlautgrenze nur die Vereitelung der technischen Strafvollstreckung, also der Erlangung eines bestimmten Geldbetrages durch den Staat, betreffe und weil man sonst im Hinblick darauf zu der wenig überzeugenden Differenzierung gezwungen sei, daß jedenfalls die Zuwendung einer »Prämie« nach Bezahlung der Geldstrafe in keinem Fall unter § 258 StGB subsumiert werden kann. Täte man dies, liefe dies auf eine »Privilegierung von Komödien« hinaus. Das Urteil hat insoweit heftigen Widerspruch erfahren (Schünemann, S. 171 mwN).

Immerhin hat der BGH in der genannten Entscheidung eine Verurteilung wegen Untreue nach § 266 StGB bestätigt. Dieser Teil des Urteils ist in der amtlichen Entscheidungssammlung nicht abgedruckt. Wörtlich heißt es in dem Urteil:

> *»Es bedarf keiner ausführlichen Begründung dafür, daß es unzulässig war, öffentliche Mittel für die Bezahlung der Geldstrafen zu verwenden, zu denen die Bediensteten des Verbandes (eines Abwasserverbandes) verurteilt worden waren. Derartige Zahlungen gehören eindeutig nicht zu den Aufgaben eines Abwasserverbandes. Sie lassen sich insbesondere auch nicht mit dem Gesichtspunkt der Fürsorgepflicht für die Bediensteten rechtfertigen.«*

Schünemann (a.a.O.) sieht dies ganz genauso für die Bezahlung einer Geldstrafe aus den Mitteln eines privatrechtlich organisierten Unternehmens, die seiner Ansicht nach als Gewinnverwendungsmaßnahme nur von den Gesellschaftern, nicht aber von den Geschäftsführern rechtmäßig beschlossen werden kann. Es gibt allerdings auch ernstzunehmende Kommentatoren, die in diesem Sachverhalt keine Untreue sehen. Angesichts des BGH-Urteils ist also nach wie vor bei der Erstattung von Geldstrafen an verurteilte Organe äußerste Vorsicht geboten. Die Gefahr, sich damit strafbar zu machen oder zumindest die Einleitung eines Ermittlungsverfahrens zu riskieren, ist erheblich.

Exkurs: Bewältigungsstrategien

Allgemeines

Strafrechtliche Ermittlungsverfahren führen sehr schnell zu dem Vorwurf, die Geschäftsleitung habe ihre Organisationspflichten verletzt. Die Praxis zeigt, daß dieser Vorwurf leider sehr oft nur allzu begründet ist. Es muß also das Ziel sein, eine entsprechende Organisationsform zu entwickeln, die im »Ernstfall« zu einem Freispruch vom Vorwurf des Organisationsverschuldens führt. Die Dokumentation einer entwickelten und vor allen Dingen praktizierten Organisation erleichtert den Nachweis, daß die bestehenden Auswahl-, Anweisungs- und Überwachungspflichten auch tatsächlich ordnungsgemäß ausgeübt worden sind.

Wichtig ist daher eine systematische Erfassung aller betrieblichen Risikopotentiale im Unternehmen und ein systematischer Aufbau einer innerbetrieblichen Organisationsstruktur. Hierzu gibt es zahlreiche Qualitäts- und Managementsysteme, derer sich die Unternehmen bedienen können. Exemplarisch am Beispiel der Öko-Audit-Verordnung soll **ein** systematischer Weg aufgezeigt werden. Zwar bezieht sich die Öko-Audit-Verordnung unmittelbar nur auf den Bereich »Umwelt«, ihre grundsätzliche Systematik ist aber ohne weiteres übertragbar auch auf sonstige Unternehmen.

Öko-Audit

Die europäische Gemeinschaft hat die EG-Verordnung zum Öko-Auditing (Öko-Audit) am 29.06.1993 verabschiedet. Die Verordnung ist Mitte Juni 1993 in Kraft getreten. Sie gilt seit dem 10.04.1995 in allen Mitgliedsstaaten unmittelbar, ohne in nationales Recht umgesetzt werden zu müssen.

In Deutschland hat der Gesetzgeber am 07.12.1995 ein entsprechendes Ausführungsgesetz (Umwelt-Audit-Gesetz – UAG) erlassen und am 14.12.1995 verkündet. Dieses Umweltgesetz wurde in Deutschland aufgrund der Zulassung geprüfter Umweltgutachter und der damit einhergehenden verfassungsrechtlichen Konformität für notwendig erachtet.

Ziel der Verordnung ist die »Förderung der kontinuierlichen Verbesserung des betrieblichen Umweltschutzes im Rahmen der gewerblichen Tätigkeit« durch:

- Festlegung und Umsetzung standortbezogener Umweltpolitik, -Programme und Managementsysteme durch die Unternehmen,
- systematische, objektive und regelmäßige Bewertung der Leistung dieser Instrumente (Öko-Audits),
- Bereitstellung von Informationen über den betrieblichen Umweltschutz für die Öffentlichkeit.

Der Nutzen eines Öko-Audits ist in folgenden Punkten zu sehen:

- **systematische Statusermittlung**
- klare Zielsetzung
- klare Ressourcenallokation
- eindeutige Kommunikation
- **Rechtssicherheit und Minimierung der Haftungsrisiken**
- Verbesserung des betrieblichen Umweltschutzes
- Erhaltung der Wettbewerbsfähigkeit und Vertrauensstärkung bei Kunden
- optimaler Einsatz von Ressourcen und Nutzung von Einspar- potentialen und
- Akzeptanzsicherung bei Behörden und in der Öffentlichkeit (Ganse / Gasser, S. 7)

Durchführung des Öko-Audits

Bis zur Validierung und Zertifizierung durch einen zugelassenen Umweltgutachter sind fünf Schritte zu durchlaufen. Danach kann sich das Unternehmen für die Teilnahme am EG-Öko-Audit-System registrieren lassen. Zur Aufrechterhaltung der Teilnahme am EG-Öko-Audit-System müssen die genannten Schritte regelmäßig wiederholt werden.

Schritt 1: Umweltprüfung
Der Einstieg in das EG-Öko-Audit-Programm erfordert die einmalige Durchführung einer umfassenden Analyse der betrieblichen Umweltschutzsituation am Standort (**Umweltprüfung**). Dabei sind u. a. zu berücksichtigen:

- die **planungsrechtliche Situation** des Betriebsgrundstückes,
- die tatsächliche **bauliche Situation** des Betriebsgrundstückes, insbesondere die Nähe der vorhandenen Wohnbebauung (Betriebsgebäude),
- die Entfernung des Betriebsgrundstückes zu Gewässern und Wasserschutzgebieten (Betriebsgelände),
- **Produkte** und **Produktionsverfahren** (Erfassung und Bewertung),
- Lagerung und innerbetrieblicher **Transport** umweltgefährdender Stoffe,
- **Entsorgung** für Abwasser, Abluft- und Abfallstoffe,
- die auf das Unternehmen anzuwendenden **Rechtsvorschriften** (Bundes- u. Landesgesetze, Verordnungen, kommunale Satzungen etc.)
- die vorhandenen **Genehmigungen,** Auflagen, Bedingungen und umweltrelevanten Verträge,
- die Ermittlung denkbarer **Krisensituationen** (Normalfall optimieren; Störfall antizipieren und bewältigen),
- Umwelt- und Risikobewußtsein der **Mitarbeiter.**

Die Ergebnisse dieser Umweltprüfung werden in einem detaillierten Protokoll festgehalten. Sodann wird ein Maßnahmenkatalog zur Behebung von Schwachstellen erarbeitet.

Schritt 2: Managementsysteme

Das Unternehmen ist nun aufgefordert, das bereits bestehende Umweltmanagementsystem entsprechend den Ergebnissen der Umweltprüfung (Schritt 1) aufzubauen bzw. zu korrigieren. Bestandteile des Umweltmanagements sind die Festlegung der Umweltpolitik sowie der Umweltschutzprogramme und Umweltziele. Die Erstellung eines Umweltschutz-Handbuches dient der systematischen Erfassung und Beschreibung des **Umweltmanagementsystems.** Hierzu gehören – insbesondere unter strafrechtlichen Aspekten – u. a. folgende Bereiche:

- **Transparenz der Organisation,** d. h. Schaffung eindeutiger Kompetenzen, Zuständigkeiten und Weisungsbefugnisse,
- Definition der **Anforderungskriterien** für alle Arbeitsplätze und für Drittunternehmer (Subunternehmer),
- klare, nachvollziehbare schriftliche **Arbeitsanweisungen** (ständige Aktualisierung erforderlich),
- Schaffung eines **Genehmigungs- und Auflagendienstes,**
- Regelung für **Instandhaltungs- und Wartungsarbeiten,**
- Schaffung eines zentralen **Aktualisierungsdienstes,**
- Aufbau eines innerbetrieblichen **Organisationsdienstes** und dessen Dokumentation (wer informiert wen wann worüber in welcher Weise?),
- **Schulung,** Information und Motivation der Mitarbeiter,
- Schaffung einer **Notfallorganisation** sowohl für den Normalbetrieb, als auch für den Störfall,
- Fixierung der **Überwachungspflichten** und -zeiträume,
- Dokumentation der tatsächlich durchgeführten Überwachungspflichten (mehrstufig, bis hoch zur Geschäftsleitung).

Schritt 3: Umwelt-Audit

Die Installation eines Umweltbetriebsprüfungs-Programms ermöglicht die fortlaufende Revision und Aktualisierung dieses Umweltmanagementsystems. Die Umweltbetriebsprüfung, auch

Umwelt-Audit genannt, soll mindestens alle drei Jahr von objektiven und ausreichend unabhängigen Umweltexperten durchgeführt werden. Hierzu ist die Erarbeitung eines standortbezogenen System-Audit-Fragebogens erforderlich. Dieser muß vor jeder Prüfung den aktuellen Anforderungen angepaßt werden. Die Ergebnisse dienen der Revision und Aktualisierung des Umweltmanagementsystems.

Schritt 4: Umwelterklärung
In einer knappen, verständlichen Form, werden die umweltbezogenen Tätigkeiten des Unternehmens für die Öffentlichkeit zusammengestellt. Diese Umwelterklärung soll als Instrument dienen, das umweltgerechte Verhalten des Unternehmens gegenüber der Öffentlichkeit zu dokumentieren.

Schritt 5: Validierung durch den Umweltgutachter
Der Umweltgutachter hat Aufgaben zu erfüllen, die im wesentlichen in Anhang III B der Verordnung festgelegt sind:

- die Einhaltung aller Vorschriften dieser Verordnung, insbesondere in bezug auf die Umweltpolitik und das Umweltprogramm, die Umweltprüfung, das Funktionieren des Umweltmanagementsystems, das Umweltbetriebsprüfungsverfahren und die Umwelterklärungen,
- die Zuverlässigkeit der Daten und Informationen der Umwelterklärung und die ausreichende Berücksichtigung aller für den Standort relevanten Fragestellungen in dieser Erklärung.

Eine wesentliche Prüfgrundlage wird also die Umwelterklärung sein. Diese sollte im wesentlichen drei Punkte enthalten:

1. die Beschreibung der Unternehmenstätigkeit an dem zu zertifizierenden Standort,
2. die Zusammenfassung umweltrelevanter Kennzahlen, wie z.B. Schadstoffemissionen, Abfallaufkommen und Ressourcenverbrauch,
3. die Darstellung des Umweltmanagementsystems für den Standort entsprechend der geographischen und/oder Produktionsrisiken.

Der Umweltgutachter wird dabei im wesentlichen auf die vorliegenden Grundlagen aus der Umweltbetriebsprüfung zurückgreifen, aber auch im Umwelthandbuch niedergelegte Abläufe mit den vorgefundenen Zuständigkeiten vergleichen. Es soll dabei im wesentlichen der Charakter einer Systemprüfung erhalten bleiben, jedoch muß dem Umweltgutachter die Möglichkeit gegeben werden, das Funktionieren der Managementsysteme auf den Hauptwirkungspfaden zu begutachten (Ganse / Gasser, S. 10).

Auch die Einhaltung und ständige Überwachung einer derart gestalteten Organisation kann naturgemäß nicht jede strafrechtliche Inanspruchnahme der Geschäftsleitung und Führungskräfte ausschließen. Sie kann allerdings das Risiko, strafrechtlich wegen Organisationsverschuldens belangt zu werden, erheblich minimieren. Hierzu trägt insbesondere die Systematik dieses Managementsystems bei. Dem Öko-Audit kommt von daher in erster Linie die Funktion eines straf- und ordnungsrechtlichen »Frühwarnsystems« zu (Sanden, S. 286). Aufgrund der systematisch gewonnenen Erkenntnisse können die Verantwortlichen bzw. Aufsichtführenden leichter und effektiver organisatorische Schwachstellen ihres Unternehmens erkennen und beseitigen. Die Chance, präventiv im Vorfeld möglicher Störfälle vermeidbare Emissionen und Fehlerquellen aufzuspüren, reduziert das Risiko, daß Mitarbeiter die Umwelttatbestände der §§ 324 ff. StGB verwirklichen bzw. Ordnungswidrigkeiten begehen. Außerdem kann diese verbesserte Managementstruktur dazu führen, daß »Umweltunfälle« z. B. in Folge von Mißverständnissen und Kommunikationsstörungen der Beteiligten im Unternehmen organisatorisch so gut wie ausgeschlossen werden können. Dies gilt bei mangelnder oder fehlerhafter Delegation von Verantwortung, etwa der unterlassenen Schaffung von Kontrollinstanzen und klaren Abgrenzungsregelungen. Wenn Zuständigkeiten, Handlungspflichten und vor allem Informations- oder besser Kommunikationsstränge geklärt sind, ist zudem das Kernstück einer Notfallorganisation bewerkstelligt (Sanden, a.a.O.).

Auch die Kriterien des § 130 OWiG dürften im Falle der erfolgreichen Durchführung eines Öko-Audits erfüllt sein. Eine mängelfreie umweltbezogene Aufsichtsstruktur stellt die geeignetste

Maßnahme zur Verhinderung oder wesentlichen Erschwerung der Pflichtverletzung Dritter dar, die das Bußgeld nach dieser Vorschrift auslöst. Eine Geschäftsführung, die Art und vor allem Umfang der Delegation von Umweltmanagement-Verantwortung in der Audit-Dokumentation festhält, wird ihrer trotz dieses Übertragungsvorganges weiterbestehenden Verantwortung gerecht. Sie setzt die organisatorischen Rahmen, daß die ihr nachgeordneten Mitarbeiter keine Straftaten begehen. Von daher empfiehlt sich für das Management schon aus strafrechtlichen Gründen eine explizite Festlegung der delegierten Verantwortlichkeiten im Rahmen eines Umwelthandbuches (Sanden, a.a.O.).

Sonstige Verhaltensmaßregeln

Rechte und Pflichten im Strafverfahren

Man sollte sich im Vorfeld überlegen, welche »Spielregeln« im Umgang mit Polizei und Staatsanwaltschaft zu beachten sind. Die Praxis zeigt, daß man in fast allen Unternehmen, insbesondere in kleinen und mittelständischen Firmen, völlig unvorbereitet auf eingeleitete Ermittlungsverfahren reagiert. Diese Situation führt nicht selten dazu, daß in dieser frühen und entscheidenden Phase Fehler gemacht werden, die im Verlauf des weiteren Ermittlungs- und Strafverfahrens **irreparable Folgen** haben können. Es ist deshalb erforderlich, sich im Vorfeld über seine Rechte und Pflichten im klaren zu sein, um so sicherzustellen, von Anfang an richtig zu handeln.

Vernehmung von Betroffenen

Es ist von Bedeutung, ob man als Beschuldigter oder als Zeuge vernommen wird, da unterschiedliche Rechte und Pflichten gelten.

Beschuldigter ist, wer verdächtig ist, Täter oder Teilnehmer einer Straftat / Ordnungswidrigkeit zu sein. Der **Zeuge** ist nicht Tatverdächtiger, kann aber Aussagen zum Tatgeschehen machen.

Es empfiehlt sich, bei Vernehmungen darauf zu drängen, daß offengelegt wird, ob man als Zeuge oder Beschuldigter befragt wird. Hierauf besteht ein Rechtsanspruch.

Rechte und Pflichten des Zeugen

	Vor der Polizei oder Ordnungsbehörde	Vor der Staatsanwaltschaft
Besteht bei einer Vorladung Pflicht zum Erscheinen?	nein	ja, bei Ausbleiben sind Zwangsmittel zulässig
Besteht die Pflicht, Angaben zur Person zu machen?	ja	ja
Besteht die Pflicht, Angaben zur Sache zu machen?	ja, Aussagepflicht kann aber nicht erzwungen werden	ja, aber keine Aussagepflicht bei Zeugnisverweigerungsrecht (z. B. Selbstbelastung)
Besteht das Recht auf schriftliche Äußerung?	ja	liegt im Ermessen der Staatsanwaltschaft
Besteht das Recht, die Anwesenheit eines Rechtsbeistandes zu verlangen?	liegt im Ermessen der Polizei	ja

Tabelle 5

Vernehmung von Zeugen durch Verwaltungsbehörden (Polizei, Kripo, Steuerfahndung oder Ordnungsbehörde)

Der Zeuge braucht vor Verwaltungsbehörden keine Aussagen zur Sache zu machen. Ein Recht, von dem man im Zweifel Gebrauch machen sollte. Dies darf nicht negativ ausgelegt werden. Will man sich äußern, so sollte dies unbedingt schriftlich geschehen unter Beiziehung eines Rechtsanwaltes. So vermeidet man unüberlegte Aussagen und verhindert durch zielgerichtete Fragen der Beamten, sich oder andere zu belasten.

Zur Person muß der Zeuge wahrheitsgemäß aussagen. Ansonsten begeht er eine Ordnungswidrigkeit nach **§ 111 OWiG:**

»*(1) Ordnungswidrig handelt, wer einer zuständigen Behörde, einem zuständigen Amtsträger oder einem zuständigen Soldaten der Bundeswehr über seinen Vor-, Familien- oder Geburtsnamen, den Ort oder Tag seiner Geburt, seinen Familienstand, seinen Beruf, seinen Wohnort, seine Wohnung oder seine Staatsangehörigkeit eine unrichtige Angabe macht oder die Angabe verweigert.*

(2) Ordnungswidrig handelt auch der Täter, der fahrlässig nicht erkennt, daß die Behörde, der Amtsträger oder der Soldat zuständig ist.

(3) Die Ordnungswidrigkeit kann, wenn die Handlung nicht nach anderen Vorschrift geahndet werden kann, in den Fällen des Abs. 1 mit einer Geldbuße bis zu 1000,– DM, in den Fällen des Abs. 2 mit einer Geldbuße bis 500,– DM geahndet werden.«

Hinsichtlich des Berufes gilt die Besonderheit, daß der berufliche Status nicht offenbart werden muß. Eine allgemeine Angabe »Angestellter« reicht aus.

Vernehmung von Zeugen durch Staatsanwaltschaft oder Bußgeld- und Strafsachenstelle

Der Zeuge muß auf Vorladung bei der Staatsanwaltschaft erscheinen, § 161 a StPO. Erscheint er trotz ordnungsgemäßer Ladung unentschuldigt nicht, kann gegen ihn ein Ordnungsgeld verhängt oder er kann zwangsweise vorgeführt werden, § 181 a Abs. 2 StPO. Einer Ladung der Staatsanwaltschaft ist daher immer Folge zu leisten.

Der Zeuge muß vor der Staatsanwaltschaft sowohl zur Person als auch zur Sache aussagen. Seine Aussage unterliegt der Wahrheitspflicht. Lügt der Zeuge, kann er sich strafbar machen. Falsche Aussagen des Zeugen sind zwar nicht nach § 153 StGB (falsche uneidliche Aussage) strafbar, da die Staatsanwaltschaft keine Eide abnehmen darf. Allerdings kann eine falsche Zeugenaussage eine Strafbarkeit nach §§ 257 (Begünstigung), 258 (Strafvereitelung), 145 d (Vortäuschen einer Straftat) oder 164 (falsche Verdächtigung) StGB begründen.

Allerdings gibt es einige Ausnahmen. So bestehen gesetzlich geregelte Zeugnisverweigerungsrechte gemäß §§ 52 bis 55 StPO. Über das Bestehen derartiger Zeugnisverweigerungsrechte muß der Zeuge vorher informiert und belehrt werden.

Die wichtigsten Zeugnisverweigerungsrechte sind / bestehen für
- bestimmte verwandtschaftliche Beziehungen zum Beschuldigten / Angeklagten, § 52 StPO
- Angehörige bestimmter Berufsgruppen mit Schweigepflichten
- Öffentlich Bedienstete

Das wichtigste Zeugnisverweigerungsrecht ist die **Gefahr einer Selbstbelastung** nach **§ 55 StPO:**

»(1) Jeder Zeuge kann die Auskunft auf solche Fragen verweigern, deren Beantwortung ihm selbst oder einem der in § 52 Abs. 1 bezeichneten Angehörigen die Gefahr zuziehen würde, wegen einer Straftat oder einer Ordnungswidrigkeit verfolgt zu werden.

(2) Der Zeuge ist über sein Recht zur Verweigerung der Auskunft zu belehren.«

§ 52 StPO – Zeugnisverweigerungsrecht

»(1) Zur Verweigerung des Zeugnisses sind berechtigt

1. der Verlobte des Beschuldigten;

2. der Ehegatte des Beschuldigten, auch wenn die Ehe nicht mehr besteht;

3. *wer mit dem Beschuldigten in gerader Linie verwandt oder verschwägert, in der Seitenlinie bis zum dritten Grad verwandt oder bis zum zweiten Grad verschwägert ist oder war.*

(2) Haben Minderjährige wegen mangelnder Verstandesreife oder haben Minderjährige oder Betreute wegen einer psychischen Krankheit oder einer geistigen oder seelischen Behinderung von der Bedeutung des Zeugnisverweigerungsrechts keine genügende Vorstellung, so dürfen sie nur vernommen werden, wenn sie zur Aussage bereit sind und auch ihr gesetzlicher Vertreter der Vernehmung zustimmt. Ist der gesetzliche Vertreter selbst Beschuldigter, so kann er über die Ausübung des Zeugnisverweigerungsrechts nicht entscheiden; das gleiche gilt für den nicht beschuldigten Elternteil, wenn die gesetzliche Vertretung beiden Eltern zusteht.

(3) Die zur Verweigerung des Zeugnisses berechtigte Person, in den Fällen des Absatzes 2 auch deren zur Entscheidung über die Ausübung des Zeugnisverweigerungsrechts befugte Vertreter, sind vor jeder Vernehmung über ihr Recht zu belehren. Sie können den Verzicht auf dieses Recht auch während der Vernehmung widerrufen.«

§ 55 StPO dient dem Schutz des Zeugen. Er soll nicht falschen Aussagen des Zeugen vorbeugen, sondern ergänzt nur die Aussagefreiheit des Beschuldigten, um den Zeugen eine seelische Zwangslage zu ersparen (Kleinknecht / Meyer-Großner, § 55 Rdnr. 1).

Die Berufung auf das Zeugnisverweigerungsrecht nach § 55 StPO setzt nicht die sichere Erwartung der Verfolgung voraus. Es genügt, daß die Einleitung des Ermittlungsverfahrens droht. Gegebenenfalls müssen die zur Zeugnisverweigerung berechtigten Tatsachen durch eine eidesstattliche Versicherung **glaubhaft** gemacht werden, § 56 StPO. Insoweit besteht natürlich die Gefahr, daß die Vernehmungsbeamten auf eine direkte Mitverantwortung des Zeugen aufmerksam gemacht werden. Deshalb ist es bei der Berufung auf das Zeugnisverweigerungsrecht wegen einer möglichen Selbstbelastung nach § 55 StPO unbedingt ratsam, **zuvor** einen Rechtsanwalt zu kontaktieren.

Seit der Entscheidung des Bundesverfassungsgerichtes (BVerfGE 38, 105) ist auch der Zeuge grundsätzlich berechtigt, einen Rechtsanwalt seiner Wahl als Rechtsbeistand zur Vernehmung mitzubringen. Dieser kann den Zeugen bei der Formulierung seiner Aussage und über sein Zeugnisverweigerungsrecht nach § 55 StPO beraten. Bei einer Aussage selbst ist eine Vertretung aber nicht möglich, d. h., der Zeuge muß immer selbst aussagen.

Unser Rat:

Bestehen Sie in jedem Fall auf eine schriftliche Äußerung. So vermeiden Sie unüberlegte Äußerungen, die Ihnen oder anderen später schaden können.

Wenn kein Zeugnisverweigerungsrecht besteht, muß der Zeuge aussagen. Verweigert er trotzdem die Aussage, ist diese durch Ordnungsgeld erzwingbar.

Rechte und Pflichten des Beschuldigten

	Vor der Polizei oder Ordnungsbehörde	Vor der Staatsanwaltschaft
Besteht bei einer Vorladung Pflicht zum Erscheinen?	nein	ja, zwangsweise Vorführung nach Androhung ist zulässig
Besteht die Pflicht, Angaben zur Person zu machen?	ja	ja
Besteht die Pflicht, Angaben zur Sache zu machen?	nein	nein
Besteht das Recht auf schriftliche Äußerung?	ja	ja
Besteht das Recht, die Anwesenheit eines Rechtsbeistandes zu verlangen?	Recht umstritten, meistens durchsetzbar	ja

Tabelle 6

Vernehmung des Beschuldigten durch Verwaltungsbehörden

Der Beschuldigte braucht einer Vorladung der Verwaltungsbehörden keine Folge zu leisten. Die Konsequenz daraus ist: Die Behörde gibt die Sache an die Staatsanwaltschaft ab. Dort **muß** der Beschuldigte bei ordnungsgemäßer Ladung erscheinen. Dadurch gewinnt man Zeit und kann die spätere Aussage sorgfältig sowie mit Hilfe eines Rechtsanwaltes vorbereiten.

Entschließt sich der Beschuldigte dennoch zur Aussage, dann braucht er nur zu seiner Person (Ausnahme auch hier: nicht zum beruflichen Status im Unternehmen) auszusagen. Eine Aussage zur Sache braucht der Beschuldigte nicht zu tätigen.

Es gilt der **Grundsatz:**
Der Beschuldigte hat in jeder Lage des Verfahrens das Recht, die Aussage zur Sache zu verweigern.

Aus dieser Aussageverweigerung (Schweigen) dürfen keine negativen Rückschlüsse gezogen werden. Kein Gericht darf im Urteil die Vermutung aussprechen, daß **wegen** des Schweigens des Beschuldigten / Angeklagten auf eine mögliche Tatbeteiligung geschlossen wird.

Allerdings gilt dies nur, wenn der Beschuldigte zum Gesamtkomplex schweigt. Sagt er zu einzelnen Tatkomplexen aus und schweigt zu anderen, so können für ihn entsprechend negative Rückschlüsse gezogen werden.

Auch bei der Vernehmung durch die Verwaltungsbehörden sollte man im Zweifel auf einer schriftliche Aussage bestehen. Man kann dann die Aussage in Ruhe formulieren und vermeidet so spontane und unüberlegte Äußerungen.

Ob bei einer Vernehmung durch die Behörden ein Anspruch auf Hinzuziehung eines Rechtsanwaltes besteht, ist umstritten. Nach unserer Erfahrung wird dies in der Praxis sehr großzügig gehandhabt. Ein deutlicher Hinweis, man werde im Weigerungsfalle keine Aussage machen, wirkt oft Wunder. In diesem Zusammenhang ist auf zwei BGH-Entscheidungen hinzuweisen, die die Rechte des Beschuldigten gestärkt haben:

- Wurde bei der Vernehmung des Beschuldigten durch einen Beamten des Polizeidienstes nicht der Hinweis gegeben, daß es ihm freistehe, sich zu der Beschuldigung zu äußern oder nicht zur Sache auszusagen, so dürfen die Äußerungen, die der Beschuldigte bei dieser Vernehmung gemacht hat, **nicht verwertet** werden (BGH NStZ 1992, S. 294).
- Ist dem Beschuldigten vor seiner ersten Vernehmung die von ihm gewünschte Befragung seines gewählten Verteidigers verwehrt worden, so sind seine Angaben auch dann **unverwertbar,** wenn er zuvor gemäß § 136 Abs. 1 Satz 2 StPO belehrt worden ist (BGH NJW 1993, S. 383)

Vernehmung von Beschuldigten durch Staatsanwaltschaft oder Bußgeld- und Strafsachenstelle

Wenn der Beschuldigte durch die Staatsanwaltschaft oder Bußgeld- und Strafsachenstelle geladen wird, muß er erscheinen. Leistet er der Ladung keine Folge, kann eine zwangsweise Vorführung erfolgen, § 133 StPO. Einer Ladung durch die Staatsanwaltschaft ist deshalb immer Folge zu leisten.

Auch vor der Staatsanwaltschaft gilt der Grundsatz, daß der Beschuldigte zur Sache die Aussage jederzeit verweigern darf.

Der Beschuldigte hat ferner das Recht, sich auf eine schriftliche Äußerung zu beschränken sowie einen Anwalt bei seiner Vernehmung herbeizuziehen.

Unser Rat:

Im Zweifelsfall sollte immer ein qualifizierter Rechtsanwalt bei der Vernehmung des Beschuldigten anwesend sein.

Durchsuchungen/Beschlagnahmungen in Unternehmen

Allgemeines

Durchsuchung und Beschlagnahmungen dienen vornehmlich dem Zweck, Beweismittel zu beschaffen und sicherzustellen. Nicht zuletzt seit der Entscheidung des Bundesverfassungsgerichtes (BVerfG NJW 1994, S. 2079 ff.) zu den verfassungsrechtlichen Anforderungen an Durchsuchungsbeschlüsse im Zusammenhang mit Durchsuchungen bei einer deutschen Großbank ist die Diskussion um den Umfang derartiger Durchsuchungen von und in Unternehmen neu entfacht worden. In dem o. a. Beschluß hat das Bundesverfassungsgericht ausgeführt, daß keine verfassungsrechtlichen Bedenken gegen die Durchsuchungsbeschlüsse gegen eine Großbank, deren Mitarbeiter in Verdacht der systematischen Beihilfe zur Steuerhinterziehung stehen, vorliegen. Teilweise hat der Beschluß sogar dazu geführt, die Behörden, insbesondere die Steuerbehörden, dazu aufzufordern, von dem Mittel der Durchsuchung stärker als in der Vergangenheit Gebrauch zu machen (vgl. Bilsdorfer, INF 1994, S. 383).

Dabei sind Durchsuchungen immer im Licht des **Art. 13 Abs. 1 GG** zu sehen:

»*(1) Die Wohnung ist unverletzlich.*

(2) Durchsuchungen dürfen nur durch den Richter, bei Gefahr im Verzuge auch durch die in den Gesetzen vorgesehenen anderen Organe angeordnet und nur in der dort vorgeschriebenen Form durchgeführt werden . . .«

Zur Wohnung gehören auch Betriebs- und Geschäftsräume. Die in Art. 13 Abs. 2 GG genannten Ermächtigungen sind auch die §§ 102 ff. StPO. Dabei ist zu unterscheiden zwischen der Untersuchung beim Verdächtigen (§ 102 StPO) und der Durchsuchung bei anderen Personen (§ 103 StPO), bei der weniger strenge Anwendungsvoraussetzungen gelten.

Grundvoraussetzung jeder Durchsuchung ist das Vorliegen eines Strafverfahrens und damit eines Anfangsverdachts hinsichtlich einer beliebigen Straftat. Dieser darf nicht ganz vage sein. Bloße Vermutungen, die sich nicht auf tatsächliche Anhaltspunkte oder kriminalistische Erfahrungen stützen können, reichen nicht aus (Krekeler / Schütz, wistra 1995, S. 296).

Durchsuchung beim Verdächtigen, § 102 StPO

Der Verdächtige muß die Durchsuchung in weiterem Maße dulden als der Unverdächtige. Er braucht noch nicht Beschuldigter zu sein. Daher sind auch Durchsuchungen von und bei Personen zulässig, die zunächst informatorisch als Zeugen zu hören sind.

§ 102 StPO – Durchsuchung beim Verdächtigen

»Bei dem, welcher als Täter oder Teilnehmer einer Straftat oder der Begünstigung, Strafvereitelung oder Hehlerei verdächtig ist, kann eine Durchsuchung der Wohnung und anderer Räume sowie seiner Person und der ihm gehörenden Sachen sowohl zum Zweck seiner Ergreifung als auch dann vorgenommen werden, wenn zu vermuten ist, daß die Durchsuchung zur Auffindung von Beweismittel führen werde.«

Durchsuchung gemäß § 103 StPO

Nach § 103 StPO soll die Durchsuchung hier nur zur Ergreifung des Beschuldigten oder zur Verfolgung von Spuren einer Straftat oder zur Beschlagnahme bestimmter Gegenstände und nur dann zulässig sein, wenn Tatsachen vorliegen, aus denen zu schließen ist, daß sich die gesuchte Person, Spur oder Sache in den zu durchsuchenden Räumen befindet. Die Duldungspflicht des Unverdächtigen ist geringer als die des Verdächtigen. Der Tatverdacht muß soweit konkretisiert sein, daß gegen den Verdächtigen, dessen Identität aber noch nicht festzustehen braucht, Maßnahmen ergriffen worden sind, die ihn zum Beschuldigten machen (Kleinknecht / Meyer-Großner, § 103 Rdnr. 5). Beim

Auffinden von Spuren und Beweismitteln ist eine bewiesene Tatsache erforderlich; eine bloße Vermutung reicht nicht aus. Unzulässig sind Ermittlungsdurchsuchungen, bei denen von vornherein anzunehmen ist, daß nur Beweismittel aufgefunden werden, die nicht der Beschlagnahme unterliegen (Krekeler/Schütz, a.a.O.).

§ 103 StPO – Durchsuchung bei anderen Personen

»(1) *Bei anderen Personen sind Durchsuchungen nur zur Ergreifung des Beschuldigten oder zur Verfolgung von Spuren einer Straftat oder zur Beschlagnahme bestimmter Gegenstände und nur dann zulässig, wenn Tatsachen vorliegen, aus denen zu schließen ist, daß die gesuchte Person, Spur oder Sache sich in den zu durchsuchenden Räumen befindet. Zum Zwecke der Ergreifung eines Beschuldigten, der dringend verdächtig ist, eine Straftat nach § 129 a des Strafgesetzbuches oder eine der in dieser Vorschrift bezeichneten Straftaten begangen zu haben, ist eine Durchsuchung von Wohnungen und anderen Räumen auch zulässig, wenn diese sich in einem Gebäude befinden, von dem auf Grund von Tatsachen anzunehmen ist, daß sich der Beschuldigte in ihm aufhält.*

(2) *Die Beschränkung des Absatzes 1 Satz 1 gelten nicht nur für Räume, in denen der Beschuldigte ergriffen worden ist oder die er während der Verfolgung betreten hat.*«

Verhältnismäßigkeitsgrundsatz

Bei Durchsuchungen gemäß §§ 102, 103 StPO ist der Verhältnismäßigkeitsgrundsatz zu beachten. Die Durchsuchung muß in einem angemessenen Verhältnis zur Schwere der Straftat und zur Stärke des Tatverdachts stehen. Schließlich muß der Eingriff erforderlich sein. Der Verhältnismäßigkeitsgrundsatz gilt in besonderem Maß für Presseunternehmen.

Durchsuchungen im Unternehmen

Das deutsche Kernstrafrecht kennt nur eine Strafbarkeit natürlicher Personen (vgl. S. 152 ff.). Daraus folgt im Umkehrschluß, daß eine juristische Person nicht selbst Betroffene und somit auch nicht Verdächtige sein kann. Sie wird allerdings großteils als Betroffene behandelt und kann auch durch ihre vertretungsberechtigten Organe die Rechte eines Betroffenen geltend machen. Nach überwiegender Meinung ist eine Durchsuchung in den Räumen einer juristischen Person unter den Voraussetzungen des § 102 StPO dann zulässig, wenn der Täter als deren Organ oder als deren befugter Vertreter gehandelt hat. Diesen – aber auch nur diesen – steht die Ausübung des Hausrechtes zu. Bei bloßer Besitzdienerschaft eines Mitarbeiters an den zu durchsuchenden Räumlichkeiten ist nur eine Durchsuchung unter den engen Voraussetzungen des § 103 StPO möglich (Krekeler / Schütz, a.a.O.).

Zulässigkeitsvoraussetzungen

Die Durchsuchung ist grundsätzlich nur mit einer **Durchsuchungsanordnung durch den Richter** zulässig. Die Durchsuchungsanordnung muß grundsätzlich schriftlich erfolgen und möglichst konkret und präzise gefaßt sein. Allgemeine Angaben des Straftatbestandes reichen nicht aus; vielmehr ist ein Umreißen des Lebenssachverhaltes notwendig. Ferner müssen stets Zweck und Ziel (Ergreifung des Beschuldigten oder Auffinden von Beweismitteln oder Spuren) und das Ausmaß der Durchsuchung, insbesondere die »anderen Räume« gemäß § 102 StPO, genau bezeichnet und mindestens annäherungsweise, gegebenenfalls in Form beispielhafter Angaben, die Beweismittel angegeben werden, denen die Durchsuchung gilt (Krekeler / Schütz, a.a.O.).

Eine Ausnahme gilt bei **Gefahr in Verzug.** In diesen Fällen können auch die Staatsanwaltschaft und ihre Hilfsbeamten Durchsuchungen vornehmen (Ausnahme: Presseunternehmen). »Gefahr in Verzug« liegt vor, wenn die richterliche Anordnung nicht eingeholt werden kann, ohne daß der Zweck der Maßnahme gefährdet wird. Ob und wann dies der Fall ist, entscheidet der Beamte nach pflichtgemäßem Ermessen. Ein tatsächlicher oder rechtlicher Irrtum über das Vorliegen dieser Gefahr in Verzug macht die Anordnung nicht unwirksam. Nur bei Willkür oder grobem Ermessensmißbrauch ist die Durchsuchung bzw. Beschlagnahme unwirksam.

Schließlich muß die Unternehmensdurchsuchung geeignet und erforderlich sein. Geeignet bedeutet, daß die betreffende Maßnahme ein brauchbares Mittel ist, das angestrebte Ziel zu erreichen. Die beschlagnahmten Gegenstände müssen geeignet sein, den erwarteten Beweis auch tatsächlich zu erbringen. Die Durchsuchungshandlung entspricht dem Grundsatz der Erforderlichkeit, wenn der mit der Maßnahme verfolgte Zweck nicht durch andere, den Betroffenen weniger belastende Maßnahmen erreicht werden kann.

Behördliche Maßnahmen auf dem Firmengelände

In der Praxis gehören Durchsuchung und Beschlagnahme regelmäßig zusammen. Um zu verhindern, daß möglicherweise belastendes Material vernichtet oder in Sicherheit gebracht wird, werden in aller Regel Durchsuchungs- und Beschlagnahmehandlungen durchgeführt, **bevor** der Betroffene vom Ermittlungsverfahren Kenntnis erhält.

Erfahrungsgemäß ist es auch so, daß sich der Verdächtige bei Durchsuchungs- und Beschlagnahmehandlungen zum ersten Mal mit Strafverfolgungsorganen konfrontiert sieht. Es ist deshalb besonders wichtig, hier richtig zu reagieren. **Der interne Handlungsablauf sollte vorher feststehen.**

Folgende Verhaltensratschläge sind zu beachten:

Erscheinen der Durchsuchungsbeamten

- Fragen Sie zunächst nach dem Grund des Besuches.
- Informieren Sie unverzüglich die Rechtsabteilung oder den Hausjuristen (Sie dürfen zu diesem Zweck telefonieren!).

- Lassen Sie sich Dienstausweis und gegebenenfalls den richterlichen Durchsuchungsbeschluß zeigen. Hierauf besteht ein Rechtsanspruch, BVerfG NJW 1976, S. 1735.
- Notieren Sie Personalien der Beamten.
- Notieren Sie Inhalt der Durchsuchungsanordnung (Gericht, Aktenzeichen, Tatvorwurf).
- Versuchen Sie, die beschlagnahmten Unterlagen zu fotokopieren bzw. zu duplizieren.
- Sorgen Sie nach Möglichkeit dafür, daß während der Dauer der Durchsuchung ein Jurist anwesend ist.
- Nach Möglichkeit sollten die erschienenen Beamten von der Pforte aus zu einer internen Ansprechstelle geleitet werden (Rechtsabteilung bzw. Geschäftsleitung).

Art der Mitwirkung bei Durchsuchungshandlungen

- Grundsätzlich besteht **keine Mitwirkungspflicht.** Als Betroffener braucht man keine Unterlagen herauszusuchen, Auskünfte zu erteilen oder sonstige Hilfen zu geben. Im Einzelfall ist es allerdings ratsam, behilflich zu sein, um die Atmosphäre nicht gleich von Anfang an zu vergiften.
- **In keinem Fall dürfen die Beamten an der Durchsuchung in irgendeiner Form ge- oder behindert werden!**

Verhalten während der Durchsuchung

- Begleiten Sie (bzw. rechtskundige Mitarbeiter oder ein Rechtsanwalt) die durchsuchenden Beamten ständig.
- Machen Sie sich Notizen über den Ablauf der Durchsuchung (evtl. mit Hilfe eines Diktiergerätes).
- Bei der Durchsuchung sind die Beamten berechtigt, verschlossene Räume, Schreibtische, Büroschränke, Aktentaschen etc. zu öffnen bzw. aufzubrechen. Hierbei sind sie nicht zu behindern!

Nur im Falle eines groben Mißbrauchs besteht hier Anspruch auf Schadensersatz.

Sicherstellen von Unterlagen (Beschlagnahmung)

Folgende Punkte sind zu beachten:

- Geben Sie keine Unterlagen freiwillig heraus.
- Legen Sie vorsorglich gegen die Beschlagnahme Widerspruch ein.
- Verlangen Sie nach Abschluß eine Bescheinigung mit dem Rechtsgrund und der Angabe der sichergestellten Unterlagen. Hierauf besteht nach § 107 StPO ein Rechtsanspruch.
- Die Polizeibeamten dürfen – anders als Staatsanwalt, Richter und Steuerfahndung – die sichergestellten Unterlagen nicht einsehen. Sie haben das Recht, diese versiegeln und verschließen zu lassen.
- Versuchen Sie in jedem Fall, die beschlagnahmten Unterlagen zu fotokopieren oder zu duplizieren. Zwar besteht hierauf kein Rechtsanspruch, aber der Hinweis, dies sei unerläßlich für die Aufrechterhaltung des Geschäftsbetriebes, wirkt oft Wunder.
- Machen Sie nach Abschluß der Beschlagnahmeaktion eine betriebsinterne chronologische Notiz über den Ablauf. Bedenken Sie, daß zwischen Beschlagnahme und einem sich anschließenden Strafprozeß möglicherweise ein langer Zeitraum vergeht, indem Sie viele Details vergessen.
- Denken Sie an **Zufallsfunde.** Die Durchsuchungsbeamten dürfen nach § 108 StPO auch solche Gegenstände sicherstellen, die in keinem Zusammenhang mit dem eigentlichen Durchsuchungszweck stehen, sofern sie auf eine andere Straftat hindeuten. Durch bedingte Kooperation mit den Ermittlungsbeamten kann man dies vermeiden.
- Sorgen Sie dafür, daß die ganze Aktion möglichst »geräuschlos« vonstatten geht. Nur die Personen einbinden, deren Anwesenheit unbedingt erforderlich ist.
- Sorgen Sie dafür, daß keine Aussagen, insbesondere keine wertenden Bemerkungen während der Durchsuchungshandlungen durch Mitarbeiter gemacht werden.

Hinzuziehung eines Rechtsanwaltes

Grundvoraussetzung für einen glimpflichen Ausgang des Ermittlungs- oder Strafverfahrens ist es, das **Verfahren von Anfang an ernst zu nehmen.** Dazu gehört insbesondere, daß man keine leichtfertigen Äußerungen tätigt und dazu gehört zwingend:

Sofort bei Einleitung des Verfahrens einen professionellen (Spezial-)Strafverteidiger hinzuziehen!

Dadurch kann bereits im frühen Stadium des Ermittlungsverfahrens maßgeblicher Einfluß auf den weiteren Verfahrensablauf genommen und eventuell auf eine Einstellung des Verfahrens hingewirkt werden. Strafverfahren werden heute in aller Regel bereits im Ermittlungsverfahren entschieden. Bereits deshalb bedarf es hier einer umsichtigen und effizienten Beratung durch einen Spezialisten.

Unsere Empfehlung:

Fragen Sie bei Ihrem Versicherer nach einem fachkundigen und spezialisierten Strafverteidiger. Sie können sich manchen Ärger ersparen.

Umgang mit der Öffentlichkeit

Es ist unbedingt darauf zu achten, daß nach der Einleitung eines Ermittlungsverfahrens sichergestellt ist, daß Mitarbeiter keine Meinungsäußerungen und Wertungen gegenüber Medienvertretern oder der Öffentlichkeit abgeben. Umgekehrt empfiehlt es sich, eine kompetente Person des Unternehmens (mit Stellvertreter) zu beauftragen, autorisierte Erklärungen gegenüber Presse und Öffentlichkeit abzugeben. Bei diesen Erklärungen sollten die Grundsätze beachtet werden: **offen, ehrlich, vollständig** und **wahrheitsgemäß.** Nur so kann verhindert werden, daß über die negativen Folgen des Ermittlungsverfahrens hinaus das Image des Unternehmens mehr als unbedingt erforderlich beschädigt wird und die Glaubwürdigkeit verlorengeht.

Was Kommunikationsberater empfehlen:

1. Ein Krisenaudit (Erfassung möglicher Krisen) erstellen. Nur ein Bruchteil aller anfälligen Unternehmen – und wer gehört nicht dazu? – hat überhaupt Krisenpläne. Die übrigen reagieren wie ungeübte Autofahrer auf Glatteis.
2. Alle verantwortlichen Führungskräfte – vom Vorstandsvorsitzenden bis zu den Werksleitern, inklusive den Umweltschutz-, und Öffentlichkeitsabteilungen – in Krisenkommunikation trainieren: Umgang mit den Medien, Auftreten bei Bürgerversammlungen, Protestkundgebungen und internen Auseinandersetzungen.
3. Sympathieaufbau in guten (oder normalen) Zeiten, um bei Krisen wenigstens über ein Minimum an Akzeptanz zu verfügen. In der Krise mit allen Mitteln Solidarisierung anstatt Konfrontation erstreben.
4. Für Glaubwürdigkeit im Reden, Handeln, Denken der Führungskräfte sorgen. Keine noch so gute Kommunikation kann moralische Defizite zudecken.
5. In der Krise offensiv vorgehen. Nicht warten, bis man alles weiß, Kommunikationsfelder besetzen, bevor es andere tun.
6. Diese Kommunikationsfelder weiter besetzt halten. Eine vereinzelte Mitteilung reicht nicht aus. Wiederholen, vervollständigen. Neue Erkenntnisse einbringen. Krisen ergeben außergewöhnlich gute Kommunikationsmöglichkeiten. Wer sie nicht nutzt, nimmt allerdings äußerst schädliche Imagedefizite in Kauf.
7. Absolute Offenheit ist besser als jede noch so geschickte Salamitaktik.
8. Betroffenheit, eventuell sogar Bestürztheit zeigen – nicht nur im Inhalt, sondern auch in Ton, Ausdruck und Handeln.
9. Deutlich machen, daß man etwas aus der Krise gelernt hat: »Was werden wir in Zukunft anders und besser machen?«

Quelle: Wirtschaftswoche Nr. 12 vom 19.03.1993

Tabelle 7

Fünfter Teil

Ein Blick über die Grenzen

Allgemeines

Das zusammenwachsende Europa, die Internationalisierung der Märkte, Verflechtungen und Joint-ventures auf nationaler und internationaler Ebene und das damit verbundene Engagement der deutschen Wirtschaft und seiner Manager lassen immer häufiger die Frage nach der zivil- und strafrechtlichen Haftung bei Mandaten in ausländischen Gesellschaften auftauchen. In vielen Fällen begleiten sogar Mitarbeiter, die in Deutschland unterhalb der Geschäftsleitungsebene tätig sind, im Ausland Funktionen als gesetzlicher Vertreter bei Tochtergesellschaften oder assoziierten Unternehmen. Selten allerdings macht man sich Gedanken über das persönliche Haftungspotential. Es wird häufig unterschätzt, nicht selten sogar verdrängt. Dabei ist die Haftung der Organe im Ausland – bei allen konzeptionellen Unterschieden im Detail – durchaus vergleichbar mit der Haftung in Deutschland. Wesentliche Unterschiede gibt es allerdings bei der Anspruchsmentalität, die von Land zu Land verschieden ist. Insbesondere in den USA, von Bundesstaat zu Bundesstaat unterschiedlich ausgeprägt, ist die Anzahl der Schadensersatzprozesse gegen Manager ungleich höher als in Deutschland. Was hier noch in der Entwicklung begriffen ist, ist in den meisten Bundesländern der USA eine Selbstverständlichkeit: Manager, die durch schuldhaftes Verhalten Dritten oder der Gesellschaft selbst einen Vermögensschaden zugefügt haben, auf Schadensersatz in Anspruch zu nehmen. Nach unserer Erfahrung ist die Anspruchsmentalität gegenüber Managern besonders dort stark ausgeprägt, wo D+O-Policen (vgl. S. 269) in nennenswertem Umfang angeboten und abgeschlossen werden.

Umgekehrt scheint Deutschland Spitzenreiter zu sein, was die strafrechtliche Verfolgung angeht. Hier haben die südeuropäischen Länder, aber auch die USA »Nachholbedarf«. Die Verfolgungsintensität der staatlichen Instanzen sozialer Kontrolle ist insbesondere dort ausgeprägt ist, wo ein hohes Umwelt-, Sicherheits- und Qualitätsbewußtsein bei der Bevölkerung besteht – wie seit einigen Jahren in besonderem Maße in Deutschland.

Jeder, der im Ausland Funktionen als gesetzlicher Vertreter wahrnehmen soll, tut gut daran, sich vor Annahme des Mandats über seine Haftungsrisiken und die entsprechenden Versicherungsmöglichkeiten zu informieren; am besten bei einem Juristen, der vertiefte Kenntnisse der Haftungssituation des jeweiligen Landes besitzt.

Überblick über die Haftungssituation im Ausland

Im folgenden soll ein kurzer Überblick über die zivilrechtliche Risikosituation der wichtigsten Länder gegeben werden. Im Bereich des Strafrechts gibt es kaum Unterschiede (Ausnahme vielleicht: einige Bundesländer der USA, wo auch gegen juristische Personen strafrechtliche Sanktionen verhängt werden können).

Eines ist allen zivilrechtlichen Haftungsnormen gemeinsam: Organe sind in jedem Fall in allen Rechtssystemen prinzipiell dazu verpflichtet, ihre Unternehmen sorgfältig zu führen, und sie haften für vorsätzlich und fahrlässig begangene Handlungen, die zu einem Vermögensschaden geführt haben.

Im einzelnen:

Belgien

- Die Organe sind verpflichtet, im besten Interesse des Unternehmens zu handeln.
- Es besteht Haftung für vorsätzliche oder fahrlässige Handlungen.
- Eine Haftung gegenüber Aktionären und Dritten ist für direkte Schäden gegeben, die durch Handlungen der Organe entstehen.
- Ein Gesetz aus dem Jahre 1989 sieht für an der Börse notierte Unternehmen Pflichten hinsichtlich der Berichterstattung und Offenlegung vor. Dieses Gesetz sieht ebenfalls Sanktionen bei Insider-Handel vor.
- Ein besonderes Haftungsrisiko besteht beim Konkurs und bei der Kapitalerhöhung.

Finnland

- Die Organe sind verpflichtet, mit der Sorgfalt zu handeln, wie es ein vorsichtiger Mitarbeiter unter gleichen Umständen tun würde.
- Eine Haftung besteht für vorsätzliche oder fahrlässige Handlungen.
- Gegenüber Aktionären und Dritten ist eine Haftung für direkte Schäden im Rahmen des Aktiengesetzes oder der Gesellschaftssatzung gegeben.
- Weiterhin besteht Haftung im Rahmen spezieller gesetzlicher Bestimmungen, z. B. des Gesetzes über Arbeitssicherheit und der Umweltschutzgesetze.

Frankreich

- Die Organe sind verpflichtet, »im besten Interesse des Unternehmens zu handeln«.
- Es besteht Haftung für vorsätzliche oder fahrlässige Handlungen.
- Die Haftung gegenüber Aktionären und Dritten ist bei direkten Schäden gegeben, die durch Handlungen der Organe entstehen.
- Es besteht Haftung bei Verstößen gegen Börsenvorschriften, die u. a. Insider-Handel, die Weitergabe falscher oder irreführender Informationen und die Manipulation von Aktiennotierungen untersagen.
- Es besteht eine Haftung für schuldhaft nicht abgeführte Steuern und Sozialabgaben.
- Besondere Haftungsrisiken bestehen im Konkurs.

Großbritannien

- Die Organe sind zur Sorgfalt und Vorsicht verpflichtet und sie müssen ihre Aufgaben ehrlich und in gutem Glauben erfüllen.
- Haftung besteht für vorsätzliche oder fahrlässige Handlungen, durch welche das Unternehmen, die Aktionäre oder Dritte geschädigt werden.
- Weiterhin besteht Haftung bei Verstößen gegen das Aktiengesetz, das sich auch mit dem Insider-Handel befaßt, gegen das Konkursgesetz, wenn das Unternehmen »unrechtmäßig weiter tätig ist«, nachdem es eigentlich in Konkurs hätte gehen sollen, gegen das Gesetz über Finanzleistungen bei Handlungen, die zu einer Vermeidung der Zahlung der Mehrwertsteuer führen und gegen das Datenschutzgesetz bei Irrtümern aufgrund von in Computern gespeicherten Informationen.

Italien

- Die Organe sind verpflichtet, ihre Unternehmen »mit der Sorgfalt eines Kaufmanns« zu führen.
- Ein Organ haftet für vorsätzliche oder fahrlässige Handlungen.
- Bei Interessenkonflikten sind Organe verpflichtet, bei der Entscheidungsfindung nicht mitzuwirken.
- Haftung besteht unabhängig von Handlungen oder Unterlassungen für Mißmanagement anderer Unternehmen, die von einem herrschenden Unternehmen im Rahmen des »außerordentlichen Verwaltungsrechts« geleitet werden.
- Haftung besteht gegenüber Aktionären und Dritten für direkte Schäden (z. B. falsche Angaben in Prospekten und Jahresberichten).

- Organe haben bei Verstößen gegen Börsenvorschriften und bei Verstößen gegen neue Bestimmungen über den Erwerb oder Verkauf von Wertpapieren zu haften. Dazu gehören auch die Auflagen für öffentliche Angebote.

Niederlande

- Organe sind verpflichtet, ihre Funktionen innerhalb ihrer Unternehmen »ordentlich zu erfüllen«.
- Sie haften für vorsätzliche oder fahrlässige Handlungen.
- Es besteht eine Deliktshaftung gegenüber Aktionären und Dritten.
- Die Haftung im Rahmen der gesetzlichen Bestimmungen zur Verhütung von Mißbrauch (z. B. unsachgemäße Führung der Geschäfte mit der Folge, daß das Unternehmen keine Steuern zahlt oder in Konkurs geht).

Schweden

- Organe sind allgemein zu sorgfältigem Handeln verpflichtet und müssen das Unternehmen organisieren und überwachen.
- Haftung besteht bei vorsätzlichen oder fahrlässigen Handlungen.
- Gegenüber Aktionären und Dritten besteht eine Haftung aufgrund des Aktiengesetzes, der Gesellschaftssatzung und der gesetzlichen Bestimmungen über die Deliktshaftung.

Schweiz

- Organe sind verpflichtet, die Geschäfte des Unternehmens mit äußerster Sorgfalt zu führen.
- Haftung besteht für vorsätzliche und fahrlässige Handlungen.
- Organe sind für die Einhaltung der Vorschriften über Offenlegung und Berichterstattung in Verbindung mit der Geschäftslage ihres Unternehmens verantwortlich.

Österreich

- Die Haftung für Organe in Österreich ist weitgehend identisch mit der in Deutschland. Zur Haftungsthematik österreichischer Organe unter Einbeziehung der entsprechenden österreichischen Rechtsprechung liegt eine eigene Broschüre (»Das Risiko der Manager«) vor. Sie kann entweder über den Verfasser dieses Buches direkt bezogen werden oder über:
  Gerling-Gruppe
  Versicherungs-Service Gesellschaft mbH
  Hietzinger Hauptstraße 41
  A-1130 Wien

Spanien

- Es besteht für Organe die Pflicht zur Erfüllung ihrer Obliegenheiten mit der Sorgfalt eines ordentlichen Kaufmanns und loyalen Vertreters.
- Die Haftung wurde kürzlich durch neue gesetzliche Vor-

schriften insofern erweitert. Neben der zuvor schon bestehenden Haftung für Betrug, Böswilligkeit oder grobe Fahrlässigkeit gilt jetzt auch eine Haftung für leichte Fahrlässigkeit.

- Haftung gegenüber Aktionären und Dritten für Handlungen, die – direkt und negativ – deren Interessen beeinträchtigen.
- Haftung für Nichtbeachtung gesetzlicher Börsenvorschriften, Detailvorschriften in bezug auf Übernahmeangebote und Fusionen, Vorschriften hinsichtlich der Geheimhaltung und Sanktionen für Insider-Handel. Die staatliche Wertpapier- und Börsenaufsicht beteiligt sich aktiv an der Erarbeitung neuer Gesetzesvorlagen.

Portugal

- Die Organe müssen »die Interessen der Gesellschaft mit der Sorgfalt eines vorsichtigen und ordentlichen Geschäftsmannes vertreten und auch die Interessen der Gesellschafter und der Mitarbeiter der Gesellschaft berücksichtigen«.
- Es besteht Haftung für vorsätzliche und fahrlässige Handlungen.
- Die Haftung besteht gegenüber der Gesellschaft. Ein Gesellschafter, der mindestens 5 % des Stammkapitals hält, darf bei Gericht Klage einreichen, um die Haftung des Organs gegenüber der Gesellschaft geltend zu machen.
- Das Organ haftet gegenüber Gläubigern der Gesellschaft, wenn wegen eines Verstoßes des Organs gegen gesetzliche Bestimmungen oder die Satzung, die dem Schutz der Gläubiger dienen, das Vermögen der Gesellschaft zur Begleichung der Forderungen der Gläubiger nicht mehr ausreicht. Die Haftung gegenüber Dritten besteht bei direkten Schäden aus unerlaubter Handlung.

Griechenland

- Organe sind verpflichtet, nach Treu und Glauben gegenüber der Gesellschaft zu handeln.
- Sie haften für vorsätzliche und fahrlässige Handlungen.
- Die Haftung besteht bei Verletzung von Gesetzen, Satzung und gesellschaftsrechtlichen Pflichten gegenüber der Gesellschaft. Sofern diese das Organ nicht verklagen will, kann auch der einzelne Gesellschafter klagen. Dies gilt auch für Dritte, die darüber hinaus einen Anspruch aus unerlaubter Handlung geltend machen können.

Polen

- Organe haften gesamtschuldnerisch, wenn sie die Pflichten eines ordentlichen Kaufmannes verletzen oder gegen Gesetz oder Satzung verstoßen.
- Die Haftung besteht bei fahrlässiger und vorsätzlicher Handlungsweise.
- Grundsätzlich kann dieser Anspruch nur von der Gesellschaft selbst geltend gemacht werden.
- Jeder Gesellschafter/Aktionär hat die Möglichkeit, das Organ auf Schadensersatz zugunsten der Gesellschaft zu verklagen, wenn diese innerhalb eines Jahres nach Eintritt des Schadens keine Schadensersatzklage erhoben hat.

Ungarn

- Organe haften gesamtschuldnerisch bei Verletzung derjenigen Sorgfalt, die von Personen, die ein solches Amt bekleiden, erwartet wird.
- Die Haftung besteht bei fahrlässiger und vorsätzlicher Handlungsweise.
- Organe haften Dritten ggü. direkt, wenn sie außerhalb ihres Aufgabenbereiches (auch ohne Sorgfaltspflichtverletzung) oder infolge mangelnder Sorgfalt einen Schaden verursachen.
- Gesellschafter, die 10 % des Stammkapitals besitzen, können Organe innerhalb von 30 Tagen verklagen, nachdem die Gesellschafterversammlung einen entsprechenden Klageantrag abgelehnt hat.

Tschechien / Slowakien

- Organe haften nach den Regeln ihres Anstellungsvertrages, in jedem Fall ist die sachgerechte Sorgfalt anzuwenden.
- Haftung besteht für fahrlässiges und vorsätzliches Handeln.
- Organe, die nicht mit der sachgerechten Sorgfalt vorgegangen sind, haften Dritten gegenüber direkt.

USA

- Organe sind zu Sorgfalt und Loyalität gegenüber dem Unternehmen und seinen Aktionären verpflichtet. Sie sollen ihre Unternehmen mit der Sorgfalt und Vorsicht eines Kaufmanns führen.

- Eine persönliche Haftung ist für vorsätzliche und fahrlässige Handlungen gegeben.

Weiterhin besteht persönliche Haftung bei Verstößen gegen verschiedene Gesetze, die sich auf Unternehmen beziehen, u. a.:

- die Bundesgesetze über Wertpapiere, in denen Berichts- und Offenlegungspflichten sowie Einschränkungen des Insider-Handels vorgesehen sind und die entsprechenden Bestimmungen der Börsenaufsicht,
- Gesetze über Diskriminierung von Arbeitskräften,
- Anti-Trust-Gesetze,
- Umweltschutz-Gesetze,
- das Gesetz über die Sicherung der Altersversorgung von Mitarbeitern.

Internationale Aspekte der Managerhaftung

Für Unternehmen und Manager mit Auslandsaktivitäten stellen sich die Fragen

- Welches Gericht ist bei einer Klage örtlich zuständig?
- Gilt deutsches oder ausländisches Recht?
- Können im Ausland erwirkte Titel in Deutschland vollstreckt werden?

Örtliche Zuständigkeit des Gerichts

Grundsätzlich gilt: Das konkret mit der Angelegenheit befaßte Gericht entscheidet nach den am Gerichtsort geltenden zivilprozessualen Regeln über seine Zuständigkeit. Wird ein deutscher Manager verklagt, ist der Gerichtsstand nach §§ 12, 13 ZPO sein Wohnsitz. Hier können auch ausländische Kläger eine Klage einreichen.

Allerdings besteht auch die Möglichkeit, daß die Zivilprozeßordnung des ausländischen Klägers einen Gerichtsstand in seinem Land begründet. Dann hat er die Wahl, ob er in seinem Land oder in Deutschland klagt. Insbesondere in den USA werden hier sehr weitgehende Zuständigkeiten zugunsten der eigenen Bürger mit den jeweils geltenden Prozeßordnungen festgelegt.

Es besteht daher die latente Gefahr, daß bei im Ausland eingetretenen Schäden der Manager sich dort gerichtlich verantworten muß. Dann gelten auch die ausländischen prozessualen Regelungen. Diese können sich im Einzelfall ungünstig für den deutschen Manager auswirken. Man denke nur an die völlig andere Verfahrenssituation in den USA (Laien-Jury; Erfolgshonorare für Anwälte; exorbitant hohe Schadensersatzforderungen).

Anzuwendendes Recht

Steht der Gerichtsstand fest, so stellt sich zusätzlich die Frage, ob sich die Begründetheit des geltend gemachten Schadensersatzes nach deutschem oder ausländischem Recht richtet. Dies bestimmt sich nach den am Gerichtsort geltenden **Regeln des internationalen Privatrechts.**

Bei einem ausländischen Gerichtsstand ist es daher nicht auszuschließen, daß auch dem Manager unbekanntes ausländisches Recht zur Anwendung gelangt. Ist der Gerichtsstand in Deutschland gilt das deutsche internationale Privatrecht, Artikel 3 ff. EGBGB. Zu differenzieren ist zwischen der Art der Ansprüche. Geht es um Ansprüche aus dem Innenverhältnis, ist deutsches Recht anwendbar, solange das betroffene Unternehmen seine Hauptverwaltung in Deutschland hat. Bei Ansprüchen aus dem Außenverhältnis ist das »Tatortrecht« maßgebend, wobei der Geschädigte nach dem Günstigkeitsprinzip die Wahl zwischen Handlungs- und Erfüllungsort hat (Thümmel, Rdnr. 62). Der Handlungsort wäre bei schädigendem Verhalten des Managers regelmäßig in Deutschland, so daß sich hieraus die Anwendbarkeit deutschen Rechts ergäbe. Der Erfolgsort als dem Ort des Eintritts der Rechtsgutverletzung kann je nach Fallgestaltung im In- oder Ausland liegen. In letzterem Fall hätte der Kläger die Möglichkeit, selbst vor einem deutschen Gericht die Anwendung ausländischen Rechtes zu erzwingen. Insbesondere, was die möglichen Anspruchsgegner und die Höhe der Ansprüche (man denke an die USA!) angeht, bestehen hier nicht unerhebliche Risiken.

Vollstreckbarkeit im Ausland erwirkter Titel

Unterstellt, ein deutscher Manager ist im Ausland rechtskräftig auf Schadensersatz verurteilt worden, stellt sich die Frage, ob dieses Urteil in Deutschland vollstreckt werden kann. Dies ist nicht automatisch der Fall, sondern nach §§ 722, 723 ZPO bedarf es hierzu eines deutschen Vollstreckungsurteils. Dieses wird auf eine entsprechende Klage des Titelinhabers vor dem zuständigen deutschen Gericht (= Wohnsitz des Managers) ohne Prüfung der Rechtmäßigkeit der eigentlichen Entscheidung des ausländischen Gerichts erlassen, wenn das ausländische Urteil nach **§ 328 ZPO** anerkennungsfähig ist:

»*(1) Die Anerkennung des Urteils eines ausländischen Gerichts ist ausgeschlossen:*

1. *Wenn die Gerichte des Staates, dem das ausländische Gericht angehört, nach den deutschen Gesetzen nicht zuständig sind;*
2. *wenn dem Beklagten, der sich auf das Verfahren nicht eingelassen hat und sich hierauf beruft, daß verfahrenseinleitende Schriftstück nicht ordnungsmäßig oder nicht so rechtzeitig zugestellt worden ist, daß er sich verteidigen konnte;*
3. *wenn das Urteil mit einem hier erlassenen oder einem anzuerkennenden früheren ausländischen Urteil oder wenn das ihm zugrundeliegende Verfahren mit einem früher hier rechtshängig gewordenen Verfahren unvereinbar ist;*
4. *wenn die Anerkennung des Urteils zu einem Ergebnis führt, das mit wesentlichen Grundsätzen des deutschen Rechts offensichtlich unvereinbar ist, insbesondere, wenn die Anerkennung mit den Grundrechten unvereinbar ist;*
5. *wenn die Gegenseitigkeit nicht verbürgt ist . . .*«

Im Geltungsbereich des »Europäischen Gerichtsstands- und Vollstreckungsübereinkommens«, dem alle EU-Länder angehören, genügt eine einfache Vollstreckungsklausel. Sie wird auf Antrag des Gläubigers ohne Anhörung des Schuldners erteilt wird und kann nur bei Vorliegen von Anerkennungshindernissen verweigert werden. Von praktischer Bedeutung ist hier allein fehlendes rechtliches Gehör (Thümmel, Rdnr. 64).

Harmonisierungsbestrebungen innerhalb der EG

Die Vollendung des Binnenmarktes zwingt auch zu einer forcierten Rechtsangleichung, um wettbewerbsverzerrende Unterschiede in den nationalen Rechtsordnungen der einzelnen Mitgliedsstaaten zu beseitigen und wenigstens einen gemeinsamen Mindeststandard zu schaffen. Diese Rechtsangleichung greift damit zwangsläufig in Vorschriften ein, die nur für den nationalen Markt gelten.

Das Gesellschaftsrecht gehört ebenfalls seit längerem zu den wichtigen Tätigkeitsgebieten der EG. Aus den zahlreichen, bereits erlassenen Richtlinien sind insbesondere die Bilanzrichtlinien relevant, die in der Bundesrepublik Deutschland im Bilanzrichtliniengesetz zu einer weitgehenden Neuordnung der Aufstellung, Prüfung und Publizität von Jahresabschlüssen und Konzernabschlüssen geführt haben und in den meisten anderen EG-Mitgliedsstaaten inzwischen auch in nationales Recht umgesetzt worden sind.

Unternehmen, welche in anderen EG-Mitgliedsstaaten Tochtergesellschaften gründen oder Beteiligungen erwerben wollen, müssen sich deshalb vorher genau über die aktuelle Rechtslage informieren, da wegen der nationalen Wahlrechte doch noch erhebliche Unterschiede in den Gesellschaftsrechten der EG-Mitgliedschaften verbleiben.

Seit 1968 hat die EG etwa 20 Richtlinien im Hinblick auf das Gesellschaftsrecht und das Bank- und Dienstleistungswesen erlassen. Ziel all dieser Richtlinien ist eine weitgehende Harmonisierung der Gesetzgebung in den einzelnen Mitgliedsländern. Jedes Mitgliedsland ist verpflichtet, diese Richtlinien innerhalb der gesetzten Frist in nationales Recht überzuführen.

Derzeit werden Vorschläge zur Struktur der AG, zum Konzern-Recht, zur Einmann-GmbH sowie zum Börsen-Recht beraten. Da bei den Kommissionsvorschlägen meist die schärfsten

Schutzvorschriften aller EG-Mitgliedsstaaten addiert werden, droht das Gesellschafts- und Börsen-Recht immer schwerfälliger und unpraktikabler zu werden.

Im Hinblick auf die Haftung der gesetzlichen Vertreter juristischer Personen ist insbesondere die 5. gesellschaftsrechtliche Richtlinie erwähnenswert. Sie beabsichtigt eine Harmonisierung und Vergleichbarkeit der Strukturen der GmbH in der EG wie auch eine einheitliche Festlegung der Rechte und Pflichten der Leitungsorgane sowie der Erfordernisse der Wirtschaftsprüfung, die in bezug auf diese Gesellschaften zu stellen sind.

Im Mittelpunkt steht die Haftung der Organe. Wie in den meisten Ländern schon gesetztlich geregelt, soll in allen Ländern eine gesamtschuldnerische Haftung der Geschäftsführung festgeschrieben werden. Insofern wird sich in bezug auf die Rechtslage in Deutschland wenig ändern.

Zum anderen sieht der Entwurf eine Umkehr der Beweislast im Hinblick auf die schädigende Handlung vor. Die klagende Partei braucht dann den Pflichtenverstoß des Organs nicht nachzuweisen, der Verstoß wird vermutet, solange das Organ nicht nachweisen kann, sorgfältig und ordnungsgemäß gehandelt zu haben.

Soweit die Gesellschaft selbst Ansprüche gegen ihre gesetzlichen Vertreter geltend macht, ist dieses Prinzip der Beweislastumkehr in Deutschland bei allen Kapitalgesellschaften festgeschrieben. Es bleibt abzuwarten, ob diese Beweislastumkehr auch bei Ansprüchen von Dritten im Wege der Harmonisierungsbestrebungen realisiert wird. Dies ist nicht auszuschließen und würde völlig neue Haftungsdimensionen für Vorstände und Geschäftsführer eröffnen.

Sechster Teil
Versicherungslösungen

Allgemeines

Analysiert man die Haftungsrisiken von Managern, so ergeben sich drei Risikobereiche:

- Das Organ bzw. der Aufsichtsrat / Beirat wird wegen eines **Vermögensschadens** auf Schadensersatz in Anspruch genommen.
- Es kommt zu **Streitigkeiten aus dem Anstellungsvertrag** des Organs mit seiner Gesellschaft.
- Gegen das Organ oder den Aufsichtsrat / Beirat wird wegen eines Verstoßes gegen das **Straf- oder Ordnungswidrigkeitenrecht** ermittelt.

In allen drei Bereichen besteht Versicherungsbedarf und werden Versicherungslösungen angeboten.

Versicherungsarten

Es gibt in Deutschland zwei Versicherungskonzepte, die Manager-Risiken absichern:

- **Rechtsschutz-Versicherung für Top-Manager**

- **Vermögensschaden-Haftpflicht-Versicherung für Aufsichtsräte, Vorstände und Geschäftsführer (AVG)**

Die Rechtsschutz-Versicherung für Top-Manager

Dieses Versicherungskonzept besteht aus drei Bausteinen:

- **Vermögensschaden-Rechtsschutz-Versicherung**
- **Vertrags-Rechtsschutz-Versicherung**
- **Straf-Rechtsschutz-Versicherung**

Baustein: Vermögensschaden-Rechtsschutz

Gegenstand der Versicherung

Versichert sind vertragsgemäß die Kosten der gerichtlichen – auf Wunsch auch außergerichtlichen – Abwehr von Ansprüchen auf Ersatz von Vermögensschäden aufgrund gesetzlicher Haftpflichtbestimmungen.

Erstattet werden also die Verfahrenskosten, und zwar im gerichtlichen Stadium nach der Bundesgebührenordnung für Rechtsanwälte (BRAGO), im außergerichtlichen Stadium aufgrund einer individuell zu treffenden Honorarvereinbarung (Stundenhonorar).

Risikoausschluß

Beim Vermögensschaden-Rechtsschutz besteht **nur ein Risikoausschluß.** Rechtsschutz besteht nicht, wenn rechtskräftig festgestellt wird, daß der Versicherte den Vermögensschaden vorsätzlich herbeigeführt hat.

Baustein: Vertrags-Rechtsschutz

Versichert sind vertragsgemäß die Kosten gerichtlicher – auf Wunsch auch außergerichtlicher – Streitigkeiten aus dem Anstellungsvertrag, sowohl in Aktiv- als auch Passivprozessen.

Die Kostenerstattung erfolgt im gerichtlichen Stadium nach BRAGO, im außergerichtlichen Stadium auf Honorarbasis (vgl. 3.1.1).

Dieser Versicherungsschutz kommt für gesetzliche Vertreter juristischer Personen in Betracht. Besonders wichtig: Streitigkeiten aus Anstellungsverträgen sind über eine Familien-Rechtsschutz-Versicherung nicht versichert (vgl. S. 86 f.).

Risikoausschlüsse

Es bestehen **keine Risikoausschlüsse.**

Baustein: Straf-Rechtsschutz

Gegenstand der Versicherung

Versichert sind vertragsgemäß die Verfahrenskosten in Ermittlungs-, Straf- und Ordnungswidrigkeitenverfahren im Zusammenhang mit der beruflichen Tätigkeit des Managers. Vertragsgemäß werden also folgende Kosten erstattet:

- Honorare der Strafverteidiger,
- Honorare der Sachverständigen,
- Kosten einer anwaltlichen Zeugenbetreuung,
- Gerichtskosten,
- Kosten der Nebenkläger,

- Zeugengebühren und -auslagen,
- Reisekosten,
- alle Vorschüsse auf diese Kosten.

Von besonderer Bedeutung ist hier insbesondere, daß die anwaltliche Kostenerstattung weit über die gesetzlichen Gebühren hinaus erstattet werden kann. Die Höhe wird individuell vereinbart. Ähnliches gilt für die Sachverständigenkosten. Von daher besteht auch die Möglichkeit, wirklich qualifizierte Strafverteidiger, die in aller Regel nicht nach den gesetzlichen Gebühren arbeiten, mit der Rechtsverteidigung zu beauftragen.

Risikoausschlüsse

Kein Versicherungsschutz besteht bei rechtskräftiger Verurteilung wegen einer vorsätzlich begangenen Straftat sowie bei Verfahren aus dem Bereich des Kartellrechtes.

Hinweis

Auch Mitarbeiter unterhalb der Organebene können gegen strafrechtliche Risiken versichert werden über die

Straf-Rechtsschutz-Versicherung.

Sie wird vom Unternehmen für alle – oder auch ausgewählte – Mitarbeiter abgeschlossen.

Kombinationsmöglichkeiten

Die drei Bausteine sind untereinander kombinierbar. Es handelt sich um ein Deckungskonzept, das dem Manager die Möglichkeit bietet, den Versicherungsschutz quasi maßgeschneidert der persönlichen Risikosituation anzupassen.

Neben den verschiedenen Möglichkeiten zum Deckungsumfang ist der Rechtsschutz für Top-Manager auch variabel gestaltbar, z. B. im Hinblick auf

Versicherungssummen:	Höhe individuell vereinbar
Geographische Geltungsbereiche:	– Deutschland – Europa – Weltweit

Versicherungsnehmer

Die Rechtsschutz-Versicherung für Top-Manager kann der Manager privat abschließen (**Privatlösung**); in diesem Fall sind die Prämien als Werbungskosten steuerlich absetzbar.

Schließt das Unternehmen für seine Manager diese Versicherung ab (**Unternehmenslösung**), dann handelt es sich steuerlich um Betriebsausgaben.

Vermögensschaden-Haftpflicht-Versicherung für Aufsichtsräte, Geschäftsführer und Vorstände (AVG)

Hier haben sich seit der Vorauflage (1993) erhebliche Änderungen ergeben. Während damals nur einige ausländische Versicherungsunternehmen eine derartige Vermögensschaden-Haftpflicht-Versicherung angeboten haben, bieten nunmehr auch deutsche Versicherungsunternehmen diese Versicherung an. Zum Teil wird dabei der ausländische Begriff »Directors + Officers Liability Insurance« (D+O-Versicherung) verwendet.

Gegenstand der Versicherung

> »Der Versicherer gewährt Versicherungsschutz für den Fall, daß eine der versicherten Personen wegen eines bei Ausübung der versicherten Tätigkeit begangenen Verstoßes von einem anderen aufgrund gesetzlicher Haftpflichtbestimmungen privatrechtlichen Inhalts für einen Vermögensschaden in Anspruch genommen wird.«

Wie jede Haftpflicht-Versicherung erfüllt auch die AVG-Versicherung zwei Funktionen:

- Sie wehrt unbegründete Forderungen gegen Manager ab (Rechtsschutz-Funktion).
- Sie befriedigt begründete Schadensersatzansprüche, die gegen Manager geltend gemacht werden.

Risikoausschlüsse

Anders als die Rechtsschutz-Versicherung für Top-Manager enthält die AVG-Versicherung einige Risikoausschlüsse. Diese variieren nicht nur von Versicherungsgesellschaft zu Versicherungsgesellschaft, sondern sind auch in Abhängigkeit von dem zu versichernden Unternehmen zu sehen. Üblicherweise sind folgende Haftpflichtansprüche vom Versicherungsschutz ausgeschlossen:

- wegen einer vorsätzlichen Pflichtverletzung,
- die durch ein Tochterunternehmen mit Sitz außerhalb Deutschlands gegen ein eigenes Organmitglied erhoben werden;
- wegen Rückzahlung oder Rückgabe von Bezügen, Tantiemen oder sonstigen Vorteilen, welche die versicherten Personen aus der versicherten Tätigkeit oder mit Rücksicht auf diese erhalten haben;
- aus der Erbringung von solchen Dienstleistungen gegenüber Dritten, wenn hierfür anderweitig Versicherungsschutz genommen werden kann;
- wegen Vertragsstrafen, Bußen sowie Entschädigungen mit Strafcharakter z. B. punitive oder exemplary damages;
- wegen unzureichenden Versicherungsschutzes der Versicherungsnehmerin oder eines ihrer Tochter- oder Konzernunternehmen;
- wegen Schäden im Zusammenhang mit der Abwehr bzw. Unterstützung von eigenen und fremden Übernahmebemühungen;
- gegen Organpersonen von Tochterunternehmen, soweit die Pflichtverletzung erfolgte, bevor das Unternehmen anders als durch Neugründung zu einem Tochterunternehmen geworden ist;
- nach Eröffnung des Konkurses oder des Vergleichsverfahrens über das Vermögen der Versicherungsnehmerin, es sei denn, daß die zugrundeliegende Pflichtverletzung vor Eröffnung des Verfahrens begangen wurde;

- der Versicherungsnehmerin oder eines Tochterunternehmens für den Teil, welcher der Quote einer Beteiligung der versicherten Person an der Versicherungsnehmerin oder dem Tochterunternehmen entspricht.

Die große Zahl dieser Risikoausschlüsse mag auf den ersten Blick verwirren und abstoßend wirken. Zu bedenken ist aber, daß nicht alle Ausschlüsse für jedes Unternehmen von Relevanz sind. Im übrigen wird es sicherlich im Einzelfall möglich sein, individuelle Vereinbarungen zu treffen.

Nicht versicherbare Risiken

Die AVG-Versicherung befaßt sich ausschließlich mit der Abwehr bzw - sofern begründet – mit der Befriedigung von Schadensersatzansprüchen aus Vermögensschäden gegen die versicherten Manager. Dies entspricht hinsichtlich der Abwehrfunktion dem Baustein »Vermögensschaden-Rechtsschutz« der Rechtsschutz-Versicherung für Top-Manager. Gegenstand der AVG-Versicherung ist demnach nicht die Erstattung von

- Kosten der Streitigkeiten aus Anstellungsverträgen (Baustein 2)
- Kosten aus strafrechtlichen Verfahren (Baustein 3)

Zeichnungspolitik

Es liegt in der Natur der Sache, daß die Zeichnungspolitik des AVG-Versicherers eher vorsichtig sein muß. Die selektive Zeichnungspolitik bezieht sich u. a. auf

- bestimmte Branchen (Banken, Versicherungen, sonstige Finanzdienstleister),
- kleinere Firmen (unter 15 Mio. DM Bilanzsumme),

- Unternehmen mit unsicherer Solvabilität,
- Unternehmensneugründungen (unter 3 Jahren),
- GmbHs mit erheblicher Anteilseignerstellung (mehr als 20 % Anteile einzelner Organmitglieder).

Darüber hinaus werden externe Aufsichtsratsmandate in Fremdfirmen (outside directorships) nicht mitversichert. Die AVG-Versicherung wird nur für alle Organmitglieder angeboten. Einzelpolicen für einzelne Organmitglieder sind nicht vorgesehen. Versicherungsnehmer ist immer das Unternehmen und versicherte Personen die jeweiligen Organmitglieder (Geschäftsführer, Vorstände, Aufsichtrats- und Beiratsmitglieder).

AVG und Rechtsschutz

Im Einzelfall kann es sinnvoll sein, **zusätzlich** zur AVG-Versicherung den Rechtsschutz für Top-Manager als subsidiäre Anschlußdeckung abzuschließen. Die über die AVG-Police nicht versicherten (Risikoausschlüsse) und nicht versicherbaren Risiken (Strafverfahren, Streitigkeiten aus Anstellungsverträgen) werden durch die Rechtsschutz-Versicherung für Top-Manager in ihrer Rechtsschutzfunktion abgesichert. Für Fragen zur Versicherung steht Ihnen der Autor gerne zur Verfügung. Über diese Adresse können Sie auch qualifizierte Rechtsanwälte erfragen.

Gerling-Konzern
Rechtsschutz Versicherungs-AG
Kaiser-Wilhelm-Ring 7 – 9
D-50597 Köln
Tel. (02 21) 1 44 – 75 28
Fax. (02 21) 1 44 – 76 02

Abkürzungsverzeichnis

a.a.O.	am angegebenen Ort
AG	Aktiengesellschaft
	Die Aktiengesellschaft (Zeitschrift)
ArbGG	Arbeitsgerichtsgesetz
AktG	Aktiengesetz
AO	Abgabenordnung
ARB	Allgemeine Bedingungen für die Rechtsschutz-Versicherung
AVGH	Haftpflichtversicherung für Aufsichtsräte, Geschäftsführer und Vorstände
AWG	Außenwirtschaftsgesetz
AWV	Außenwirtschaftsverordnung
AZ	Aktenzeichen
BAG	Bundesarbeitsgericht
BauR	Baurecht
BB	Betriebs-Berater (Zeitschrift für Recht und Wirtschaft)
BFH	Bundesfinanzhof
BGB	Bürgerliches Gesetzbuch
BGH	Bundesgerichtshof
BGH Z	Entscheidungen des Bundesgerichtshofes in Zivilsachen
BGH St	Entscheidungen des Bundesgerichtshofes in Strafsachen
BImSchG	Bundes-Immissionsschutzgesetz
BetrVG	Betriebsverfassungsgesetz
BRAGO	Bundesgebührenordnung für Rechtsanwälte
BStBl	Bundessteuerblatt
BVerfG	Bundesverfassungsgericht
BVerfGE	Entscheidungen des Bundesverfassungsgerichts
BZRG	Bundeszentralregistergesetz
DB	Der Betrieb (Zeitschrift)
DR	Deutsche Rechtszeitschrift
EGBGB	Einführungsgesetz zum Bürgerlichen Gesetzbuch
f.	folgende
ff.	fortfolgende
GewO	Gewerbeordnung
GG	Grundgesetz
GmbH	Gesellschaft mit beschränkter Haftung

GmbHG	Gesetz betreffend die Gesellschaften mit beschränkter Haftung
GmbHR	GmbH-Rundschau
GRUR	Gewerblicher Rechtsschutz und Urheberrecht
GVG	Gerichtsverfassungsgesetz
GWB	Gesetz gegen Wettbewerbsbeschränkungen
HGB	Handelsgesetzbuch
INF	Die Information über Steuer und Wirtschaft
JGG	Jugendgerichtsgesetz
KG	Kommanditgesellschaft
KSchG	Kündigungsschutzgesetz
KWG	Kreditwesengesetz
KWKG	Kriegswaffenkontrollgesetz
LRE	Lebensmittelrecht-Entscheidungen
NJW	Neue Juristische Wochenschrift (Zeitschrift)
NJW RR	Rechtsprechungsreport der NJW
NStZ	Neue Zeitschrift für Strafrecht
OHG	Offene Handelsgesellschaft
Rdnr.	Randnummer
RG Z	Entscheidungen des Reichsgerichts in Zivilsachen
StGB	Strafgesetzbuch
StPO	Strafprozeßordnung
UAG	Umwelt-Audit-Gesetz
UWG	Gesetz gegen den unlauteren Wettbewerb
VersR	Versicherungsrecht
WiB	Wirtschaftliche Beratung
WpHG	Wertpapierhandelsgesetz
WM	Zeitschrift für Wirtschaft- und Bankrecht (Wertpapier-Mitteilungen Teil IV)
ZIP	Zeitschrift für Wirtschaftsrecht und Insolvenzpraxis
ZPO	Zivilprozeßordnung

Literaturverzeichnis

Bäcker, Roland, Prühs, Hagen	GmbH-Risiken, 1. Auflage Bonn 1992
Bilsdorfer, Peter	Rechtsmäßigkeit einer Durchsuchung eines Kreditinstituts bei Verdacht der Steuerhinterziehung; INF 1994, S. 383
CHUBB Market letter	Schadenbeispiele zur Haftung der Mitglieder des Aufsichtsrates, Düsseldorf 1995
Dahnz, Werner	Die zivilrechtliche Haftung von Vorständen und Geschäftsführern und ihre Absicherung, aus: Symposium Haftungsrecht und Haftpflichtversicherung, 1. Auflage Karlsruhe 1992
Dahnz, Werner	Strafrecht, aus: Umwelthaftung und ihre Auswirkung auf die Unternehmenspraxis, Loseblatt, Köln 1992
Diller, Martin, Schweyer, Eckart	Der GmbH-Geschäftsführer (unveröffentlichter Seminar-Vortrag; Management Circle)
Dreher, Meinrad	Die persönliche Verantwortlichkeit von Geschäftsleitern nach außen und die innergesellschaftliche Aufgabenverteilung; Zeitschrift für Unternehmens- und Gesellschaftsrecht 1992, S. 22 ff.
Ebenroth, Carsten, Lange, Knut Werner	Sorgfaltspflichten und Haftung des Geschäftsführers einer GmbH nach § 43 GmbHG; GmbHR 1992, S. 69 ff.
Eidam, Gerd	Unternehmen und Strafe, 1. Auflage Köln 1993

Franzheim, Horst	Umweltstrafrecht, 1. Auflage Köln 1991
Ganse, Joachim, Gasser, Volker	Umwelt-Audit versus Umwelt-Haftung, 1. Auflage Köln 1996
Gasser, Dahnz, Friedenstab, Elfgen, Ganse (Hg.)	Umwelthaftung und ihre Auswirkung auf die Unternehmenspraxis, Loseblatt, Köln 1992, 2 Bände
Geßler, Hefermehl, Eckardt, Kroopf	AktG, Kommentar, München 1974
Hanau, Peter Rolfs, Christian	Abschied von gefahrgeneigter Arbeit; NJW 1994, S. 1439 ff.
Hertel, Achim	Risk-Management in der Praxis, 1. Auflage Köln 1991
Hübner, Ulrich	Managerhaftung, 1. Auflage München 1992
Jaeger, Georg	Der Anstellungsvertrag des GmbH-Geschäftsführers, 3. Auflage München 1994
Kindler, Peter	Die Aktiengesellschaft für den Mittelstand; NJW 1994, S. 3041 ff.
Kleinknecht / Meyer-Großner	Strafprozeßordnung, 42. Auflage München 1995
Kloepfer, Michael, Vierhaus, H.-P.	Umweltstrafrecht, 1. Auflage München 1995
Klumpp, Hans-Hermann	Aktuelle Fragen der Haftung des GmbH-Geschäftsführers, 1. Auflage Stuttgart 1992
Kohlmann, Günter	Die strafrechtliche Verantwortlichkeit des GmbH-Geschäftsführers, 1. Auflage Heidelberg 1990

Krekeler, Wilhelm, Schütz, Thomas	Die Durchsuchung von beziehungsweise im Unternehmen; wistra 1995, S. 296 ff.
Kuhlen, Lothar	Fragen der strafrechtlichen Produkthaftung, 1. Auflage Heidelberg 1989
Lutter, Marcus (Hg.)	Holding Handbuch, 1. Auflage Köln 1995
Lutter, Marcus	Gefahren persönlicher Haftung für Gesellschafter und Geschäftsführer; DB 1994, S. 129 ff.
Lutter, Marcus	Zur persönlichen Haftung des Geschäftsführers aus deliktischen Schäden im Unternehmen; ZHR 157 (1993), S. 465 ff.
Lutter, Marcus, Hommelhoff, Peter	GmbH-Gesetz, 14. Auflage Köln 1995
Müller-Gugenberger (Hg.)	Wirtschaftsstrafrecht, 2. Auflage Münster 1992
Potthof, Erich, Trescher, Karl	Das Aufsichtsratsmitglied, 2. Auflage Stuttgart 1994
Reese, Jürgen	Die Haftung von »Managern« im Innenverhältnis und Außenverhältnis; DStR 14/95, S. 532 ff. u. DStR 18/95, S. 688 ff.
Romberg, Ulf-Jochen	Konkrete Absicherungsmöglichkeiten gegen das persönliche Haftungsrisiko des GmbH-Geschäftsführers, Loseblatt, Kissing, 3 Bände
Saage, Gustav	Die Haftung des Aufsichtsrates für wirtschaftliche Fehlentwicklungen des Vorstandes nach dem Aktiengesetz; DB 1973, S. 115 ff.
Sanden, Joachim	Öko-Audit und Umweltstrafrecht in: wistra 1995, S. 283 ff.

Schünemann, Bernd — Umweltschutz und technische Sicherheit im Unternehmen; 9. Trierer Kolloquium zum Umwelt- und Technikrecht, Heidelberg 1994

Schmidt-Salzer, Joachim — Konkretisierungen der strafrechtlichen Produkt- und Umweltverantwortung; NJW 1996, S. 1 ff.

Schmidt-Salzer, Joachim — Strafrechtliche Produktverantwortung, NJW 1995, S. 2966 ff.

Schmidt-Salzer, Joachim — Produkthaftung, Bd. 1 Strafrecht, 2. Auflage Heidelberg 1988

Schneider, Uwe, Ihlas, Horst — Die Vermögensschaden-Haftpflichtversicherung des Geschäftsführers einer GmbH; DB 1994, S. 1123

Scholz-Bearbeiter — GmbH-Gesetz, Kommentar, 8. Auflage Köln 1993

Stapelfeld, Ait — Die Haftung des GmbH-Geschäftsführers für Fehlverhalten in der Gesellschaftskrise, 1. Auflage Köln 1990

Steinbach, Fritz — Die zivilrechtliche Haftung der Geschäftsführer einer GmbH (unveröffentlichter Seminar-Vortrag; Institute for International Research)

Tiedemann, Klaus — Kommentar zum GmbH-Strafrecht, 2. Auflage Köln 1988

Thümmel, Roderich C. — Persönliche Haftung von Managern und Aufsichtsräten, 1. Auflage Stuttgart 1996

Uhlenbruck, Wilhelm — Die Überschuldensprüfung durch den GmbH-Geschäftsführer nach der Formel von der Quadratur des Kreises?: GmbHR 3 / 1996 R 54

Uhlenbruck, Wilhelm — Rechte und Pflichten des GmbH-Geschäftsführers unter besonderer Berücksichtigung der Insolvenzreform; WiB 1996, S. 409 f. u. 466 f.

Weber, Ulrich — Der Anstellungsvertrag des Managers, 1. Auflage Wien 1991

Sachverzeichnis

Der Autor:

Werner Dahnz, Jahrgang 1952, ist Rechtsanwalt und Abteilungsdirektor im Gerling-Konzern. Er beschäftigt sich vornehmlich mit Fragen der zivil- und strafrechtlichen Haftung von Aufsichtsräten, Vorständen und Geschäftsführern sowie entsprechenden Versicherungen.

GK 1651/10 – 196

Jeremy Leggett (Ed.)

Climate Change and the Financial Sector
The Emerging Threat – The Solar Solution

The contributors to this book are

Andrew Dlugolecki
Rolf Gerling
Sven Hansen
Carlos Joly
Bob Kelly
Jeremy Leggett
Mark Mansley
Kaspar Mueller
Frank Nutter
Tessa Tennant
Hilary Thompson

212 pages, 30 illustrations and tables
ISBN 3-9803352-2-4

Rolf Gerling
Otto-Peter Obermeier (Hrsg.)

Risiko – Störfall – Kommunikation

Band 1
Beiträge von Otto-Peter Obermeier,
Hans Jörg Henne, Karl Holoubek,
Günter Kohlmann, Gerhard Mauz

144 Seiten mit 40 Abbildungen und Tabellen
ISBN 3-9803352-0-8

Band 2
Beiträge von Otto-Peter Obermeier,
Gerhard Fuchs, Günter Kohlmann,
Ulrich Widmer, Helmut Bachmayer,
Hermann Krämer

144 Seiten mit über 30 Abbildungen und Tabellen
ISBN 3-9803352-1-6